山东省本科教学改革研究项目（项目编号：M2022094）成果
山东省科技型中小企业创新能力提升工程项目（项目编号：2023TSGC0109）成果

21世纪经济管理新形态教材·金融学系列

供应链金融

主　编 ◎　赵华伟　　刘全宝

副主编 ◎　张　路　　向　丽

参　编 ◎　侯小丽　　郭倚楠

　　　　　　郭亚婕　　郑军海

清华大学出版社

北京

内 容 简 介

本书围绕金融创新与供给侧改革过程中备受关注的供应链金融这一主题展开。第
1～4章主要介绍供应链金融的概念、商业运营模式、交易形态以及风险控制;第5～9章
主要通过实验方式展示供应链金融的整个运作流程,并对区块链技术及区块链驱动的供
应链金融创新进行了介绍。本书为概念解释和理论分析提供了若干行业案例,同时配备
了近400幅实验图片详细讲解供应链金融的运作过程。

本书不仅可作为高等院校经济类专业开设供应链金融课程的教学用书,也可作为供
应链金融企业的岗位培训和自学用书。

图书在版编目(CIP)数据

供应链金融 / 赵华伟,刘全宝主编 . —北京:清华大学出版社,2023.7 (2025.1重印)
21世纪经济管理新形态教材 . 金融学系列
ISBN 978-7-302-63970-1

Ⅰ.①供… Ⅱ.①赵…②刘… Ⅲ.①供应链管理—金融业务—高等学校—教材 Ⅳ.① F252.2

中国国家版本馆 CIP 数据核字 (2023) 第 116984 号

责任编辑:徐永杰
封面设计:汉风唐韵
责任校对:王荣静
责任印制:刘海龙

出版发行:清华大学出版社
网　　　址:https://www.tup.com.cn,https://www.wqxuetang.com
地　　　址:北京清华大学学研大厦 A 座　　　邮　编:100084
社 总 机:010-83470000　　　邮　购:010-62786544
投稿与读者服务:010-62776969,c-service@tup.tsinghua.edu.cn
质量反馈:010-62772015,zhiliang@tup.tsinghua.edu.cn

印 装 者:北京嘉实印刷有限公司
经　　销:全国新华书店
开　　本:185mm×260mm　　　印　张:19.75　　　字　数:328千字
版　　次:2023 年 9 月第 1 版　　　印　次:2025 年 1 月第 2 次印刷
定　　价:66.00 元

产品编号:097002-01

前　言

　　党的二十大明确提出要"建设现代化产业体系，坚持把发展经济的着力点放在实体经济上"。当前，供应链金融根植于产业供应链场景，以产融结合的方式横跨产业供应链与金融创新服务，已日益成为金融供给侧改革的重要抓手，是解决中小企业融资难、融资贵问题的重要途径。"十四五"发展规划和"十四五"数字经济发展规划均指出，要大力推动供应链金融产业创新发展，各省市也纷纷响应国家号召，出台了促进供应链金融产业发展的各项政策与鼓励措施。

　　供应链金融产业的发展离不开高校专业人才的培养。当前很多高校正在进行金融专业的数字化改造和金融科技专业建设，迫切需要一部符合供应链金融特点与发展趋势的教材，以开展相关的课程建设与人才培养。然而，由于供应链金融在业务上横跨金融与产业两大领域，在创新上需要信息技术特别是区块链技术的强力支撑，在内容上涉及复杂的业务逻辑并涵盖众多交叉学科的知识点，对教材的知识体系完整性、知识点可解读性、业务逻辑可展示性均有较高要求。为此，齐鲁工业大学（山东省科学院）联合北京知链科技有限公司、贺州学院、三江学院、新乡学院、潍坊职业学院、山东产研金融科技研究院有限公司，通过产学融合的方式，组织理论水平高、有产业实践经验的高校教师、资深企业高管合作编著了本书。本书由齐鲁工业大学（山东省科学院）2023年度人才培养建设发展类项目——校级教材项目资助。

　　本书与其他供应链金融相关书籍相比，主要特色如下。

　　1.知识体系全面

　　本书不仅涵盖了供应链金融的概念特点、发展历程、运营模式、交易形态、风险控制，而且通过理论论述与实操展示的方式，重点介绍了区块链技术与供应链金融的适配性，以及区块链技术对供应链金融风控的有效性，同时还详细说明了其他信息技术对供应链金融创新的促进作用，在知识体系上实现了对供应链金融概念与理论、现状与模式、发展与创新的全覆盖。

2.重点、难点的可解读性、可展示性强

利用数字仿真手段模拟区块链技术的底层逻辑、供应链金融的业务逻辑，以及区块链与供应链金融的适配性，通过仿真技术赋能，实现了供应链金融业务逻辑、区块链技术原理等知识重点、难点的可视化、动态化展示，特别适合经管类学生的学习。

3.理论联系实际，培养学生分析、解决问题的能力

本书的实操环节采取沉浸式实境演练，可以让学生以分角色协同的方式体验供应链金融的全流程业务，感受区块链供应链金融的创新优势，能够有效培养学生的协作能力、理论联系实际分析解决问题的能力。

本书的编写分工如下。齐鲁工业大学（山东省科学院）/山东产研金融科技研究院有限公司的赵华伟教授、北京知链科技有限公司刘全宝总裁任主编，负责教材大纲设计、任务分工、稿件的总撰与统稿。第1章由三江学院的侯小丽编写，第2章由潍坊职业学院的郑军海编写，第3、7章由新乡学院的郭倚楠编写，第4章由贺州学院的向丽编写，第5、8、9章由北京知链科技有限公司的郭亚婕与齐鲁工业大学（山东省科学院）的张路以及研究生王艳萍、马丽丽、杨智强、朱柯馨、林凯、于相镜合作编写，第6章由齐鲁工业大学（山东省科学院）的张路与郭亚婕合作编写。

供应链金融目前是一个快速发展、动态变化的新兴领域，不仅知识更新快，而且观点众多。因此，在编写本书的过程中，我们尽量参考和借鉴相关专家学者的最新研究成果，包括著作、教材和网络文献，以期为读者呈现我国区块链金融的全貌。但是由于编写时间紧，以及部分网络文献作者不详，在本书中未能列出部分成果的出处，在此向各相关文献的作者由衷地表示感谢和歉意。此外，齐鲁工业大学（山东省科学院）的研究生王艳萍、马丽丽、杨智强、朱柯馨、林凯、于相镜承担了大量的校稿工作，在此一并感谢。

最后，竭诚希望广大读者对本书提出宝贵意见，以促使我们不断改进。由于时间和编者水平有限，书中的疏漏之处在所难免，敬请广大读者批评指正。

编者

2023年6月

目　录

第 1 章 供应链金融概述

学习目标

1. 了解供应链金融产生的背景、意义。

2. 掌握供应链金融的概念、特点和生态系统的构成。

3. 熟悉供应链金融的演变过程，了解供应链金融的模式和发展趋势。

思政目标

1. 了解产业结构中各类企业在国家经济发展中的重要作用，树立国民意识和责任感。

2. 了解大企业、中小微企业、平台企业、金融机构以及第三方服务机构的各自分工。

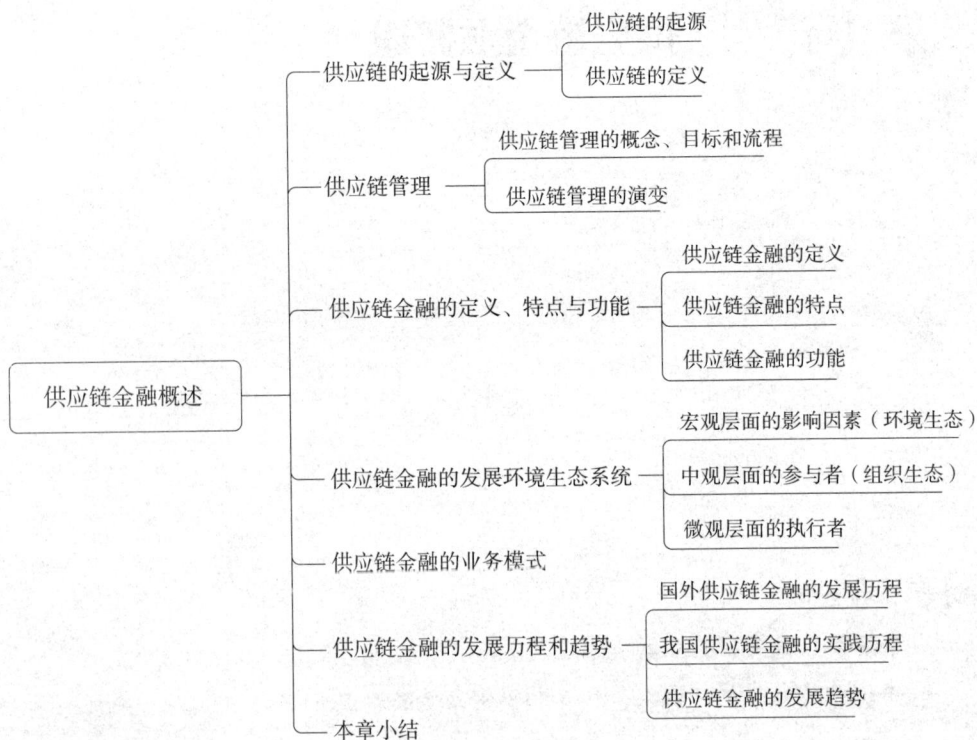

思维导图

导入案例

福特汽车的纵向一体化与横向一体化

19世纪20年代，福特汽车通过不断整合汽车零部件的生产过程，施行纵向一体化管理模式。通过并购或控制附属组装生产过程可以控制汽车零部件的库存，实现零部件的及时供应以防出现供货不确定的现象，使成本大大降低，也提高了其品牌声誉。

但是20世纪90年代早期，纵向一体化的问题变得明显。要对其他配套企业拥有管理权，就要承受投资负担大、建设周期长的风险，庞大的组织架构也使福特汽车无法快速反应，其内部管理冗长烦琐不仅让它无法专注核心技术，而且任一行业不景气的风险都可能牵一发而动全身。福特汽车开始思考：怎样才能变成一个轻快、有弹性且具有竞争力的企业？怎样才能快速响应市场要求，满足不断变化的多样性客户需求？

20世纪末，福特汽车意识到整合运作的不足，决定发展自己的核心竞争力，将非核心生产活动进行外包。福特汽车在推出新车嘉年华时就采取新车在美国设计、发动机在日本生产、韩国的制造厂生产其他零件和装配，最后再运往世界市场上销售的模式。通过外包增加企业的灵活性，推动低成本、高质量发展，最终提高了企业自身的竞争力。传统的纯粹竞争关系已在向合作关系转变，企业可以有效地建立与客户之间的固定关系，遏制竞争对手的扩张意图，维持自身的竞争地位和竞争优势。横向一体化模式渐渐取代了纵向一体化模式，企业开始轻装上阵。

思考题：

1. 什么因素促使福特汽车推行横向一体化模式？

2. 与纵向一体化相比，横向一体化的优势有哪些？

本章从供应链的起源和供应链管理的演变介绍了供应链金融产生的背景，明确供应链金融的定义、特点和功能，分析其与传统融资的区别，并介绍了供应链金融的发展历程、目前的发展状况以及将来的发展趋势。

1.1　供应链的起源与定义

现代意义上的供应链金融概念，发端于20世纪80年代，深层次的原因在于世界级企业巨头寻求成本最小化冲动下的全球化业务外包，由此衍生出供应链和供应链管理的概念。

1.1.1　供应链的起源

20世纪90年代以来，由于科学技术不断进步和经济不断发展，全球市场逐步形成，围绕新产品的市场竞争日趋激烈。信息技术的提高以及资源利用要求的提高，使得用户个性化、多样化需求凸显，企业技术进步和降低成本的压力越来越大，面临诸如缩短产品研发周期、降低库存水平、缩短交货期、提升定制化产品的生产效率和提高服务水平等各种挑战。"纵向一体化"的传统管理模式虽然可以多元化经营，为企业扩大市场份额带来机遇，但长此以往，会使企业摊子过大，企业投资和管理负担过重，迫使企业从事不擅长的业务活动，在每个业务领域都直接面临众多竞争对手，增大企业的行业风险。由于"纵向一体化"的传统管理模式存在诸多弊端，从 20 世纪 80 年代开始，国际上越来越多的企业放弃了这种经营模式，"横向一体化"思想兴起，核心是企业在内部资源有限的情况下，为取得更大的竞争优势，仅保留其最具竞争优势的核心业务，而将其他业务委托给比自己更具成本优势和专业知识的企业，即寻求非核心竞争力的外包，通过业务外包，利用其他企业的资源来弥补自身的不足，快速响应市场需求，从而变得更具竞争优势。

1.1.2　供应链的定义

横向一体化形成了一条从供应商到制造商再到分销商、零售商、客户的"链"。由于相邻节点企业是供需关系，依次联结，便形成了供应链。供应链的提法只有三十几年的历史，其定义尚不一致，概念还不是很统一，界限也不明晰。有的供应链管理专著对供应链下了这样的定义："供应链是围绕核心企业，通过对信息流、物流、资金流的控制，从采购原材料开始，制成中间产品以及最终产品，最后由销售网络把产品送到消费者手中的将供应商、制造商、分销商、零售商直到最终用户连成一个整体的功能网链结构模式。"有的定义这样描述："供应链是由三个或更多组织构成一个体系，通过一个或多个上行和下行流程，将产品、服务、金融和信息从供应者传送至消费者。"也有这样给供应链下定义的："通过增值过程和分销渠道控制，从供应商的供应商到用户的流程就是供应链，它开始于供应原点，结束于消费的终点。"

美国供应链管理协会（APICS/SCC）对供应链的定义是："围绕核心企业，通过对信息流、物流、资金流的控制。在物料获取、物料加工，并将成品交付到用户整个过程中由所涉及的企业和企业部门组成的业务增值链，包含了物流链、信息链、资金链。"

我国国家标准《物流术语》对供应链的定义是："供应链是生产及流通过程中，涉及将产品或服务提供给最终用户活动的上游与下游企业所形成的网链结构。"

2017 年，国务院办公厅发布《关于积极推进供应链创新与应用的指导意见》（国办发〔2017〕84 号），明确了供应链的定义：供应链是以客户需求为导向，以提高质量和效率为目标，以整合资源为手段，实现产品设计、采购、生产、销售、服务等全过程高效协同的组织形态。

从图 1-1 可以看出，供应链是一个新型的范围更广的企业结构模式，是以客户需求为导向，以提高质量和效率为目标，以整合资源为手段，实现产品设计、采购、生产、销售、服务等全过程高效协同的组织形态，通过对"四流"（商流、信息流、物流、资金流）的控制，覆盖了从原材料的供应开始，经过链中不同企业的制造加工、组装、运输、销售等过程直到最终用户的全过程。供应链这种企业管理模式注重外部环境对企业的关联和影响，强调相互间的协作和整合，是一种范围更广、更系统的概念，其实质是企业间的分工代替企业内的分工，强调供应链中各节点企业之间的集成。马丁·克里斯多弗教授说："未来的竞争不再是企业与企业的竞争，而是供应链与供应链的竞争。"

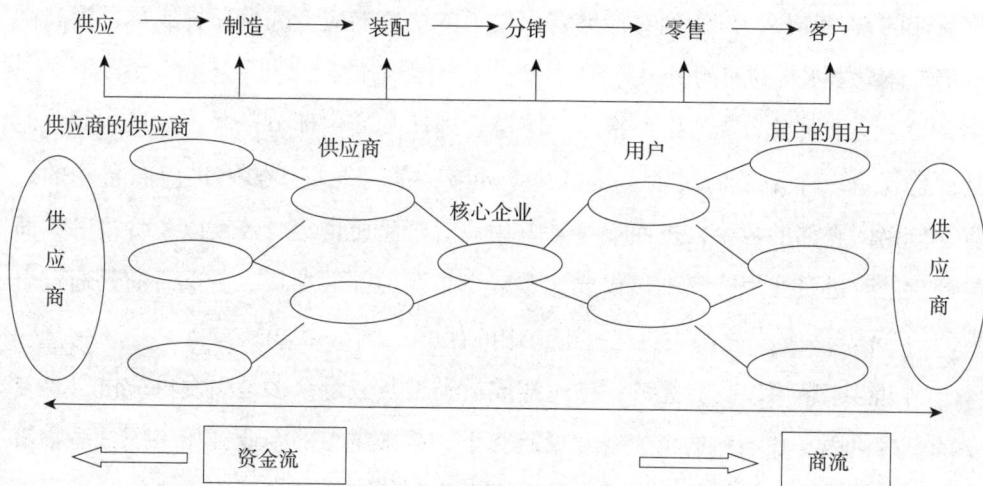

图 1-1　供应链节点形态

1.2　供应链管理

1.2.1　供应链管理的概念、目标和流程

供应链管理是指对整个供应链系统进行计划、协调、操作、控制和优化的各种活动和过程。按照美国供应链管理协会的定义："供应链管理包括规划和管理供应采购、转换（即加工生产）和所有物流活动，尤其是渠道成员的协调和合作，这些成员包括供应商、中间商、第三方提供商、客户。从本质上讲，供应链管理是对企业内外供应和需求的全面整合。"中国香港利丰研究中心认为"供应链管理就是把供

应链最优化，以最小的成本完成从采购到满足最终客户的所有流程，要求上述工作流程（商流）、实物流程（物流）、资金流程和信息流程均有效率地运行"。

现代供应链管理的目标是以正确的价格来提供正确的商品，而且要在正确的操作成本前提下，在正确的时间内将正确质量、数量的商品送到正确的地点（即7R 原则），同时，使整个产业系统的总成本最小化。从总体上看，现代供应链管理呈现出的特征如下。

（1）追求卓越服务。传统的量度是以"订单交货周期"等来衡量的，而目前更注重客户对服务水平的感受，服务水平的量度也以此为标准，即重视与供应链所有相关企业的关系，并把上下游看成提供高水平服务的合作者。

（2）追求时间与速度。供应链中的各个企业通过各种手段实现它们之间物流、信息流的紧密连接，以达到对最终客户要求的快速响应、减少存货成本、提高供应链整体竞争水平的目的。

（3）注重质量与资产生产率。供应链管理涉及许多环节，需要环环相扣，而且要确保每一个环节的质量。任何一个环节，都可能直接影响供应商备货的数量、分销商仓储的数量，进而最终影响用户对产品质量、时效性以及价格等方面的评价。改进资产生产率不仅仅要注重减少企业内部的存货，更重要的是通过企业间的合作与数据共享减少供应链渠道中的存货。

（4）组织精简，凸显优势。供应链成员类型及数量众多是引发供应链管理复杂的直接原因。在当前的供应链发展趋势下，越来越多的企业开始考虑减少物流供应商的数量，这样不仅有利于管理，而且有利于在全球范围内提供统一的标准服务，更好地显示出全球供应链管理的整套优势。

从实际运行来看，供应链管理环境下的主要业务流程包括以下几个方面。

（1）计划。供应链管理中的计划超越了狭义的职能范围，指的是使客户所需的产品在合适的时间和地点到达客户手中这样一个总体设计和规划过程。计划制订是以整个供应链客户的购买为动力的，由客户需求到订单沿着供应链传递直至原材料供应商，然后产品沿着供应链反向流回零售商一端，目标是实现客户价值。

（2）实施。实施系统旨在将订单履行、采购、制造以及分销管理综合起来，以加强供应链上的合作。实施系统关注的是运作效率，因此有必要寻求一个新的解决方案，使日常的运作流水线化和自动化，以降低成本，提高生产效率。而提高运作效率的第一步在于将一般的商业应用提升为能够运作于整个过程的集成系统，以保证产品在供应链中高效地流动。其中心任务是进行跨职能集成，即从总体功能出发，将不同职能部门的子系统功能整合起来，使局部利益最大化服从于整个供应链效益最大化的目标。管理实践发现，跨职能优化的效果往往要超过某一职能的局部优化产生的效果。

（3）执行评估。执行评估过程是对供应链运行情况的跟踪，这有利于制定较为开放的决策并对变化的市场作出有效的反应。可应用电子商务工具和技术来解决这些问题，如数据库管理，进行有效的信息审核和分析。要使评估更好地服务于企业的管理决策，就要充分利用现代化信息技术和通信手段，设计和建立一个能有效和快速获取相关信息的决策支持系统。

1.2.2　供应链管理的演变

（1）萌芽阶段。流水线作业及分工制的生产管理发展。随着经济全球化发展，人们进入了知识经济和信息经济时代，竞争的加剧推动着企业不断采用新的管理理念和技术，供应链管理成为企业管理发展的一个重要方向。由于工业革命带来的效率和生产规模的爆炸性提升，促成生产分工制度及链式生产的出现，从而形成标准生产管理模式。最具有代表性的是 1913 年建立的福特 T 型车生产流水线，彻底改变了汽车的生产方式，奠定了现代工业的基本生产模型。到 20 世纪 70 年代，行业领导者们开始注重产品质量，带动了全面质量管理（TQM）和零缺陷等管理技术的发展。这个时期的最终目的是优化企业内部的业务流程、降低物流成本，追求的是生产效率优化，提高经营效率，属于供应链的萌芽阶段。

（2）成长阶段。形成延伸至客户端及供应商端的链条式管理。到了 20 世纪 80 年代，产品质量已经成为企业生存的基本能力，质量不再是竞争优势的主导因素，这个时期，最终用户、消费者的地位得到了重视，企业对信息流、资金流等方面也给予了很大的关注。企业转而重视生产效率的提高，出现了精益生产、准时制（JIT）、大规模定制等管理思想和技术。通过对前后端的整合，不断根据客户需求调整内部生产模式，同时对外开始与供应商进行深度捆绑合作，打通从原材料到制造再到客户的过程，第一次真正形成链的概念。这个阶段，企业的价值活动可以分为上游环节和下游环节两大类，上游环节增值活动的中心是产品生产，与产品的技术特性密切相关，下游环节的中心是满足客户，与市场紧密相关。供应链的最终目的是满足客户需求，同时实现自己的利润。

（3）深化阶段。以客户需求为导向进行业务流程再造，打通内部三流瓶颈。20世纪90年代之后，当大多数企业的生产效率得到大幅提高之后，企业开始意识到通过企业间的互相合作，即有效的供应链管理，优化产品或服务的整个过程，可以使得参与整个过程的企业都获得竞争优势。企业纷纷实行精益生产来保持竞争力，新的业务流程再造（BPR）理念强调彻底的、革命性的改变，以客户为导向重新审视和设计流程。把客户需求为导向提到一个更高的层面，同时开始思考供应链中实现三流（商流、物流、资金流）管理的深化。

在实践和理论的共同推动下，供应链管理日渐成熟，已经成为企业的一个重要战略。面对竞争日益激烈的市场，许多企业不再单纯着眼于单个企业的成本和收益管理，而是将采购、供应以及生产、流通和销售等环节看成一个整体的价值链，实施供应链管理。通过企业间的合作，充分挖掘和利用企业外一切可以利用的资源，实现优势互补，获得社会分工的好处，实现企业共赢。这个时期，供应链管理研究的重点是供应链中的物流。

（4）突破阶段。上升为企业战略管理范畴，自上而下、自内而外进行重构。在"牛鞭效应"等的启发下，早期供应链管理强调通过信息集成方式来减少采购和生产的波动。通过消除供应链中的"信息孤岛"，企业能够更为准确地预测市场需求以及上下游企业的生产与销售计划，从而降低需求预测、配额供给、批量订货和价格波动等因素对供应链的不利影响。信息集成使得供应链各成员重视并且能够通过供应链契约的设计来协调供应链，众多学者研究了供应链中的契约问题，涉及对契约的设计、作用以及各契约下供应链利润的分配，合理的契约设计能够改变参与成员的激励因素，从而协调各方行为，进一步优化供应链运作。

现在，随着全球化的进一步加深以及信息技术的发展，信息集成和契约协调使得企业间的关系越来越紧密，组织合作成为供应链管理的重要内容，出现了许多基于组织合作的供应链方法，主要有供应商管理库存、快速反应、有效客户响应、联合计划、预测与补库等。这一阶段，供应链管理的研究重点是供应链中的信息流，更多的是体现企业对资源的有效整合及利用，实现"四流"合一，以实现对快速变化的客户需求响应，从而获得竞争优势。

1.3　供应链金融的定义、特点与功能

1.3.1　供应链金融的定义

国外与供应链金融相关的研究通常指的是财务供应链管理（FSCM）。有观点认为，供应链上的参与方与为其提供金融支持的处于供应链外部的金融服务提供者可以建立协作，而这种协作关系旨在实现供应链的目标，同时考虑到物流、信息流和资金流及进程、全部资产和供应链上的参与主体的经营，这一过程就称为供应链金融。另一类对供应链金融的定义，比较强调生态圈建立对财务和资金的优化，将供应链金融定义为一种以核心企业为主的企业圈中对资金的可获得性和成本进行系统优化的流程。国内的研究一开始只是涉及金融物流和物流金融等概念。2006 年 6 月，深圳发展银行首次提出供应链金融的概念，并随之推出多种多样的供应链金融业务，从而使国内这一研究领域得以迅速发展。

有些国内学者从银行机构角度出发，给出了"供应链金融"的定义：供应链金融是为中小型企业量身定做的一种新型融资模式，它将资金流有效地整合到供应链管理中来，既为供应链各个环节的企业提供商业贸易资金服务，又为供应链弱势企业提供新型贷款融资服务。另外，普遍观点认为，供应链金融是指"以核心客户为依托，以真实贸易背景为前提，运用自偿性贸易融资的方式，通过应收账款质押登记、第三方监管等专业手段封闭资金流或控制物权，对供应链上下游企业提供的综合性金融产品和服务"。

我国 2020 年 9 月发布的《关于规范发展供应链金融　支持供应链产业链稳定循环和优化升级的意见》（以下简称"226 号文"）中对于供应链金融的定义是："供应链金融是指从供应链产业链整体出发，运用金融科技手段，整合物流、资金流、信息流等信息，在真实交易背景下，构建供应链中占主导地位的核心企业与上下游企业一体化的金融供给体系和风险评估体系，提供系统性的金融解决方案，以快速响应产业链上企业的结算、融资、财务管理等综合需求，降低企业成本，提升产业链各方价值。"

简单地说，供应链金融就是通过金融机构与企业间的通力合作，实现为企业拓宽融资渠道的一个全新方案。供应链金融不仅仅是技术层面的问题，更是银企双方、核心企业与节点企业之间在融资和信贷管理上的一种观念上的变革。作为

一种新的融资模式，供应链金融从整个产业链角度开展综合授信，并将针对单个企业的风险管理变为产业链风险管理，在帮助整个产业链发展的同时，为中小企业提供了一种新的融资途径。由此可以看出，供应链金融的核心是改变传统贷款思路，解放固有思维方式，不再以"产品套客户"，而是以客户需求为中心，量身定制适合企业真正需求的方案，提升整个产业链企业的整体竞争力。

1.3.2　供应链金融的特点

供应链金融从一个新的视角研究中小企业融资问题，以供应链为切入点，结合供应链的结构及特征，设计合适的金融产品，有效地缓解了中小企业融资难问题，其特点主要有以下几个。

（1）事件驱动替代"身份驱动"，评估范围广。供应链金融是一种适应新的生产组织体系的全方位金融新服务，特别是融资模式，它与单纯依赖客户企业的基本面资信状况来判断是否提供服务的"身份驱动"不同，而是依据供应链整体运作情况，以企业之间真实的贸易背景入手，判断整体运作情况来提供相关服务，包括但不限于企业的自身财务状况、管理水平、链上企业的交易历史情况等。

虽然供应链金融与传统金融（融资方面）都是融资的方式，都是为了满足企业的资金需求，但二者存在多个方面的区别。在传统金融视角下，有些企业由于规模较小、经营风险大、财务信息不健全等原因，存在信息披露不充分、信用风险高的状况，而且一般观点常常认为这些企业道德风险大、存在机会主义倾向，最终使得成本收益不经济。所以传统金融在融资业务中侧重于评估单个企业的财务状况和信用风险，对于所在行业的特征没有严格要求，倾向于服务于财务报表状况良好的企业，根据企业的要求或银行对企业综合信用的评估结果进行考核评估确定融资期限和条件，注重资产价值并依赖报表和货权。

与传统信贷不同，供应链金融侧重关注整个交易过程中各节点的融资需求，服务的对象主要是供应链所有成员尤其是中小企业，整合商流、物流、信息流、资金流，对供应链信息流的掌握程度决定了供应链金融方案的可行性。在中小企业准入标准上，侧重于考察中小企业在整个供应链中的地位和作用及其与核心企业的交易记录，将购销行为引入中小企业融资，为其增强信用等级，并将资金有效注入相对处于弱势的中小企业，解决中小企业融资难题。

供应链金融服务提供者可以获得渠道或供应链内大量的客户群和客户信息，

为此可以根据不同企业、渠道和供应链的具体要求，定制个性化的服务方案，提供全面的金融服务。传统信贷模式下企业融资存在的问题都能在供应链金融模式下得到解决。其主要区别见表 1-1。

表 1-1　供应链金融与传统金融（融资方面）的主要区别

项目	供应链金融	传统金融
参与主体	融资企业、核心企业、银行等金融机构、第三方平台、物流公司等	融资企业、银行等金融机构
还款来源	融资项下的资产	企业本身的资产
融资方式	整个交易过程的融资	单独、孤立的融资
服务对象	供应链上所有的成员，中小企业居多	单个项目、单个企业，以财务报表表现优质的核心企业为主
融资期限	短期为主	短期、中期、长期
授信评价	融资企业、交易信息、交易对手供应链稳定性、产业市场前景及总体状况评估	注重资产价值、报表、货权
风险评估	整条供应链风险节点情况	企业整体经营情况

（2）闭合式资金运作。供应链金融是对资金流、贸易流和物流的有效控制，使注入企业内的融通资金的运用限制在可控范围，按照具体业务逐笔审核放款，对确定的未来现金流进行及时回收与监管，从而达到过程风险控制的目标。即在供应链金融服务运作过程中，供应链的资金流、物流运作需要按照合同预定的确定模式流转。这种融资模式对行业的稳定性运行要求较为严格，不同行业的供应链的"健康"程度，直接影响着供应链金融的融资质量。因此，授信融资必须严格限定于中小企业与核心企业之间的购销贸易，资金封闭授信，禁止资金的挪用，利用供应链购销中产生的动产或者权利作为担保，主要基于商品交易中的预付账款、存货、应收账款等资产进行融资，对供应链核心企业的约束力度决定着未来市场的稳定发展。

（3）自偿性。在供应链的运作过程中，企业会因为生产和贸易，形成存货、预付账款或应收账款项等众多资金沉淀环节，并由此产生对供应链金融的迫切需求。因此，这些流动性较差的资产就为服务提供商或金融机构开展金融服务提供了业务资源。但是流动性较差的资产具备一个关键属性，那就是良好的自偿性。基于真实贸易场景下所产生的确定性未来现金流，金融机构给予借款企业短期融资，借款企业将销售收入作为短期融资的还款来源，并将借款企业的销售收入自动归还至银行的特定账户中，进而归还借款。

（4）参与主体目标一致。供应链金融体系参与主体覆盖了国民经济中的各个领域，包括生产与销售企业等资金需求主体、以商业银行为主的金融机构等资金供给主体、物流公司、保险公司和仓储公司等业务支持型机构以及各类金融业务监管机构。供应链金融系统其实就是由以上一系列具有特定功能、相互之间具有各种有机联系的诸多要素构成的统一整体，其高度透明的信息及各方良好的合作关系，构成了企业的集体理性，最终实现了供应链机制的增值及整个供应链实力的提升。供应链上各企业实现了信息流、物流和资金流的畅通，金融机构也实现了业务的扩展。

（5）大数据技术是整体价值评价的前提。整体价值评价是指供应链服务平台分别从行业、供应链和企业自身三个角度来对客户企业进行系统的分析和评判，然后根据分析结果判断其是否符合服务的条件。

行业分析主要是考虑客户企业受宏观环境、政策和监管环境、行业状况、发展前景等因素的综合影响。供应链分析主要是评判客户所在供应链的行业前景与市场地位、企业在供应链内部的地位，以及与其他企业间的合作的基本情况及连续性等信息。企业分析主要是评价企业的基本信息，以便了解其运营情况和生产实力是否具备履行供应链合作义务的能力，是否具备一定的盈利能力与营运效率，最为重要的就是掌握企业的资产结构和流动信息，并针对流动性弱的资产进行融通可行性分析。

显然，上述所有信息都有赖于大数据的建立，供应链运行中的每一笔交易、每一项物流活动，甚至每一个信息沟通都是数据，通过筛选、整理、分析所得出的结果不仅是简单、客观的结论，且能用于帮助提高企业经营决策。收集起来的数据还可以被规划，从而引导供应链金融活动的产生。

另外，供应链金融要有效运行，还有一个关键点在于商业生态网的建立。1993年，美国著名经济学家穆尔在《哈佛商业评论》上首次提出了"商业生态系统"的概念。商业生态系统是指以组织和个人（商业世界中的有机体）的相互作用为基础的经济联合体，是供应商、生产商、销售商、市场中介、投资商、政府、消费者等以生产商品和提供服务为中心组成的群体。它们在一个商业系统中发挥着不同的功能，各司其职，但又形成互赖、互依、共生的生态系统。在这一商业生态系统中，个体虽由不同的利益所驱动，但身在其中的组织和个人互利共存，资源共享，注重社会、经济、环境综合效益，共同维持系统的延续与发展。

1.3.3　供应链金融的功能

长期以来，融资难是制约中小企业发展的重要难题，虽然央行不断出台扶持中小企业发展的政策，但商业银行在具体操作中往往很"惜贷"，根本原因在于中小企业过于分散和信贷风险较高。在"供应链金融"的融资模式下，处在供应链上的企业一旦获得银行的支持，资金这一"脐血"注入配套企业，也就等于进入了供应链，从而可以激活整个"链条"的运转，还可借助银行信用的支持，为中小企业赢得更多的商机。

（1）供应链金融实现"四流"合一。供应链金融很好地实现了"物流、资金流、信息流、商流"的"四流"合一。在供应链中，物流、资金流、信息流、商流是共同存在的，商流、信息流和资金流的结合将更好地支持与加强供应链上下游企业之间的货物、服务往来（物流）。传统意义上，企业会将注意力集中于加速供应链中物流的流转，但是资金流的流转对企业来说同样很重要。随着全球化的发展和新兴市场上浮现出来的贸易机会，如何管理好企业的资金流已经成为企业参与供应链重点关注的话题。

（2）纵观整条供应链的各个环节。为了确保整条供应链能够顺利进行，企业就必须纵观全局，了解上下游企业的具体情况，以及与之相关的物流和资金流信息。下游企业应当与上游供应商保持紧密联系，及时了解供应商的各种信息，避免因供应商无法及时交货而引起的供应链中断。而供应商不能及时提供货物的原因可能是资金上的短缺，因此作为下游的企业更应该倍加关注整条资金流的状况。

（3）借助金融产品完善供应链管理。开展了供应链金融之后，通过供应链金融将上下游企业和银行紧密地联系起来，银企信息不对称的局面就会得到很好的改善。供应链金融使得整根链条形成了一个闭环模式，银行能够准确地掌握各个环节上企业的信息。银行通过核心企业的优质信誉，为它的上下游企业提供金融服务，在一定程度上降低了风险系数。通过依赖核心企业的资信和供应链的整体实力，中小企业信用等级获得提升，从银行获得宝贵资金的机会大大提高。借助银行信用的支持，中小企业能够扩大经营规模、优化财务运行模式、节约财务费用、降低产品成本、提高生产效率，进而得以满足核心企业的贸易条件，并与其建立长期战略协作关系。相应地，资金收付的高效率也加速了整条供应链的物流和资金流的高速运转，提升了整体价值。上下游配套企业能力的提升使核心企业的生产周期缩短、生产成本降低，综合实力和核心竞争力进一步加强，最终有助于提高我国供应链及产业的国际竞争力，提升经济运行的质量。

1.4　供应链金融的发展环境生态系统

供应链金融的发展离不开与之息息相关的社会环境影响因素，政策因素可以是驱动力，也可以是规制，经济因素和产业环境因素与行业发展的需求面及支撑条件息息相关，技术因素可以成为驱动发展的利器，也可能带来新的挑战。

1.4.1　宏观层面的影响因素（环境生态）

宏观层面的影响因素不是具体指某个特定的活动主体，而是建构环境或推动环境发展的个体或组织。宏观层面的环境包括以下两类。

（1）制度环境。诺斯根据人类社会演变的历史，提出制度是由人类设计出来的、社会性建构的、用以规定限制社会行动者互相交往的规则系统，对社会经济增长起决定性作用的是制度性因素而非技术性因素，技术进步本身就是经济增长而不是经济增长的原因。

在供应链金融体系中，政府制定的法律、法规这种管制性的制度，形成社会性约束的第三方体系，以及组织或企业普遍采用的一些惯例等通过奖励或惩罚来约束组织行为，对组织行为产生影响和压力。供应链金融生态环境中最重要的是法律环境，而法律环境（系统）的核心功能在于如何提供对信贷人权利的良好保护。

从法律的角度看，供应链金融涉及动产质押及应收账款担保等活动，涉及的法律法规主要包括《中华人民共和国民法典》（以下简称《民法典》）等。特别是对动产担保作出了诸多制度安排，如明确动产抵押效力、明确动产抵押登记原则、引入动产浮动抵押以及丰富权利质押内容等，对推动供应链金融业务具有重大意义。2020年5月28日，十三届全国人大三次会议表决通过了《民法典》，自2021年1月1日起施行。《中华人民共和国物权法》《中华人民共和国合同法》等法律法规同时废止。2020 年 12 月 22 日，国务院正式印发《关于实施动产和权利担保统一登记的决定》（以下简称《决定》），明确自 2021 年 1 月 1 日起，在全国范围内实施动产和权利担保统一登记。纳入统一登记范围的动产和权利担保，由当事人通过中国人民银行征信中心动产融资统一登记公示系统（以下简称"统一登记系统"）自主办理登记。《动产抵押登记办法》、《应收账款质押登记办法》（中国人民银行令〔2019〕第 4 号）同时废止。为配套动产和权利担保统一登记制度的实施，更好地引导市场主体开展动产和权利担保统一登记与查询活动，人民银行对原办法进行修订，出台《动产和权利担保统一登记办法》（以下简称《办法》），进一步明确动产和权利担保登记和查询规则，规范中国人民银行征信中心统一登记系统运行。

（2）技术环境。技术既包括供应链金融技术，即各种创新性的金融产品和运作技术，也包括电子信息技术。大数据、人工智能、5G（第五代移动通信技术）、云计算、物联网技术合称"大、智、移、云、物"，共同构成了万物互联时代的新型基建设施体系。5G 作为新型基建的底层技术，支撑整个信息产业的未来发展。云计算大大降低了供应链金融该体系内企业数字化、线上化的成本，让各类服务触手可及。大数据建模可对借款人或借款企业资质事先进行筛查和精准研判，与人工智能的结合应用对供应链金融的风控和决策提供重要支撑。物联网与供应链金融的结合主要是通过传感技术、导航技术、定位技术等方式，在仓储和货运环节控制交易过程，提高终端交易的真实性。另外，新兴的区块链技术具有分布式数据存储、点对点传输、共识机制、加密算法等特点，为供应链金融核心企业应付账款的快速确权提供了便利，同时减少了中间环节，交易数据可以作为存证，中间环节无法篡改和造假，并且可以追踪溯源。从某种意义上讲，供应链金融的发展依托完善、发达的信息技术：一方面，这种信息技术帮助供应链金融的各方参与者及时掌握供应链运行的状态、资金运行的效率以及不同阶段存在的风险及其程度；另一方面，信息化的手段本身就是供应链金融的主要内容，如供应链票据等。因此，这些环境的创造者或服务提供者也是供应链金融的参与者。

1.4.2 中观层面的参与者（组织生态）

在供应链金融背景下，供应链的参与者包括供应链上下游企业、物流方、金融机构及其他一些服务提供者。根据全球经济和商业研究中心 2007 年发布的研究报告，他们将供应链金融中的参与者分成了四大类，除了买卖双方外，还包括平台提供商、交易风险管理者和风险承担者/流动性提供者。

（1）平台提供商（供应链金融支持服务提供者）。平台提供商是为风险承担者或者流动性提供者提供必要应用（如电子账单呈现与传递，即EIPP，应收应付等）或基础的主体，它促进了采购订单、票据、应付等文件在供应链买卖双方以及金融机构之间的交换与信息整合，使相应的参与方能自动、及时地获取供应链交易过程和信用信息。平台提供商承担了两类职能：①呈现。供应链金融参与各方需要在解决方案中有互动的途径，特别是为供应链交易方提供电子票据呈现和交易的平台，以及解决纠纷的方法等。②操作。其包括会计处理、报告、数据转换、信用风险管理、交易风险管理、实时操作等操作过程。这里的核心在于全面的信用风险管理，将呈现和操作结合，从而设计出成本最低、风险最小同时又能使多方从中获益的方案。

由于供应链金融业务的设计、运营和管理依托于供应链运营全过程的业务和信息，因此所有供应链运营要素和信息的呈现与操作就成为金融创新活动的关键。为了实现这一目标，作为平台提供商需要具备：①深刻地理解并把握客户供应链业务和流程的能力。由于平台提供商为所有产业链成员提供的是信息呈现和集成服务，因此需要了解和把握客户的业务结构、业务特征、业务流程和业务风险。②集成多样化成员信息系统的能力，亦即平台服务提供者需要对接和集成其他成员系统，并且转化为统一、标准的单证、信息格式。③清洗、整理、整合、分析数据和信息的能力，即能够将所有得到的数据和信息进行解析，为供应链金融风险管理者或者流动性提供者实现商务智能化。

（2）交易风险管理者。交易风险管理者能够根据平台提供者呈现出的信息，设计并运作供应链金融业务。它将各类不同的经济主体（包括供应链买卖双方、第三方物流服务提供商、金融机构以及其他所有相关机构）有机地组织在一起从事供应链金融活动。其功能在于证实数据、整合数据、分析数据以及呈现整合的数据，以促进供应链金融活动的顺利开展。

具体而言，交易风险管理者承担的主要职责有：①物流数据的整合。追踪物流活动和管理产品物流是供应链金融的关键，将物流数据与金融活动相结合可以说是交易风险管理者最主要的职责，所以，其需要具备物流经营和管理的知识和经验，能够正确合理地把握物流运行的状态，也需要了解关键控制点，否则信息偏差会带来巨大的风险。②信息技术的推动和大数据的应用。交易风险管理者之所以能全面了解供应链的运行状况、控制金融活动中的风险,关键在于信息技术的应用,借助大数据把握供应链交易的特征、各参与方的行为状态,从而合理地设计出相应的产品。③促进融资行为。通过交易风险管理者的管理活动和整体设计安排,最终能推动供应链中的企业展开融资行为,切实解决供应链中的一些企业特别是中小企业的融资难问题。

(3)风险承担者/流动性提供者。风险承担者/流动性提供者是直接提供金融的主体,也是最终的风险承担的组织。一般而言,这类主体包括商业银行、投资银行、保险公司、担保/保理机构以及对冲基金等。这类参与者一般发挥以下职能:①促进资金放贷和信用增强。增信和融资是这类机构切入的主要目的,但是由于该类机构并不直接参与供应链金融的运行,若没有明确的供应链金融业务标准,无法及时监控交易的细节与过程,资金贷放就会存在风险。因此,必须首先确立供应链金融业务标准、流程。②后台与风险管理。虽然在供应链金融中有交易风险者管理风险,但是由于金融机构是最终的风险承担者,也需要有风险管理体系和手段,合理设计资金融通的结构和风险防范措施,以降低可能的潜在风险。

需要注意的是,流动性提供者与交易风险管理者的区别在于:交易风险管理者是最直接的供应链技能管理和操作者,是风险的第一承担人,而流动性提供者主要是针对交易风险管理者提供统一的授信融通,因此,交易风险管理者本身就是流动性提供者防范风险的保障和基础。在供应链金融的组织生态中,平台提供商、风险管理者和流动性提供者既可能是分离的,也可能是结合的。一般而言,当金融机构从事供应链金融服务时,往往这三个角色融为一体(如平安银行的橙 E 网及其供应链金融服务案例)。而当产业企业从事供应链金融服务时,这三个角色就会产生一定程度的分离。

1.4.3 微观层面的执行者

由于供应链金融开展的前提是供应链的运营和管理,因此,其要素的完备程度就成为供应链金融创新的关键。产业要素一般而言包括三个方面:①供应链经营活动中的要素,特别是在供应链运营过程中的商流和物流,以及这两者之间的结合。在供应链金融活动中,商流和物流密不可分,因为在中小企业信用体系不完善、信息不对称的状况下，单一的物流或商流都会使供应链金融业务产生巨大的风险。例如，如果没有完善的物流要素，仅仅是交易活动（即仅仅表现为采购或销售活动，而难以掌握库存、运输、分销情况），就有可能因为虚假贸易或伪造交易，使得金融活动蒙上阴影。同样，如果仅仅有单一的物流要素，而无法知晓交易状态，也有可能利用商品在时间和空间上的转移，实施套利套汇行为。②财务和金融要素，即所有供应链金融活动的参与者是否具备完整、清晰、真实的财务、会计和金融要素。③风险控制、管理要素，即是否具备良好的风险识别、监控、管理的体系，以及转移、化解潜在风险的手段。所有这些要素共同构成了供应链金融的产业要素生态。

供应链金融的生态系统三个层面的参与者相互影响、相互作用，共同构成了生态系统，如图1-2所示。正是因为上述企业微观和产业宏观层面的共同作用，将金融资源和产业资源高度结合，实现了产业效益与金融效益的乘数效应。

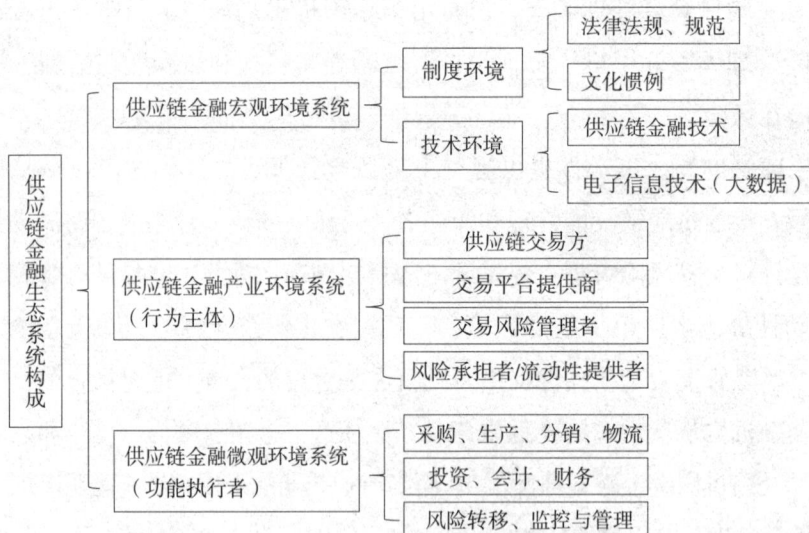

图1-2　供应链金融生态系统

1.5　供应链金融的业务模式

从供应链各环节业务切入节点来看，节点企业的资金需求主要涉及订单采购、存货保管及流转和销售回款这三个阶段，而在这三个阶段中可能存在以下几种类型的融资。

（1）订单采购阶段（未来存货的融资或预付账款融资）。这个阶段的融资可以从两个不同的角度来看。从供应商角度来看，这个阶段供应商可基于采购方的采购订单从金融机构获得资金，从而满足产品生产及发运的运营资金的需求，可以理解为未来存货的融资或装运前融资。这一阶段，供应链金融依赖的基础是采购订单，因此风险较高。从采购方角度来看，采购方以金融机构指定仓库的既定仓单向银行等金融机构申请质押贷款来缓解预付货款的压力，前提条件是上游核心企业（销货方）承诺回购，并由金融机构控制其提货权为条件的融资业务。

（2）存货保管及流转阶段（存货融资）。从采购到位至销售完毕，或者生产阶段至销售完毕，均存在一定的时间差，这时候货物资产处于存货保管及流转阶段，这些货物是企业的流动资产，将来能为企业带来现金流，但是在目前阶段却是对企业现金流的占用。标准化的存货一般具有较强的可质押性，资金需求方可以存货进行质押获得短期融资，融资的基础可以是静态储存状态中的产品或库存，也可以是动态运输（通过物联网技术可实时监控货物的状态）过程中的存货，风险控制的依据是存货，因此这类融资的信用风险要低于装运前融资，利率通常偏低。

（3）销售回款阶段（应收账款融资）。从销售完毕至等待回款这个阶段形成了应收账款，这个阶段的融资目的是加快应收账款周转率，尽可能降低坏账损失率。基于应收账款（即未来的现金流）可从金融机构获得运营资金以满足企业的运营需要，这类供应链金融模式的保障是货物对应的票据、装运单、提单等，因此风险相对于前两类较低。

还有一种融资需求，即买卖双方并没有实际发生交易行为，但是可基于供需双方之间长期交易所形成的信任和建立的伙伴关系而提供融资，这种供应链金融模式是信用融资，资金流向供应链网络内，风险控制依赖的是供应链网络内业务往来关系，无抵押物，属于战略关系融资，相对于以上几种而言风险最大。其他几种都属于有担保物类融资，分别依赖订单、在途库存及应收账款而获得融资，相应的供应链金融产品分别是应收账款类、存货类、预付账款类及战略关系类融资模式，如图 1-3 所示。

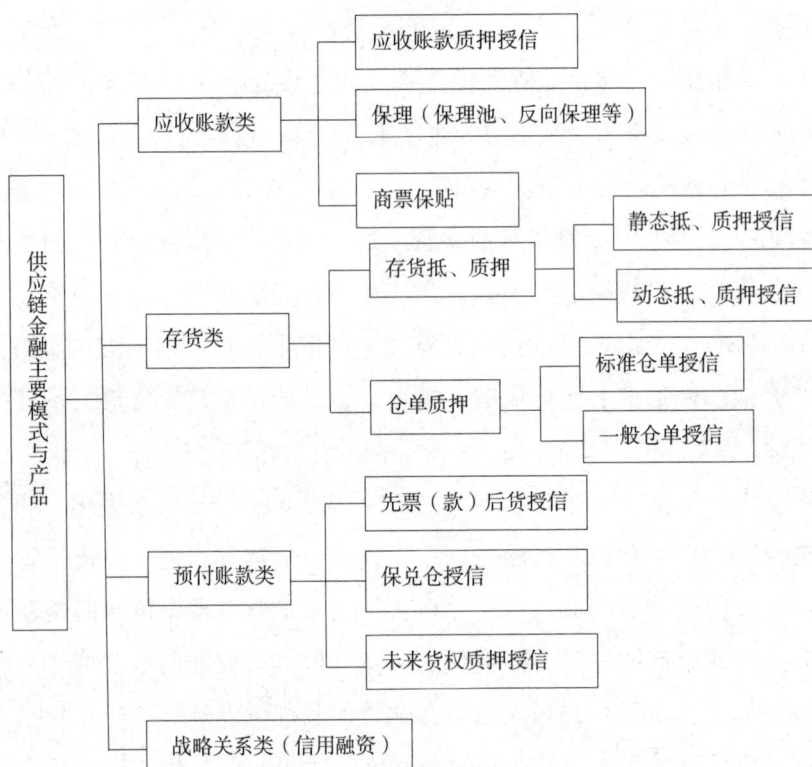

图 1-3 供应链金融主要模式

1.6 供应链金融的发展历程和趋势

1.6.1 国外供应链金融的发展历程

从欧美的供应链金融发展历程看，主要分为以下几个阶段。

第一阶段：以商业银行为代表的金融机构向实体产业渗透。欧美的供应链金融产生于 19 世纪末。在这一阶段，由于当时的金融监管环境比较宽松，以商业银行为代表的金融机构开始向传统实体产业进行渗透，产业链中的企业对商业银行形成依赖。因此，在这一阶段，许多金融业务延伸到企业，但只是商业银行简单的业务渗透，并未对整个产业链形成有力的把控，是供应链金融模式发展的雏形阶段。

第二阶段：核心企业成为供应链金融业务开展的关键。20 世纪 30 年代的金融危机，使得金融监管环境趋紧，金融机构向产业渗透开始受限，准入门槛进一步加强，供应链金融模式面临变革。在这一阶段，产业集团公司纷纷成立，金融部门帮助中小企业解决融资难问题，以核心企业设立金融子公司或者是金融部门为代表的"由产而融"模式兴起。

第三阶段：以核心企业设立金融子公司或金融部门为代表的"由产而融"模式快速发展。由于产业集团公司具备信用优势和业务信息优势，切入供应链金融领域具有很大的发展空间，代表性企业有 UPS 的"物流服务 + 供应链金融"模式、卡特皮勒的"设备制造 + 设备金融"模式。

第四阶段：2008 年全球金融危机之后，产业集团开始审视金融业务的风险，同时出于资金来源和风险的考虑，重组金融业务，金融业务的占比被控制在核心企业信用所能承受的范围之内。

国外由于金融机构混业经营，开展供应链融资的主体更加多元化，资金来源渠道呈现多元化，发展模式比较成熟，主要有以物流企业、核心企业和商业银行为主导的几种模式。典型案例包括以 UPS 为代表的由物流企业主导的供应链金融模式、以 GE 为代表的由大型核心企业为主导的供应链金融模式和以渣打银行为代表的由商业银行主导的供应链金融模式。

1.6.2　我国供应链金融的实践历程

我国供应链金融的产生源于深圳发展银行 1999 年在当地开展业务时进行的探索与尝试，当时该行首先试推了动产及货权质押授信业务（简称"存活存货融资业务"）。之后，经过几年的尝试，深圳发展银行最终于 2006 年在国内银行业率先正式推出了"供应链金融"的品牌。伴随着深圳发展银行供应链金融业务的成功开展，供应链金融潜在的巨大市场和良好的风险控制效果吸引了很多业内同行的介入，不少中小型商业银行也推出了各具特色的供应链金融服务，如中信银行的"银贸通"、中国民生银行的"贸易金融"、上海浦东发展银行的"浦发创富"、兴业银行的"金芝麻"等。

我国的供应链金融大致经历了三个发展阶段。

阶段一：供应链金融 1.0 阶段——"1+N"模式，以银行为主导的线下模式。"1"代表核心企业，"N"代表产业链上下游众多中小企业群体。银行基于供应链中的核心企业的信用支持，为其上下游企业提供融资服务。由于长期的业务往来和合作基础的建立，核心企业对于上下游中小企业的实际经营及资信等情况比较了解，该模式的优势在于商业银行可以利用核心企业的风险把控，批量开发与之相关的上下游企业，从而依托核心企业对这些上下游企业提供资金融通、支付结算、财富管理等综合性金融服务。这一模式的局限性在于：①由于整个流程是基于线下的传统模式，效率比较低。②银行出于风控的考虑，提供的资金较少，企业扩张的规模受到限制。③这一模式没有实现供应链金融所要求的信息流共享，以及物流、资金流和商流的对接。

阶段二：供应链金融 2.0 阶段，初步实现"四流"合一。2.0 阶段是"1+N"模式的线上版本，通过技术手段对接供应链的上下游各参与方，其中包括核心企业、上下游中小企业、银行等资金提供方和物流服务商等，将供应链中的商流、物流、资金流、信息流在线化，实时掌握供应链中企业的经营情况，从而控制融资贷款的风险。平安银行于 2012 年 12 月提出了供应链金融的转型，借助 Web 2.0 虚拟空间的互动变革，将企业管理引入一个全新模式，把传统的线下"1+N"模式搬到了线上，初步实现了物流、商流、资金流和信息流的"四流"合一。然而，这一阶段与 1.0 阶段并无本质上的区别，只是初步实现了"四流"的归集和整合，核心贸易数据掌握在核心企业、仓储物流企业或电商平台等各方手中，很难形成一个立体、综合的大数据风险评估系统平台，对供应链中的中小企业信用风险等难以做到精准评估。

阶段三：供应链金融 3.0 阶段，"N+1+N"大平台趋势。"1"代表服务于供应链的综合服务平台，两端"N"分别代表上、下游中小企业，通过互联网技术的深度介入，打造一个综合性的大服务平台，代替核心企业来给平台上的中小企业提供信用支持。该模式不仅是产业链与金融的结合，更是"互联网 + 产业链 + 金融"三个要素的高度融合，搭建了一个依托三大产业的跨地域、跨行业、跨平台、跨资金来源的金融生态圈。在该阶段，更多的应用场景得到构建，更多的底层数据能被收集，以此为基础构建的大数据与征信系统综合应用，实现了供应链金融对产业的全面渗透，从而真正达到了中小企业和不同风险偏好资金的无缝对接，实现了资金的高效周转，同时提升了供应链的运营效率。

总体来说，目前我国处于供应链金融发展的 3.0 阶段，随着工业 4.0 和产业互联网时代的到来，供应链金融也将逐步进阶到 4.0 时代。云计算、大数据、区块链、物联网等技术的突破与逐渐成熟为主要驱动力，以万物互联的产业互联网为产业背景，促使供应链金融决策成为企业生产运营综合智能决策的一个组成部分。信用评估将成为基于全面、实时、动态大数据的客观信用风控体系。

1.6.3　供应链金融的发展趋势

近年来，国内政策层面出台了一系列供应链金融相关激励政策，提出了要大力发展供应链金融，让供应链金融推动实体经济发展，有效管控风险等任务，供应链金融重获业界关注，已成为众多产业和企业关注的战略方向。2017 年 10 月，国务院办公厅发布的《关于积极推进供应链创新与应用的指导意见》中，将"积极稳妥发展供应链金融"作为六大任务之一，将 55 个示范城市和 266 家试点企业纳入首个国家供应链创新与应用的名单中，这标志着我国政府已将供应链金融的发展上升至战略高度。2021 年政府工作报告中首次单独提及"创新供应链金融服务模式"，意味着供应链金融已上升为国家战略，表明作为解决中小微企业融资问题的金融创新工具，在国家层面上得到了高度的认可和扶持。供应链金融相关政策或活动见表 1–2。

表 1–2　供应链金融相关政策或活动

时间	政策或活动名称	下发部门
2014 年 9 月	《物流业发展中长期规划（2014—2020 年）》	国务院
2015 年 5 月	《关于大力发展电子商务加快培育经济新动力的意见》	国务院
2015 年 9 月	《关于推进线上线下互动加快商贸流通创新发展转型升级的意见》	国务院办公厅
2015 年 11 月	《关于印发贯彻落实〈国务院关于积极推进"互联网 +"行动的指导意见〉行动计划（2015—2018 年）的通知》	工信部
2016 年 2 月	《关于金融支持工业稳增长调结构增效益的若干意见》	央行等八部委
2016 年 9 月	《物流业降本增效专项行动方案（2016—2018 年）》	发改委
2016 年 11 月	《国内贸易流通"十三五"发展规划》	商务部、发改委、人民银行等十部门
2017 年 1 月	《商贸物流发展"十三五"规划》	商务部、发改委等五部门
2017 年 3 月	《关于金融支持制造强国建设的指导意见》	人民银行、工信部等五部门
2017 年 4 月	《小微企业应收账款融资专项行动工作方案（2017—2019 年）》	人民银行、工信部、财务部、商务部等多部门
2017 年 8 月	《关于进一步推动物流降本增效促进实体经济发展的意见》	国务院办公厅
2017 年 10 月	《关于积极推进供应链创新与应用的指导意见》	国务院办公厅
2018 年 4 月	《关于开展供应链创新与应用试点的通知》	商务部等八部门
2018 年 10 月	《关于公布全国供应链创新与应用试点城市和试点企业名单的通知》	商务部等八部门
2019 年 2 月	《关于加强金融服务民营企业的若干意见》	中共中央办公厅、国务院办公厅
2019 年 4 月	《关于促进中小企业健康发展的指导意见》	中共中央办公厅、国务院

续表

时间	政策或活动名称	下发部门
2019 年 7 月	《关于推动供应链金融服务实体经济的指导意见》	银保监会
2020 年 1 月	《关于推动服务外包加快转型升级的指导意见》	财政部、税务总局等 8 部门
2021 年 1 月	《关于实施动产和权利担保统一登记的决定》	国务院
2021 年 1 月	《供应链票据平台接入规则（试行）》	上海票据交易所
2021 年 3 月	《开展全国供应链创新与应用示范创建》	商务部等八单位
2021 年 4 月	《推动小微企业金融服务高质量发展》	银保监会
2021 年 11 月	银行保险业深化供应链融资改革会议	银保监会
2021 年 12 月	《"十四五"促进中小企业发展规划》	工信部等十九部门

资料来源：各部门官网。

2020 年，一场突如其来的疫情让供应链金融对实体经济的作用得以显现，国务院、银保监会等频频发布促进中小实体企业发展的政策文件以维护社会稳定。2021 年更是加大政策支持力度，从国务院到各部委都在为供应链金融的快速发展保驾护航。2020 年 12 月 29 日，国务院印发《关于实施动产和权利担保统一登记的决定》（2021 年 1 月 1 日正式实施，以下简称《决定》）。《决定》提出，将生产设备、原材料、半成品、产品抵押，以及应收账款质押等七大类动产和权利担保纳入统一登记范围，由当事人通过中国人民银行征信中心动产融资统一登记公示系统自主办理登记。当事人对登记内容的真实性、完整性和合法性负责，登记机构不对登记内容进行实质审查。2021 年 3 月 5 日，十三届全国人大四次会议正式开幕，会上公布了 2021 年政府工作报告，提出："要进一步解决小微企业融资难题，今年务必做到小微企业融资更便利、综合融资成本稳中有降。"在解决小微企业融资难题具体举措中单独提及"创新供应链金融服务模式"，说明供应链金融已经成为解决中小微企业融资难、融资贵的有效手段之一。2021 年 3 月 12 日，"十四五"规划全文正式发布，提出要推动供应链金融，稳妥发展金融科技，加快金融机构数字化转型。2021 年 3 月 24 日，国家发改委等 13 部门联合发布了《关于加快推动制造服务业高质量发展的意见》（以下简称《意见》），值得关注的是，在"拓宽融资渠道"方面，《意见》与 226 号文、2021 年政府工作报告的精神一脉相承，强调了要创新发展供应链金融，开发适合制造服务业特点的金融产品等举措。在政策利好情况下，资金来源不断拓宽、风控手段不断增强，供应链金融市场迎来快速发展。据银保监会统计，截至 2022 年末，银行业金融机构用于小微企业的贷款余额 59.7

万亿元，其中单户授信总额 1 000 万元及以下的普惠型小微企业贷款余额 23.6 万亿元，同比增速 23.6%。其中，工、农、中、建、交、邮六大行小微企业贷款余额合计为 8.54 万亿元，较上年末增长 31.99%。总体来看，我国经济增长处于放缓之期，目前供应链金融在我国处于初级阶段，不过受益于应收账款、存货量的不断发展，供应链金融在我国的发展较为迅速，供应链金融市场规模已突破 22 万亿元，且整体呈现逐年递增的趋势。随着物联网、云计算、大数据、人工智能、区块链等技术的运用和突破，中国供应链金融发展走向呈现出以下几大趋势。

（1）新兴技术深入赋能供应链金融数字化。大数据、人工智能、区块链等信息技术的快速迭代发展并与金融深度结合，其在控制业务风险、提高信贷审批效率、提升金融服务的覆盖度等方面发挥了积极作用。数字技术在解决传统供应链金融痛点、带动业务快速发展的同时，也对银行金融服务提出了更高的要求，各商业银行都在努力探索适合自身特点的供应链金融业务发展路径。全球产业在数字技术的影响下，也朝着数字化的方向发展。麦肯锡全球研究院早前发布的《数字时代的中国：打造具有全球竞争力的新经济》报告显示，到 2030 年，数字化的三股推动力，即去中介化、分散化、非物质化将转变并创造 10% ~ 45% 的行业总收入，数字化浪潮将席卷中国各行各业，为中国经济带来巨大的转型机遇，提升效率、生产力以及中国企业的全球竞争力。金融科技的引入，为供应链金融的优化与重构注入新动能，资源驱动变为技术驱动，科技赋能逐步深化。大数据、云计算、区块链、物联网等技术的应用，有助于在整个产业链生态中摆脱核心企业的限制，打破传统金融机构对核心企业信用以及对抵押担保的依赖，也可以将以往无法使用的经营行为数据变成可用的信用数据。更为重要的是，核心企业有可能将不再作为构建生态的控制者，甚至某些环节的确权可以抛开核心企业，它将只以一个信息提供者和资产管理者的身份出现，更多的中小微企业能够参与到供应链金融产品的设计中，如平台类企业运用大量的交易数据、物流类企业运用海量的物流数据，都能作为有效的切入点来建立"去核心化"的生态，不断提升供应链的综合管理水平。

（2）供应链融资产品更多元化、生态化，协同创新。随着各参与者深度渗透市场，数字时代的供应链融资业务模式和产品日趋多元化，并逐渐分为三大类型：①核心企业模式，即金融机构围绕处于产业链主导地位的核心企业，依托核心企业增信，批量为上下游链条客户提供应收账款质押 / 保理、票据贴现、订单融资等贸易融资类服务。该模式中，针对上游客户的应收类融资产品已相对成熟，是商业银行开展供应链融资业务的主流模式。②供应链服务模式，即仓储物流、垂直电商和大宗商品交易市场等，掌握着交易结算、货物定价、仓储及流向等全供应链体系的服务和垂直行业信息，利用其场景闭环，与金融机构合作为供应链客户提供存货、仓单及未来货权等融资。该模式受传统存货融资风险频发的影响，发展相对缓慢，但随着物联网的进一步发展，仓储物流行业的线上化、标准化、可视化程度不断提升，未来发展潜力巨大。③去中心化模式，即金融机构运用互联网、大数据、人工智能等金融科技，通过核心企业或第三方获取供应链交易信息，结合融资客户自身征信、财务纳税等多维度数据，为上下游链条企业核定信用贷款额度，并将提款流程嵌入供应链采购、销售场景锁定资金用途的服务模式。

金融服务更加综合，不再局限于融资服务，而是和保险、理财、现金管理等企业金融服务一起，以综合金融解决方案的方式呈现，同步提供供应链金融配套服务，拥有灵活的机制和快速的反应能力与创新能力会独具优势，提供面向具体业务场景的综合金融解决方案。金融科技为整个供应链的重构和升级带来了前所未有的机遇。通过金融科技手段进行产业赋能和数据打通（如数据信息、业务信息、场景信息等），将使产品和服务更加智能、场景结合更加紧密、数据价值更加凸显，不断催生新产品、新业态、新模式，为金融发展提供源源不断的创新活力。

（3）银行的业务效率和风控能力进一步提升。供应链金融业务转变成为线上业务之后，其客户营销、信用管理、风险防控与传统模式的差异，对供应链金融发展、客户体验和客户经理业务拓展形成了一定的掣肘，需要进一步加强顶层设计，建立与线上供应链金融相匹配的客户营销、业务运维、系统研发和信贷风险制度体系，完成供应链金融流程再造，才能真正实现业务的快速、高质量发展。线上供应链融资业务以核心企业为切入点，通过互联网整合供应链"四流"信息，对链条整体风险进行评估，通过大数据、电子签名和区块链技术防止交易、数据造假，交叉验证核实融资交易背景，实时掌握融资资金的动向，通过业务自动化、封闭运行提升业务办理效率，有效降低操作风险，形成"批量、小额、分散"的业务模式，两者的风控逻辑和手段存在明显的区别。

商业银行运用互联网、大数据技术对供应链资金流、物流、信息流的整合和交叉验证，降低了信息不对称产生的信用风险，有效掌握了供应链和融资客户的真实情况与资金动向，逐渐摆脱了传统贷款对线下财务报表、抵质押物的依赖，贷后管理也有了"着落"；区块链、电子签名和人工智能等技术嵌入供应链金融产品后，使得客户身份识别、核心企业确权、贸易背景核查等供应链融资的关键环节实现了线上化智能操作，使商业银行能够批量、自动、便捷地向核心企业上下游客户集群提供融资服务，有效降低业务运作成本，突破地域限制。

（4）监管体系层次化，合规运营。地方政府、行业协会等极具影响力的第三方将发挥重要作用。政府、金融机构与企业之间的数据互联互通，可打破"数据孤岛"；行业协会可推动行业数据互联互通，助力行业发展与金融科技解决方案的结合，建立合规运营的行业秩序。226 号文强调，供应链大型企业应严格支付纪律和账款确权，不得挤占中小微企业利益。各类机构开展供应链金融业务应严格遵守国家宏观调控和产业政策，加强业务合规性和风险管理。

1.7　本章小结

供应链金融将金融与供应链融合，是一个涉及物流、供应链管理和金融三个领域的新兴融资概念与商业运营模式。供应链金融减少了对中小企业的融资限制，优化了商业银行业务结构，协调整合了产业链的经营。加大对供应链金融理论及其实践的关注与研究，通过整合供应链的商流、物流、信息流和资金流，强化供应链上下游企业之间的合作关系，增加产品附加值和核心竞争力，实现企业的持续、全面发展。

供应链金融不是一个新的话题，我国的供应链金融在经历了多年的发展之后，已经形成了相对成熟的理论框架和业务模式。但是近年来，云计算、大数据、物联网、区块链、人工智能等新技术的不断突破发展，大量金融科技公司的涌现，为银行等金融机构、核心企业、物流公司等从事供应链金融业务的主体提供了新的视角和新的助力，也同时带来了市场和业务层面的新的不确定性。如今，供应链金融正站在时代的风口上，成为解决中小企业融资难问题的强大动力，在国家政策支持和产业互联网浪潮的推动下，包括商业银行、核心企业、物流企业、供应链协作企业、电商平台等在内的各方参与主体都在利用自身的优势，在供应链金融领域展开充分的合作和竞争。相信未来中国的供应链金融领域必将产生多样化的发展模式和创新服务类型，从而成为中国产业结构调整和国民经济发展转型的重要抓手，中国供应链金融行业也必将迎来发展的黄金时期。

 即测即练

复习思考题

1. 何为供应链？阐述其产生的原因。

2. 怎样理解供应链管理？怎样理解现代供应链管理的目标？

3. 何为供应链金融？简述供应链金融的特点。

4. 阐述供应链金融与传统金融的主要区别。

5. 简述我国供应链金融发展的几个阶段。

6. 简述供应链金融体系的主要参与主体。

7. 如何理解供应链金融对核心企业的意义？

8. 分析供应链金融对商业银行的意义。

参考文献

[1] 宋华. 供应链金融 [M].3 版. 北京：中国人民大学出版社，2021.

[2] 坦普勒，霍夫曼，芬德利. 供应链金融 [M]. 胡海菊，陈红梅，译. 北京：中国人民大学出版社，2020.

[3] 段伟常，梁超杰. 供应链金融 5.0[M]. 北京：电子工业出版社，2019.

[4] 吴科. 供应链金融 [M]. 南京：东南大学出版社，2020.

[5] 周利国. 物流与供应链金融 [M]. 北京：清华大学出版社，2016.

[6] 宋华. 中国供应链金融的发展趋势 [J]. 中国流通经济，2019，33（3）：3-9.

[7] 宁东. 供应链金融产生与发展：一个理论的综述 [J]. 太原城市职业技术学院学报，2010（7）：72-74.

[8] 徐辉，侯建明. 供应链金融的发展与融资模式研究 [J]. 中国商贸，2014（21）：138-139.

第2章 供应链金融的商业运营模式

学习目标

1. 掌握商业银行主导的供应链金融的态势、业务模式、优劣势及数字化进程。

2. 掌握核心企业主导的供应链金融的价值、产融结合模式、风险及平台构建。

3. 掌握产业互联网平台的内涵、产业金融生态系统及运作逻辑。

4. 掌握金融科技的内涵、金融科技重塑供应链金融模式。

思政目标

1. 具体了解供应链金融商业运营模式在现代金融体系中的重要作用，从供应链金融模式中学习团结与合作。

2. 了解供应链金融模式中各机构为主导的模式优劣，学习如何辩证地看待各种商业模式。

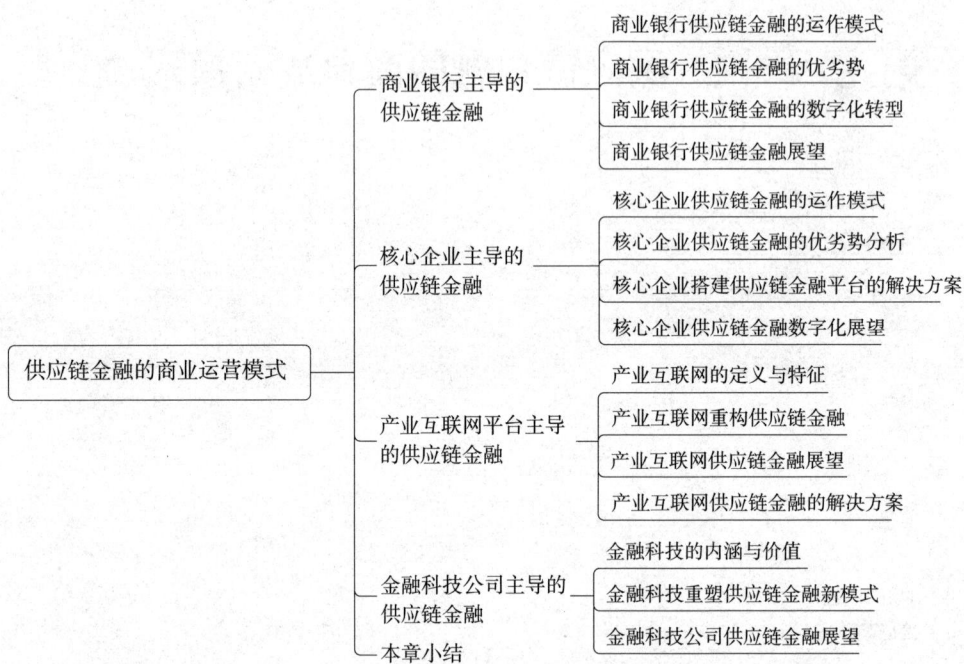

思维导图

导入案例

海尔供应链金融平台助推家电产业良性发展

供应链金融兼具产业和金融双重属性，是解决中小微企业融资难题的有效工具。海尔作为家电产业巨头，具有深厚的行业背景和资源，利用集团自身分销渠道网络、交易数据、物流业务等要素的雄厚积淀，集成财务公司、电商等资源，成立海尔供应链金融服务平台（图2-1）。平台融合了人工智能、大数据、安全识别、移动物联网、区块链、云计算等技术，链接各资源方共创协作，形成一个稳固的多边生态系统。通过海尔"万链"模式，在链接资源的各个环节能够获取金融业务机会，降低获客成本，对产业生态链条的把控也能够降低行业信息不对称，提升风控的有效性。

海尔供应链金融在为用户定制个性化的资产及资金需求的同时，还基于数据分析的授信技术，根据客户的业态设计贷款期限和还款方式，渗透到客户交易场景当中，不断完善产业金融风控体系、消费场景金融风控体系，建立了实时交互的信息化系统。

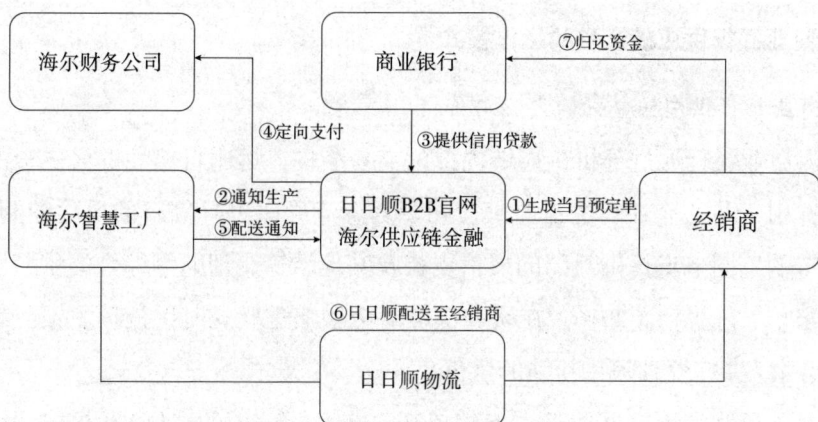

图 2-1 海尔供应链金融服务平台

针对集团下游经销商，海尔供应链金融平台将客户的历史交易数据、采购信息、销售订单等与外部三方大数据相结合，通过风控模型来进行用户准入、额度核定和贷后预警，为规模小、实力弱的经销商客户提供融资支持，极大地解决了中小微企业融资难的问题。接下来，海尔供应链金融平台将聚焦产业生态，深耕实体经济，通过全流程、多场景、定制化的金融解决方案，提升产业链条黏性，促进产业链良性循环，实现产业链各方增值共赢。

思考题：

分析海尔作为产业集团布局供应链金融业务的价值及意义。

2.1 商业银行主导的供应链金融

商业银行作为现代金融体系中的重要一环，一直面临着商业模式创新的需要，推动了供应链金融的产生（宋华，2021）。2006 年，平安银行（原深圳发展银行）在国内率先推出了基于应收、预付和存货的系列供应链金融产品，由此看出，中国的供应链金融首先是由商业银行发起的，商业银行是整个供应链金融生态系统的资金源泉，促进整个产业现金流的优化。近几年，随着供应链金融在国内市场的不断发展，供应链金融实施主体呈现出多样化趋势，但从资金实力、抗风险能力以及资质等条件进行综合评价，商业银行仍然是主要的供应链金融服务实施主体，同时也是推出产品种类最多的实施主体，占有最高的供应链金融市场份额。

2.1.1　商业银行供应链金融的运作模式

1. 商业银行供应链金融的内涵与价值

国内商业银行通过分析供应链内部的交易结构，运用自偿性贸易融资的信贷模型，并引入核心企业、物流监管公司、资金流导引工具等新的风险控制变量，对供应链的不同节点提供封闭的授信支持及其他结算、理财等综合的供应链金融服务。宋华、陈思洁（2016）在研究供应链金融演进模式时，梳理了银行在国内供应链金融发展三个阶段中扮演的角色。

第一阶段为深圳发展银行主导的依托核心企业信用的"1+N"模式，银行主要以应收账款、存货和预付账款等方式提供融资，银行是供应链金融的实施主体，但不参与供应链的运营。

第二阶段为核心企业主导的产业运作模式，供应链金融是集金融管理、商业运作和物流为一体的管理模式，此时银行只是流动资金的提供方，银行与其他参与者只存在典型的序列依存关系。

第三阶段的发展更多地融入互联网、物联网技术，银行与其他参与主体有着复杂的相互关系，银行也逐渐演变为供应链金融的服务者。

在商业银行主导的供应链金融模式中，商业银行提供各类供应链金融产品，利用与大型企业具有紧密的合作关系这一独特的地位优势，采取技术手段，将物流商、供应商以及经销商连接起来，为供应链上下游企业提供资金支持（图2-2）。

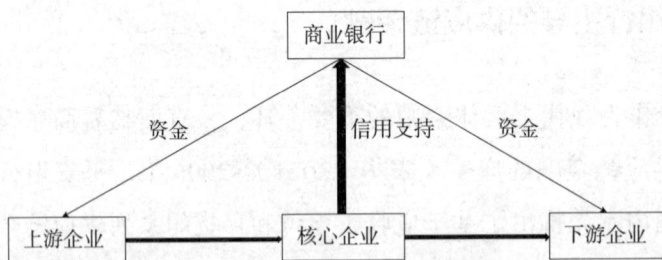

图 2-2　银行主导的供应链金融基本模式

通过大力发展供应链金融业务，对商业银行提高核心竞争力具有重要的现实意义，具体如下。

（1）供应链金融业务节约企业资金占用，降低运营成本，可以保持产业链的稳定。银行根据供应链各环节企业的需求，提供有针对性的产品和服务，降低整体运营成本；同时，依托核心企业，位于两端的弱势中小企业获得资金支持，稳定了生产、购销关系，保持了产业链的稳定。

（2）供应链金融业务有助于解决中小企业融资难的困境。位于核心企业上下游的中小企业，由于不能提供足额抵质押担保，加之承受风险能力不强，取得融资支持较为困难。利用供应链金融这一模式，银行在考虑中小企业自身规模和信用状况的同时，把其与核心企业的合作和交易历史作为重点考虑因素，基于应收账款、存货等资产提供融资。中小企业各项利润指标有了较大的改善和提高，开始显现出规模经济现象。

（3）供应链金融业务有助于商业银行扩大客户群基础，带动其他指标的开展。在供应链金融服务中以服务核心企业为中心，中小企业通过核心企业获得商业银行的融资服务，商业银行提供"一揽子"的解决方案给供应链中的上下游企业，提供了一个切入点和新渠道来稳定高端客户，同时扩大客户群基础，带动存款、非利息收入等其他利润指标。

（4）供应链金融业务为商业银行创造了新的利润增长点。近年来，在贸易活动增长、融资渗透率提高以及有利的监管环境的推动下，中国供应链金融市场迅速发展，各种供应链交易和业务的增长促使资产持续增长，CIC 灼识咨询发布的《2023 中国供应链金融科技行业蓝皮书》梳理出，按资产余额计算，2018 年至 2022 年期间中国供应链金融市场从 20.1 万亿元扩大到 32.3 万亿元，复合年增长率为 12.5%。广阔的供应链金融市场给商业银行带来了丰厚的业务收入。

2. 商业银行供应链金融的业务模式

从风险控制体系的差别及解决方案的问题导向维度来看，国内商业银行开展的供应链金融业务形态主要包括（图 2-3）：债权类的应收应付账款融资，包括应收账款质押、正反向保理、商业发票贴现和信用保险项下的应收账款融资等；动

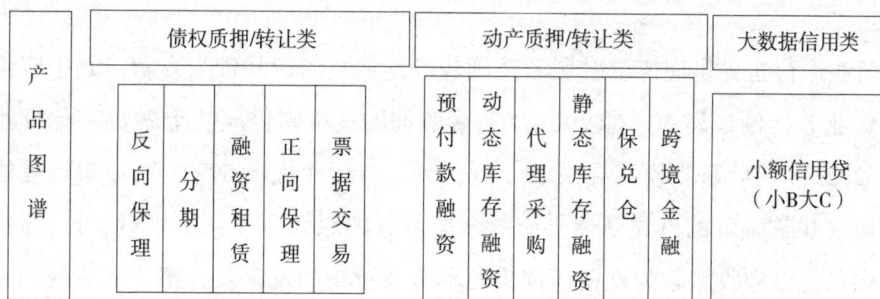

产品图谱	债权质押/转让类				动产质押/转让类					大数据信用类
	反向保理	分期	融资租赁	正向保理	票据交易	预付款融资	动态库存融资	代理采购	静态库存融资	保兑仓	跨境金融	小额信用贷（小B大C）

图 2-3 商业银行供应链金融基础产品

产质押类的存货融资，包括融通仓、仓单质押和现货质押等；预付账款类融资，包括先票后货融资、未来货押开证、保兑仓、厂商一票通、订单融资和附保贴函的商业承兑汇票等；基于供应链战略合作关系类融资，包括发票贷、税金贷、流水贷等融资产品。

基于应用场景，商业银行的供应链金融产品服务于各个交易环节（图2-4），有线上、线下多种操作方式，各种产品的设计要点也不尽相同，有的侧重于向上下游中小企业提供贷款，从而解决中小企业融资难、融资贵的问题，有的侧重于为核心企业解决资金困境，从核心企业支付能力的角度解决上下游企业的资金来源问题，产品的多样化给商业银行服务实体经济提供了多种选择。

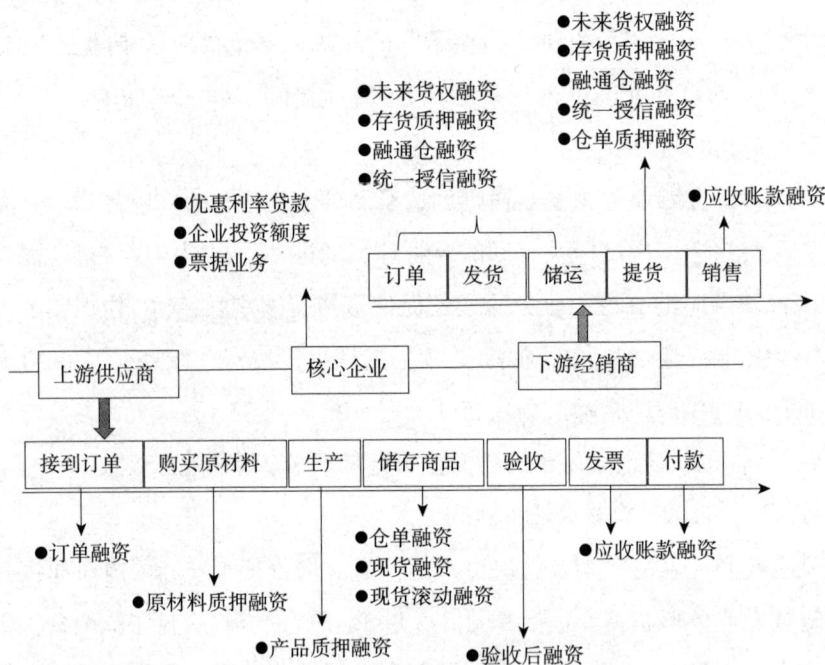

图2-4   基于应用场景的供应链金融产品

商业银行主导供应链金融服务范围较广，涉及的产品较为齐全，其中应收账款融资业务比例最高。根据2023年艾瑞咨询的"中国供应链金融数字化行业报告"，2022年应收账款模式规模22.1万亿元，占行业规模60%。商业银行更加青睐以应收账款融资的方式开展供应链金融业务的原因在于：①相对于订单融资、库存融资，以应收账款为直接还款来源不涉及货物的发出及分销，从流程和时间上风险更容易确定。②业务围绕核心企业开展，核心企业整体信用资质更高。

2.1.2　商业银行供应链金融的优劣势

1. 商业银行供应链金融模式的特点

（1）主导方是商业银行，商业银行设计融资方案并提供资金支持。商业银行为拓展自身的业务，为供应链上的节点企业提供融资支持。在此模式下，商业银行拥有发达的金融资本，更多的是作为供应链金融服务的提供者，供应链金融服务是其利润来源和核心竞争力。

（2）不断创新产品，拓宽业务。商业银行在拥有金融资本及金融人才的基础上，打造信息平台，积极寻求与物流企业的合作，将诸如抵质押物的跟踪、物流监管等非核心业务外包，一方面可以掌握更多的交易信息，降低风险；另一方面也可以更加专注于核心业务，积极开发有特色的供应链金融产品（表 2-1），满足供应链上下游企业的资金需求。

表 2-1　我国商业银行供应链金融产品主要特点

业务形态	融资基础	融资方式	未来发展
应收账款融资	真实贸易合同产生的应收账款为还款来源	处于供应链中的上游企业以自己对核心企业享有的应收账款转让给银行等金融机构申请贷款，银行为上游企业提供的融资服务	以应收账款为直接还款来源，业务围绕核心企业开展，业务比例最高
订单融资	以订单项下的预期销货款作为主要还款来源	银行应订单接收方的申请，向订单接收方提供用于满足订单项下原材料采购、组织生产、施工和货物运输等资金需求而提供的短期融资	由于订单融资远离最终的商品销售变现环节，涉及上游供货商未能足额、按时发货、对货权控制落空等诸多环节的风险，所以订单融资开展得较少
预付账款融资	预付账款项下客户对供应商的提货权	银行联合核心企业对其经销商合作伙伴提供授信，由核心企业承诺回购，银行直接付款给核心企业，并控制货物提货权，最后经销商根据付款金额向银行分批保兑货物	整个过程伴随着货物质押以及仓配运营管理，后期需要科技赋能实现对仓库货物的多维度异动监管、货值监管、出入流程监管
存货融资	企业库存存货控制货权	银行以物流监管企业提供的质押物估价、交易对象的信用水平和供应链经营状况为依据向中小企业提供资金支持	依据货物标准码等技术实现从重模式演变到轻模式后，库存融资的规模将会出现快速扩张

2. 商业银行供应链金融模式的优劣势分析

对比不同实施主体的性质、业务特征，商业银行相比于其他实施主体，在实施供应链金融服务时，其优劣势如下。

1）优势分析

银行开展供应链金融业务最明显的优势是融资体量大，人才专业、服务多样化，表内融资转向表外融资、线上产品成熟，外部环境良好、政策支持。

（1）融资体量大。商业银行作为专业的金融机构，具有充足的资金从事供应链金融业务，所提供的融资规模远大于市场上供应链公司能提供的资金支持，能满足核心企业大体量资金周转需求。另外，银行网点覆盖范围，基础设施比较完备，能够在各地开展供应链金融业务。

（2）人才专业、服务多样化。商业银行具有专业信贷领域方面人才，具有较强的风险控制能力和供应链金融实操经验。商业银行在服务方面灵活多变，可以针对客户不同的需求设计不同的产品服务，提供多样化的供应链金融服务。

（3）表内融资转向表外融资。大部分供应链金融服务产品能降低核心企业表内的有息负债，将这些带息负债转变为对供应商的应付款项，在表内体现为无息负债，优化核心企业报表的负债结构。

（4）线上产品成熟。伴随金融科技的快速发展，部分商业银行已经搭建了线上供应链综合服务平台，涵盖线上融资、上下游企业信息、物流、仓储等多个领域，将整个产业链通过平台连接在一起，为资金流、物流、信息流、商流的"四流"合一提供支持，从而为核心企业的运营管理提供高效率的可实现途径。

（5）外部环境良好、政策支持。目前我国的法律环境还没有完善，金融业至今没有确定混业经营的状态。这对于银行提供供应链金融服务来说竞争优势明显，银行发展供应链金融无法律门槛。同时，我国关于中小企业发展的政策陆续出台，国家鼓励银行实施普惠金融政策支持中小企业发展。

2）劣势分析

虽然商业银行推动的供应链金融有许多优势，但是在实践运作中，该模式在国内的发展也存在一些问题。一方面，由于商业银行并不真正渗透到产业链中，对产业运行的规律并不掌握，商业银行与供应链企业之间存在信息不对称，无法精准判断交易背景的真实性，极易导致骗贷或坏账，同时也没有实际掌控资产，因此，一旦出现经营不良，甚至恶意违约骗贷，往往不能及时加以控制；另一方面，在中国的商业实践中，处于强势地位的企业往往不配合金融机构的融资要求和管理，因此，即便商业银行察觉到了风险，止损或处置的能力也非常有限。所以，商业银行以金融资本主导的供应链金融模式在中国的发展有天生的短板，其限制因素较多。

2.1.3　商业银行供应链金融的数字化转型

目前，伴随着前沿科技的逐渐渗透，供应链金融呈现出与信息技术高度融合的趋势，商业银行积极推动供应链金融业务向流程标准化、管理可视化、决策智能化的数字智慧化转型。我国供应链金融数字化进程如表 2-2 所示。

表 2-2　我国供应链金融数字化进程

发展历程	模式	参与主体	模式解读
供应链金融 1.0 时代	线下"1+N"模式	银行	以不动产抵押、信用评级为基础，银行并没有真正参与供应链运营的全过程，只是依托供应链中的某个主体信用，延伸金融服务
供应链金融 2.0 时代	线上"1+N"模式	银行	主要技术突破在于互联网以及动产质押，实现了银行与企业各方在线协同，有效整合链条上融资企业和物流企业的信用
供应链金融 3.0 时代	"$N+1+N$"平台化模式	银行、互金、物流平台	通过打造云平台，通过资金流、信用流、物流三维数据风控建模来构建综合化的大服务平台
供应链金融 4.0 时代	智慧型模式	银行、互金、物流平台、征信平台等产融结合平台	通过技术赋能搭建成产融结合的生态系统，实现产业之间的跨界与融合，使得金融能够服务于整个供应链的各类主体

1. 商业银行供应链金融的数字化发展趋势

1）与信息技术高度融合，呈现智慧化数字转型趋势

民生银行供应链金融事业部于 2018 年启动新供应链金融系统平台建设，以应收 E、政采 E、汽车金融 2.0 为建设切入点，着力于打造智慧化数字供应链金融平台。该平台将部署应收账款管理、货品及物流管理、贷后监测等供应链金融专属模块，并持续吸收应用区块链、图像识别等金融科技技术，实现更高效、更便捷、更智能地与客户系统对接。

2）专注重点细分行业，呈现精准专业化管理趋势

由于各行业盈利模式、资金需求状况、周期性及供应链金融管理模式均不同，供应链金融参与主体只有持续深耕重点细分行业，只有在对行业属性和特征进行专业分析和研判后，才能充分了解客户经营状况，掌握客户经营管理中的痛点和需求，有效把握各环节风险，并为企业提供量身定制的供应链金融产品服务。目前，部分商业银行已形成具备自身行业特色的供应链金融业务模式。民生银行在汽车、医药、建工、白酒、家电、政采平台六大行业形成了完整的行业解决方案。

同时，结合各行业特征，形成了"供应链服务 + 行业解决方案 + 融资与结算"的全方位产品服务体系。

3）建立深度信息联盟，呈现全程化服务趋势

各类供应链金融服务主体将通过互联网、区块链技术整合电商、支付、物流、银行、税务、海关等数据节点，搭建跨产业、跨部门、跨区域平台，并与政府、行业协会等建立深度联盟，打破"信息孤岛"。同时，通过逐渐明确供应链金融各主体交易边界，进行交易接口标准化、交易合约标准化、交易流程标准化管理，保证数据高效互通，真正实现供应链金融全程化服务。民生银行积极对接外部数据与服务机构，广泛引入供应链金融生态圈其他参与主体，并搭载云 ERP（企业资源计划）等更多面向 B 端的服务功能，降低产业活动以及金融活动中的信息不对称和道德风险问题。

2. 商业银行金融科技的战略布局与应用

随着人工智能、区块链等新技术的快速发展，金融科技日渐成为颠覆未来银行业商业模式的重要因素，备受银行业重视。国内商业银行更是将金融科技提升到总战略高度。例如，中信银行提出打造"一流的科技型银行"，招商银行提出推进"轻型银行"战略转型，平安银行提出推进"数字银行、生态银行、平台银行"转型等战略。

在具体的落地执行方面，各行纷纷加大金融科技研发投入，加快人工智能、大数据、区块链等新技术与银行场景的融合应用，为银行数字化转型提供技术支撑；部分银行成立金融科技子公司（表 2-3），为银行的数字化转型提供人才、技术等全方位的支持，加速科技成果的转化及落地应用。同时，部分银行开始加强外部合作、与 IT（信息技术）科技公司开展战略合作、建立创新实验室等，进一步促进科技与银行业务的融合，促进银行的数字化转型进程。

表 2-3　国内商业银行金融科技子公司统计表

母公司银行	金融科技子公司
招商银行	招银云创
平安银行	金融壹账通
兴业银行	兴业数金
民生银行	民生科技
光大银行	光大科技
华夏银行	龙盈智达

随着银行等金融机构金融科技的进一步布局与应用，银行业的数字化转型将会深化、升级。"数智化"和"数治化"将是 2021 年之后我国金融机构数字化转型、升级的两个新趋势。传统银行业在利用金融科技赋能自身数字化转型的同时，需做好以下三方面的工作。

（1）必须加强合规管理，银行等持牌金融机构必须以国家有关法律法规为依据，在规定范围内推动自身的数字化转型。

（2）要加强内控管理，必须全面、系统地推进数字化转型，而不能单兵突进、无序扩张。

（3）要加强风险管理，金融行业本身就是一个通过风险管理来获取收益的行业，风险管理要进一步加强，特别是通过探索数字化的风险管理方式来应对强监管。

2.1.4　商业银行供应链金融展望

现阶段我国商业银行开展供应链金融面临良好的态势：不仅有商业银行供应链金融广阔的市场奠基，也有国家推行的法律法规、政策的保障，还有金融科技的赋能。

2019 年 7 月，中国银保监会发布了《中国银保监会办公厅关于推动供应链金融服务实体经济的指导意见》，鼓励银行保险机构成立供应链金融业务管理部门（中心），统筹推进供应链金融业务创新发展。供应链金融业务不仅符合国家政策导向，更是商业银行适应经济新常态下的市场竞争格局，以客户为中心提升核心竞争力的战略选择。商业银行将以市场需求为导向，逐步突破传统业务流程、系统架构、风控流程等对业务发展的束缚，实现敏捷化地满足客户需求，助力实体经济转型升级。

（1）优化考核机制，切实引导并激发业务开展活力。考核激励机制是贯彻落实业务发展战略，引导商业银行实现经营目标的指挥棒，商业银行将通过持续完善考核、利润分配及不良容忍机制，全面调动业务部门积极性。

（2）契合客户需求，高效开展产品创新及流程优化。商业银行有望通过逐步完善业务创新管理机制，实现以客户需求为中心，敏捷化地满足客户需求。

（3）强化科技赋能，提升在线供应链金融竞争优势。商业银行将通过加强与信息科技技术融合，重塑商业银行供应链金融业态和服务模式。

（4）深耕重点行业，持续加强对产业链的把控能力。商业银行将通过聚焦重点目标行业，深入挖掘重点行业的价值空间。

（5）夯实风控能力，构建匹配业务发展的风控体系。随着供应链金融从 1.0 的中心化时代逐步进入 4.0 的数字化时代，对供应链金融的风险管理提出更高要求，商业银行将契合供应链金融业务发展需要，重塑风控体系。

2.2 核心企业主导的供应链金融

供应链金融在我国发展至今，在获得政策加持、市场关注的同时，也在不断为缓解中小企业融资难题注入力量。其中，核心企业作为供应链金融不可或缺的参与方，无论是融资相关的确权等环节的参与度，还是在供金业务中所发挥的作用，一直以来都是关注的焦点之一。从意愿度来讲，226 号文等供应链金融政策的加持之下，核心企业也逐渐从被动转为主动，积极参与到供应链金融的运作中。

2.2.1 核心企业供应链金融的运作模式

1.核心企业供应链金融的内涵与价值

经济全球化背景下，企业的竞争根本上是供应链的竞争。资产实力雄厚的行业龙头企业在整个产业链和供应链中扮演着重要角色，充当了整个链条的管理者、组织者与协调者的核心角色，对其他成员企业之间形成长期稳定的战略合作伙伴关系有着重要的作用和影响。核心企业依托自身对产业链上下游较强的驾驭能力，运用金融科技手段，整合物流、资金流、信息流等信息，在真实交易背景下，构建整个供应链一体化的金融供给体系和风险评估体系，金融机构提供结算、融资、财务管理等系统性的金融解决方案，从而降低企业成本，提升产业链各方价值和供应链竞争力（图 2-5）。

供应链金融有利于释放核心企业的信用优势，促进供应链各个节点企业的发展，改善供应链的竞争力和稳定性，进而提升供应链核心企业的国际竞争力，保障产业安全。

（1）供应链金融可以提升核心企业主导的供应链竞争力。供应链金融依托供应链核心企业，为供应链节点企业提供融资，解决了供应链节点的中小企业融资难问题，促进供应链节点企业的发展，进而提升整条供应链的竞争力。

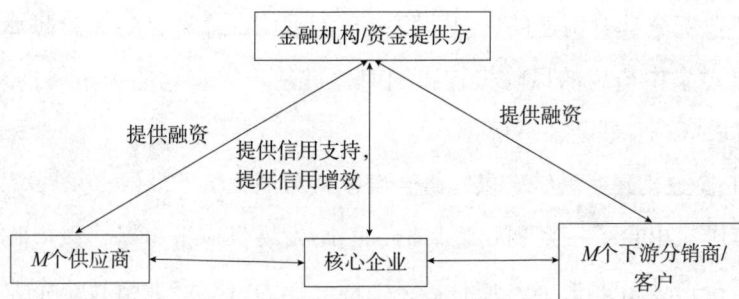

图 2-5　核心企业供应链金融基本模式

（2）供应链金融可以改善核心企业的财务管理能力，提高核心企业的营运水平。对于核心企业与上游供应商关系来说，供应链金融在不改变账期前提下加速上游供应商回款，变相提高了核心企业的现金营运能力；对于核心企业与下游销售商关系来说，供应链金融在不改变账期前提下加速核心企业回款，提高了资金营运效率。

（3）供应链金融可增强核心企业对供应和分销企业的控制力，提高供应链的稳定性，削弱外部冲击的影响，保障供应链的安全。全球产业竞争环境下，供应链脆弱性的不利影响日益显现，自然灾害、贸易摩擦、国家竞争都会冲击企业的供应链，甚至限制一个企业的生存和发展。供应链金融可以发挥核心企业信用优势，强化与供应链关键企业的合作关系，拓展供应链渠道和模式，提高供应链的稳定性。

2. 产融结合的供应链金融典型运作形式

1）产融结合的供应链金融主要形式

供应链核心企业基于产业安全和供应链整体竞争力考虑，通过整合自身的资金优势和信用优势，构建产融结合的供应链金融服务模式，为供应链节点企业提供供应链综合金融服务。

产融结合的供应链金融目前主要有两种形式：一是核心企业通过参股或控股商业银行，并通过参股、控股的商业银行开展供应链金融业务，借此整合产业链，带动主业发展，提升供应链竞争力。二是核心企业成立金融平台公司，基于核心企业的供应链关系提供供应链金融服务。如海尔集团成立海尔供应链金融平台，为上下游企业提供金融服务，并且拓展到自身的优势领域，成为社会化供应链金融平台。

产融结合的供应链金融从核心企业的角度解决了交易信息的真实性问题，也在一定程度上实现了信息的闭合，具有内在的模式优势，对于提升核心企业竞争力、保障产业安全具有明显的优势。下一步发展中，需要做好风险隔离，避免产业集中和金融集中造成的风险失控；同时，进一步完善功能、拓展投融资渠道，抓住机会发展成综合性金融平台。

2）核心企业构建产融结合供应链金融模式案例分析

近些年国家出台了一系列政策举措，鼓励发展供应链金融，以应收账款票据化的方式解决产业链上中小微企业融资困境。作为汽车产业链核心企业的奇瑞公司，积极承担企业社会责任，主动发挥龙头企业信用评级优势，依托互联网，打造全流程线上供应链融资的"奇瑞模式"。

奇瑞公司以企业自身资信为背书，通过应收账款的流转互认，帮助上下游供应商打通融资渠道，降低融资成本，培育了稳固的产业链生态圈（图2-6）。

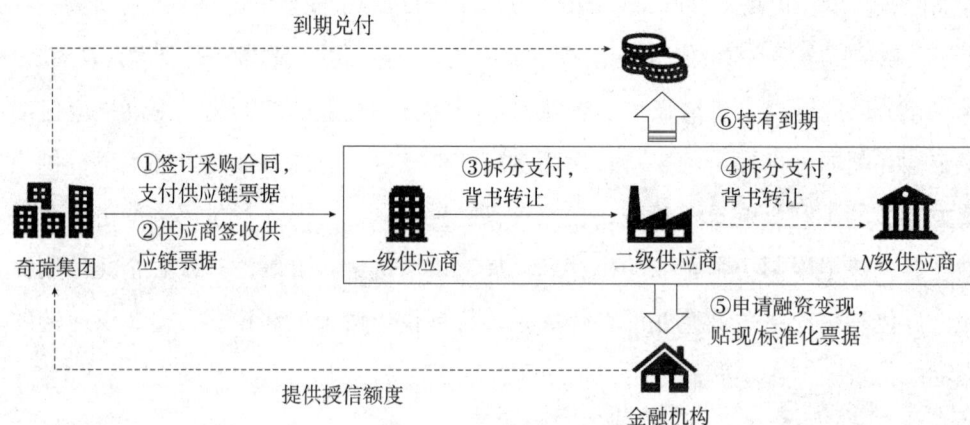

图 2-6　奇瑞供应链金融平台

2017 年以来，奇瑞供应链金融平台经历了从起步到优化和创新的过程。2017年，奇瑞与人民银行、征信中心对接，借助中征应收账款保理平台，与自身 ERP系统直连，成功打造全线上供应链融资模式，即"奇瑞模式"。2019 年正式上线奇瑞供应链金融平台，同年 11 月，首单落地。2021 年，奇瑞公司注册成立安徽瑞轩供应链科技有限公司，通过大数据、区块链等技术将应收账款电子化、可等分化、可流转化，借助上海票据交易所平台成功实现供应链票据业务场景落地。

在奇瑞公司的供应链金融平台上，奇瑞公司与供应商真实贸易背景产生的应付账款实现数据电子化，通过区块链技术将电子化的应收账款等分支付给供应商，同时借助奇瑞核心企业银行授信资源，供应商直接线上实现拆分、流转支付、融资，应收账款到期后由奇瑞无条件支付。这样，金融机构就能够借助奇瑞授信和应收账款，敢于向中小微企业发放融资支持，彻底解决了先前金融机构不敢向中小微企业放款的难题。

平台成立以来，已累计注册服务 1 000 多家供应商企业，累计开出应收账款电子凭证 90 余亿元，累计向中小微企业发放融资超 40 亿元，及时缓解了供应链上中小微企业的资金压力，稳定了供应链生态圈。目前，奇瑞供应链金融平台已陆续引入光大银行、招商银行、邮储银行、徽商银行等，正在对接的还有工商银行、民生银行、中原银行、九江银行等。奇瑞公司会同金融机构，共同进行融资模式创新。其中，比较有代表性的是 "N+1+N" 供应链融资模式，奇瑞公司与银行的合作，为供应链上下游提供了一揽子低成本金融服务。

2.2.2　核心企业供应链金融的优劣势分析

1. 核心企业供应链金融的优势

1）核心企业供应链金融具有先天优势

相对于银行及其他供应链金融参与者，核心企业做供应链金融具有天然的信息和控制优势，开展供应链金融服务的初始成本更低，响应速度也更快。借由多年的行业耕耘，核心企业对上下游企业的经营状况有充分的了解，并且针对供应商和经销商建立了信息化系统，拥有大量的中小型企业经营状态的信息，而且这种信息是动态的、明细的交易数据，可以对链上成员进行实时评估。核心企业的话语权和掌控能力越大，这类信息的真实性和完善性就越高，征信的价值就越大，无论是自用还是协作银行，都具有无可比拟的优势。若涉及现货质押类的服务，企业对于货物的识别和处置能力是另一优势，这也是金融机构无法轻易具备的。

2）去 "核心" 的供应链金融困境重重

在供应链的环节中，由于核心企业对上下游往往具有较强的控制能力，具有非常强势的行业话语权，没有核心企业主动参与的供应链金融困境重重。

（1）贸易背景真实性真假难辨。供应链金融最核心的就是贸易背景真实性，但是没有核心企业参与，大部分独立机构只能凭借合同、发票、送货单、收货证明等文件进行审核，无法保证文件的真假，无法解决贸易背景真实性的问题。

（2）没有核心企业主动积极参与，金融机构难以批量开发客户，导致获客成本高、效率低，而且风险大、营销困难。没有核心企业参与，就会出现保理业务确权、不良资产处置等一系列问题。

（3）没有核心企业的参与，供应链金融的风险很难控制。供应链金融与其他融资方式最大的区别就是风险管理方式的改变。供应链金融通过引入核心企业、第三方物流监管货物等方式，能够有效地避免传统金融机构因为自身不足而造成的风险。

2. 核心企业供应链金融的劣势

核心企业经营供应链金融所面临的最大问题就是资金，主要依赖自有资金和银行授信，有限的规模限制了供应链融资业务规模的拓展，而如果扩大融资服务范围，企业必须从外部借入高成本资金来满足需求，这又势必推高借款成本，加大融资企业的财务负担。

另外，团队建设及持续运营也是核心企业需要提升的供应链金融服务能力。核心企业在长期的经营过程中拥有大量的资源，在建立好信息化的系统之后，更大的壁垒在于系统建设后的运营，即上下游会不会配合核心企业进行完整、真实的信息采集，而不发生操作风险。拥有仓储物流资源的企业可以基于对货物的控制开展现货类融资。核心企业想要做好供应链金融，除了系统建设、系统运营能力、仓储物流资源之外，更关键的是对上下游的掌控能力。

2.2.3　核心企业搭建供应链金融平台的解决方案

1. 搭建供应链金融平台的必要性

当前供应链金融中主要参与主体面临的痛点较多，产业链中的上下游由于自身的企业规模及资信情况，难以从银行获得信用贷款，按照他们的话来说就是"能抵押的都抵押了"，剩下的都是金融机构不接受的抵押品，或者评估折扣率很低。然而核心企业大多为央企 / 国企，是银行等金融机构的重点客户，早已获批较高的授信额度，但通常如无必要并不会足额使用，因此会产生闲置的银行授信。作为资金方的商业银行等金融机构出于对于风险的考量，以及对中小企业设置的烦琐的进入门槛，也不愿意积极地向这一类企业发放贷款。

在此背景下，以核心企业为主导的供应链金融服务平台借助金融科技的力量，串联起资金需求方、核心企业和金融机构，同时对业务流程全程监控，有效地进行风险控制。

2. 核心企业搭建供应链金融平台的步骤

1）供应链金融平台企业组织架构

供应链金融平台企业组织架构如图 2-7 所示。

```
                              ┌─────────┐
                              │  总经理  │
                              └────┬────┘
   ┌──────┬──────┬──────┬──────┼──────┬──────┬──────┬──────┐
┌────┐┌────┐┌────┐┌────┐┌────┐┌────┐┌────┐┌────┐┌────┐
│市场部││战略  ││市场部││平台  ││金融业││技术  ││风控  ││财务  ││综合  │
│    ││发展部││    ││管理部││务中心││研发部││中心 ││中心 ││管理部│
└────┘└────┘└────┘└────┘└──┬──┘└────┘└──┬─┘└──┬──┘└────┘
                         ┌────────┬────────┐      ┌────────┐
                      ┌──────┐┌──────┐  ┌──────┐
                      │金融市场部││政策合规中心│  │财务部  │
                      └──────┘└──────┘  └──────┘
                      ┌────────┐┌──────┐  ┌──────┐
                      │金融产品设计部││法务中心│  │清结算部│
                      └────────┘└──────┘  └──────┘
```

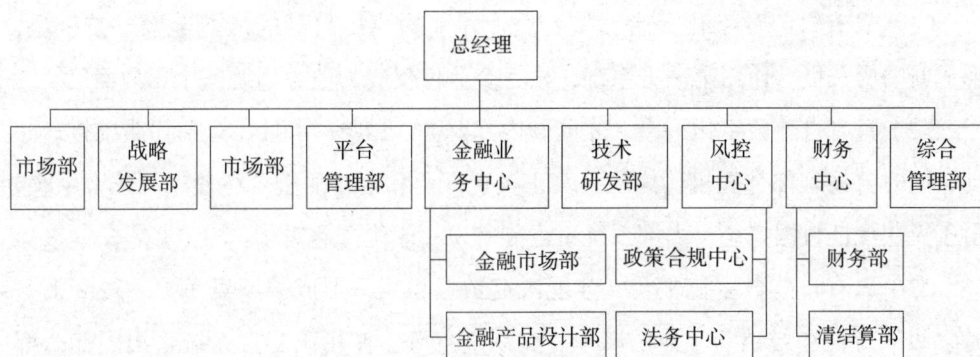

图 2-7　供应链金融平台企业组织架构

2）平台建设方的选择

供应链金融平台建设的核心内容是"四流"合一。大部分以核心企业为中心建设的供应链金融平台，最终目标还是市场化，在公开市场纳入更多的企业运行。因此，平台建设方需要的是保姆式、伴随式的服务，同时要对金融业务有一定的了解，在平台不同的发展阶段能对其拓展性作出相应的改造。

3）平台资金方的对接

只要场景好，资金方便趋之若鹜，比较选择资金成本最低的就好。同时，央企背景的核心企业大多有自己的财务公司，它们也可以对参股的供应商进行资金支撑。

4）融资业务模式的确定

通常采用应收账款融资和代采融资两种模式。但是代采模式要求供应链金融服务企业对供应链把控程度高，因其资金回笼时间长、涉及环节多、不确定性大，一般也只有在打通上下游后才会展开代采形式的融资。

5）平台运营模式的摸索

以核心企业为主的供应链金融平台，其运营模式有多种，并无好坏之分，只需判断其是否合适。

2.2.4　核心企业供应链金融数字化展望

供应链金融关于交易真实性和操作闭环性的信息依赖特征，需要数字技术的支撑。数字技术的应用可以为供应链金融提供信用决策和自动化处理能力，这是供应链金融的数字化本质。核心企业依托创新性数字化金融工具，自建数字驱动的供应链金融科技平台，对于提升供应链竞争能力具有重要的价值。

（1）只有自建数字化平台，核心企业才能构建出自己的产业金融科技板块，形成新的增长极。使用第三方系统，核心企业仅仅成为他方系统一个用户而已。

（2）只有自建数字化平台，才能和内部财务、ERP、审批、订单等系统打通联动，同时打通外部金融机构底层，真正实现产业和金融的融合。使用第三方系统，由于无法保证数据安全，内部系统不可能实现一体化打通对接。

（3）只有自建数字化平台，才能沉淀数据积累，形成长期竞争力，得到上下游多级供应商和经销商企业的账户、交易信息等。使用第三方系统，集团什么都得不到，甚至连账户都是别人的。

（4）只有自建数字化平台，才能更便于获取效益，才能更方便地扩展支持各种金融服务场景和产品，从应收账款融资，扩展到订单融资、保兑仓、买方信贷、资产证券化等。使用第三方系统，无法按照集团的发展策略来演进。

2.3　产业互联网平台主导的供应链金融

随着近几年互联网技术和金融科技的快速发展，供应链金融平台如雨后春笋般涌现，成为供应链金融发展的重要力量。本节探讨基于产业互联网平台主导的供应链金融模式（以下简称"产业互联网供应链金融"），以基于产业互联网平台的在线化真实交易为场景，运用供应链金融的方式，通过供方融资（应收账款）、需方融资（订单融资）、质押融资等手段封闭资金流或者控制物权，为产业链中小企业提供供应链融资服务，成为新一代供应链金融服务的重要模式。

2.3.1　产业互联网的定义与特征

1. 产业互联网的定义

进入 21 世纪的前 10 年，互联网发展的整体趋势正从消费互联网转向产业互联网。产业互联网通过将各项前沿的信息技术赋能于各类产业实体，带动我国万亿级的产业规模高质量持续发展。以"互联网＋制造业"的工业互联网为例，2020年我国工业互联网产业市场规模已达 3.137 万亿元，预计 2025 年将达到 9.417 7 万亿元（图 2-8）。

产业互联网是以大数据、云计算、物联网、人工智能等互联网技术为基础，对传统产业链供应链进行改造，整合产业链上的信息流、资金流、物流，优化产

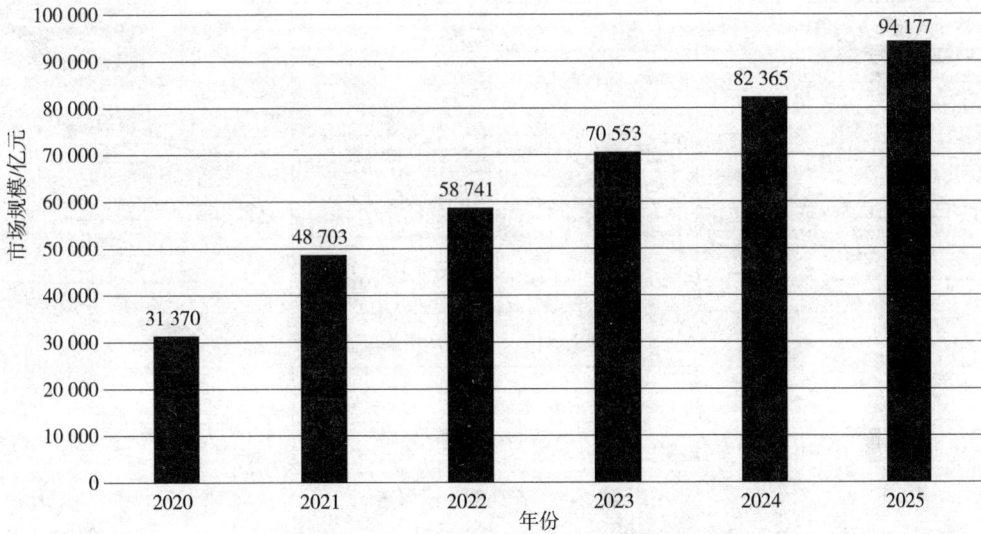

图 2-8　2020—2025 年中国工业互联网市场规模

资料来源：前瞻产业研究院。

业链的资源配置，从而降低产业链上的运营成本，提升产业及供应链的运作效率和质量，产生新的产业模式和生态，为产业链上各主体赋能。产业互联网的概念范畴要大于工业互联网，工业互联网是新一代信息通信技术与工业经济深度融合的新型基础设施、应用模式和工业生态，而产业互联网是以新一代信息通信网络为基础，构筑开放平台为载体，将产业链上下游的生产、销售等要素资源进行整合，面向产业生态中的各类用户提供产业互联、要素融通的机制，以及为生产的全生命周期提供服务的互联网生态。

结合线上平台数据沉淀和线下资源整合，产业互联网实现了线上线下一体化及智能化，将企业业务流程以及线下生产要素通过 ERP 及物联网等信息技术数字化，整合产业链上资源和价值提供研发服务、生产服务、物流服务、金融服务及管理服务等（图 2-9），创造出高价值的产业形态，开辟了更广阔的市场空间，实现了传统产业数字化转型。

2. 产业互联网的特征

1）功能特征

产业互联网平台通过搭建"基础设施"进行连接和赋能，把产业内企业间的关系、企业与金融间的关系在线化、闭环化，具有低成本、高效率、有收益、规模大的特点，成就了各垂直产业互联网。

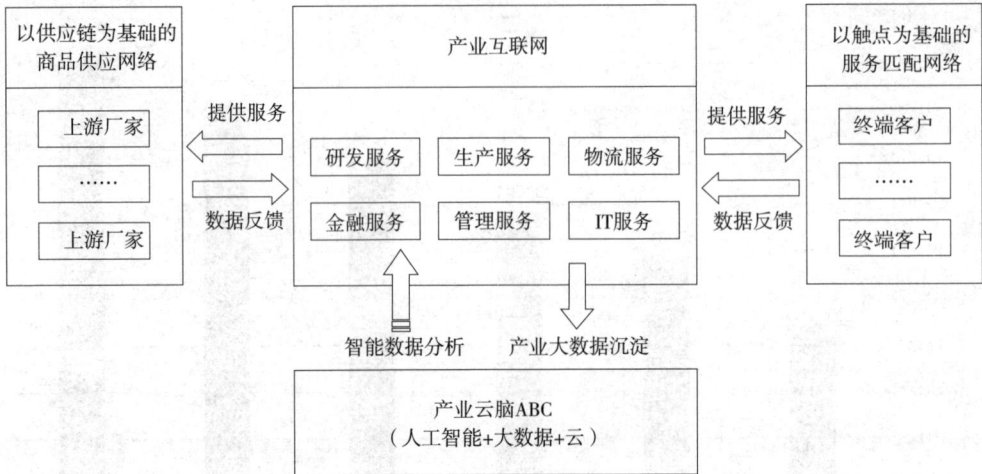

图 2-9　产业互联网内涵

2）技术特征

产业互联网的发展离不开各项互联网新技术的支撑，包括移动通信、物联网、云计算、大数据、人工智能、区块链等。

2.3.2　产业互联网重构供应链金融

1. 产业互联网供应链金融的内涵

1）产业互联网供应链金融的定义

产业互联网供应链金融是指由专业的供应链服务公司主导，通过搭建 B2B 平台，集聚起产业链上下游，运用大数据、物联网等技术获取企业信息，在此基础上，平台与金融机构合作，向链上企业提供丰富化的金融服务。数字经济时代，产业互联网是天然的产融结合载体，供应链金融是产业互联网平台必不可少的功能，基于产业互联网的供应链金融模式代表了供应链金融的未来方向。

2）产业互联网助推供应链金融应用

通常来说，产业互联网是整个生产、销售、物流、存货、交付经营过程的互联网信息化。在这个过程中，互联网对产业链进行了数字化重构，形成了一个个数字化的产业生态圈。产业互联网的发展为金融机构，尤其是为商业银行的数字化转型提供了一个很好的机遇。而供应链金融本身就是服务产业链的一种生态，所以供应链金融是产业互联网推动下银行进行数字化转型的一个重要战场，或者说是一个重要的场景。

由于商业银行等金融机构不直接参与供应链上的业务，因此往往难以掌控供应链上的真实交易数据，从而面临放贷风险。在产业互联网背景下，得益于云计算、大数据等互联网技术支持，金融机构在风险控制、运营管理、成本管控等方面能力有了较大突破，同时，由于信息透明度的提升，第三方金融机构、平台企业、物流公司等非商业银行机构加入，进一步拓展了中小企业的融资渠道，其核心价值诉求仍是以降低和控制融资风险为主，进一步扩大客服和扩大融资规模。

2. 产业互联网供应链金融生态系统的构成

产业互联网的高度发展重塑了传统供应链金融。供应链金融生态主要由平台构建方、核心企业、上下游中小企业、金融机构、物流服务商、技术维护企业以及生态环境构成，依靠产业互联网形成生态网络，实现对信息的高度集成、共享和优化，形成价值共创的利益共同体，实现网络协同效应。

产业互联网平台的构建方依托供应链科技和金融科技，通过搭建平台积聚起上下游企业、仓储物流等第三方支持系统，动态掌握企业的商流、物流、资金流等信息，承担了供应链金融核心枢纽、风险管理两大角色。在产业互联网供应链金融生态系统中，主要包括四层框架结构，分别为核心业务层、"四流"合一层、服务供给层以及生态环境层（图 2-10）。

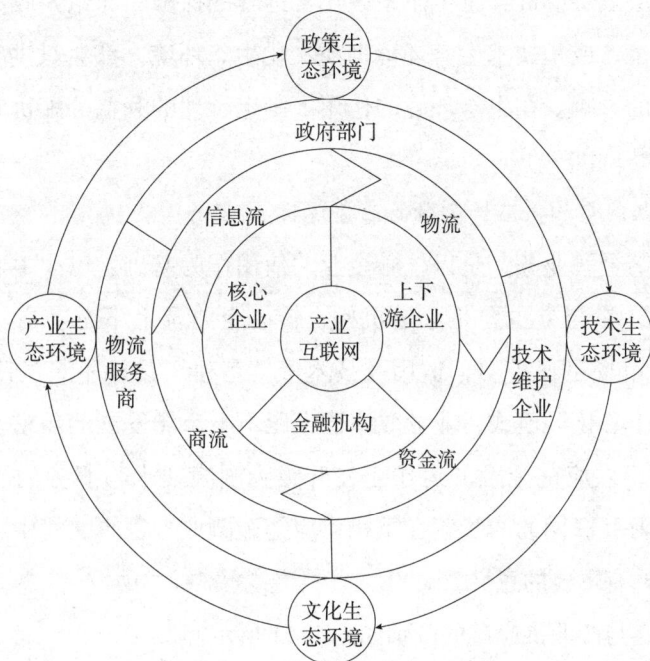

图 2-10　供应链金融生态系统结构

1）核心业务层

核心企业、上下游企业以及金融机构围绕供应链发生的一系列质押融资、应收账款融资以及预付账款融资构成了供应链金融生态系统的核心业务层。通过产业互联网连接各个主体，收集交易信息、企业运营状况、参与程度等多个维度的信息，对接各个主体的信息管理系统，实现供需匹配、采购库存管理、物流管理等多方面功能。核心业务层支撑起整个供应链金融生态系统基础运作，是供应链金融生态系统的骨架。

2）"四流"合一层

通过大数据、云计算、人工智能等互联网技术，供应链金融生态系统中的各主体能实现资金流、信息流、物流以及商流"四流"合一，实现多边交易透明，防止交易场景信息不对称。

3）服务供给层

物流服务商、政府部门以及技术维护企业构成供应链金融生态系统的服务供给层，提供物流服务、监察审计、技术维护等多种功能，是供应链金融生态的躯体，进一步丰富了供应链金融生态系统的功能。

4）生态环境层

生态环境层是供应链金融生态系统正常运转的保障，无论是政策生态环境还是产业生态环境，或是技术生态环境抑或文化生态环境，都会对供应链金融生态系统产生较大的影响。在生态环境的作用下制定合理的利益分配机制有助于生态系统整体效益提升。

3. 产业互联网重构供应链金融的业务逻辑

传统供应链金融业务，是以核心企业的信用作为基础、以"中心化"模式开展的融资服务，参与方主要是金融机构、核心企业及上下游客户。但随着供应链金融业务的市场迅速扩容，信用及技术等"基建"设施不足的问题也开始暴露，传统的"中心化"模式，业务效率已经跟不上市场发展的需求。在产业互联网的大潮之下，供应链金融的运作正在升级为围绕技术与服务的"平台化"与"生态化"，产业互联网的力量正在重构供应链金融业务逻辑，对中小微企业的融资服务效率提升有重要的意义。

传统供应链与产业供应链的区别如图 2-11 所示。

在以产业互联网为基础的供应链金融生态系统中，各参与主体往往采取合作

供应链金融　　　　　　　　　　　　　　　　产业供应链

| 钱 | **VS** | 效率 |

传统的供应链金融：核心企业为中心展开的贸易融资，订单融资，信用融资，应收账款融资，质押融资，以钱为中心　　　　产业的供应链金融：去中心化，去核心企业化，真正的以数据为核心的产业化融资，帮助产业解决信息问题、成本问题、效率问题，顺便解决钱的问题。以效率为中心

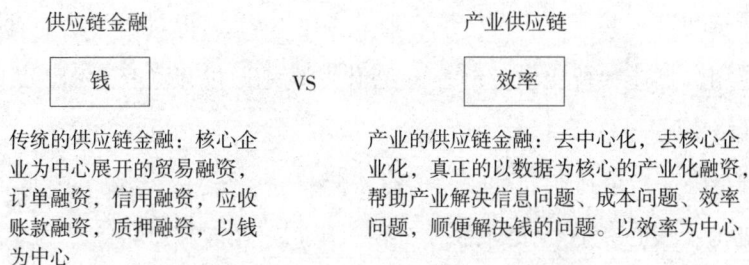

图 2-11　传统供应链与产业供应链的区别

博弈方式追求群体理性，以互利共生、价值共创为核心目标，共同建设整个产业生态。在产业生态环境的共同作用下，各参与主体风险共担、信息共享、相互依赖、相互联系，完成互利共赢的共同目标。

不同于传统供应链金融业务模式，供应链金融生态系统以产业互联网为运行基础，信息更加透明，可以实现业务在线化以及交易的可视化。利用产业互联网中的大数据、云计算、人工智能等技术，能洞悉供应链金融生态系统中的中小企业融资需求，包括不同频次、额度和市场的资金需求，针对不同的融资需求智能精准匹配融资业务，进一步完成授信额度确认、业务审批决策以及贷后业务追踪等业务，实现对传统流程的再造以及对传统业务的重塑（表 2-4）。

表 2-4　业务流程对比

供应链金融模式	传统供应链金融模式	以产业互联网为基础的供应链金融生态系统
主体参与方式	非合作博弈	合作博弈
参与主体行为	个体理性，追求自身利益最大化	集体理性 价值共创、信息共享、互利共赢
风险	信息不对称、存在一定的道德风险、放贷风险、信任风险以及履约风险	智慧风控模型实时监控预警，系统性风险较低
资源匹配方式	围绕核心企业、依赖人工、资源配置效率低	利用大数据、云计算、人工智能等技术实现智能匹配
参与成本	依赖人工审核，准入门槛高，参与成本高	多维数据查验资质，边际成本低
服务内容	单一信贷	综合服务

2.3.3　产业互联网供应链金融展望

产业互联网利用互联网连接企业与企业之间商品流通，提升产业链与供应链协同效率，平台化、智慧化、生态化是产业互联网未来发展趋势。"平台化"就是

通过泛在连接和资源共享，实现传统产业业务上平台；"智慧化"就是通过新技术集成创新应用，打造数智化供应链；"生态化"就是通过互联互通和工具赋能，实现生态圈网络协同。

供应链金融平台依托产业互联网构建"金融＋互联网、金融＋产业"的生态，推动金融机构、核心企业、政府部门、第三方企业等各方加强信息共享，围绕链主企业构建上下游一体化、数字化、智能化的信息系统、信用评估和风险管理体系，动态把握中小微企业的经营状况，建立金融机构与实体企业之间更加稳定、紧密的关系。未来供应链金融业务的竞争一定是产业金融生态链的竞争，是快速响应、上下游企业精细化运营维护、合作伙伴黏性提升、资金融通加速、全产业链成本降低和效率提速等多维度、全方位的"生态之争"。

随着数字化变革的到来，供应链金融的发展更加数字化、智能化，在提升服务质量、支持创新方面发挥着愈加重要的作用。大数据、物联网、云计算等技术的发展，使金融科技不断赋能于金融业务，创新发展出新型供应链金融模式。同时，供应链金融也不断呈现出服务化趋势，即供应链服务集成公司借助虚拟供应链搭建供应链网络业务。近几年，一些产业互联网平台公司基于基础技术对各产业链进行整合，不断开发和推出新的供应链金融业务。在科技的赋能和带动下，进一步提高了供应链金融的服务质量，也提高了金融服务于实体经济的效率。

2.3.4 产业互联网供应链金融的解决方案

1. 产业互联网供应链金融服务平台的构建

产业互联网背景下，平台型核心企业利用产业凝聚力，依据产业链主要运作节点，从基础设施层、平台支撑层、产业运作层三个层面构建并主导产业互联网服务平台，能够完成供应链金融服务，纾解中小企业融资困境，实现产业链业务的顺畅运作。

图 2-12 为产业互联网服务平台框架模型。基础设施层主要由物联网、大数据、云计算、人工智能以及区块链等新兴技术组成，为平台层面企业级信息系统的构建和集成，以及产业互联网平台构建提供基础技术。平台支撑层，主要由供应链金融参与主体的业务系统（如 ERP 等）及提供业务交易、采购、物流、融资、结算、信息共享、需求匹配等一系列服务的产业互联网服务平台组成，实现企业信息系统与产业互联网平台无缝集成，并为产业运作提供支撑。产业运作层，供

应链金融主要参与主体：平台型核心企业、中小企业、金融机构汇聚于产业互联网平台，完成供应链金融服务，实现产业链的业务运作。

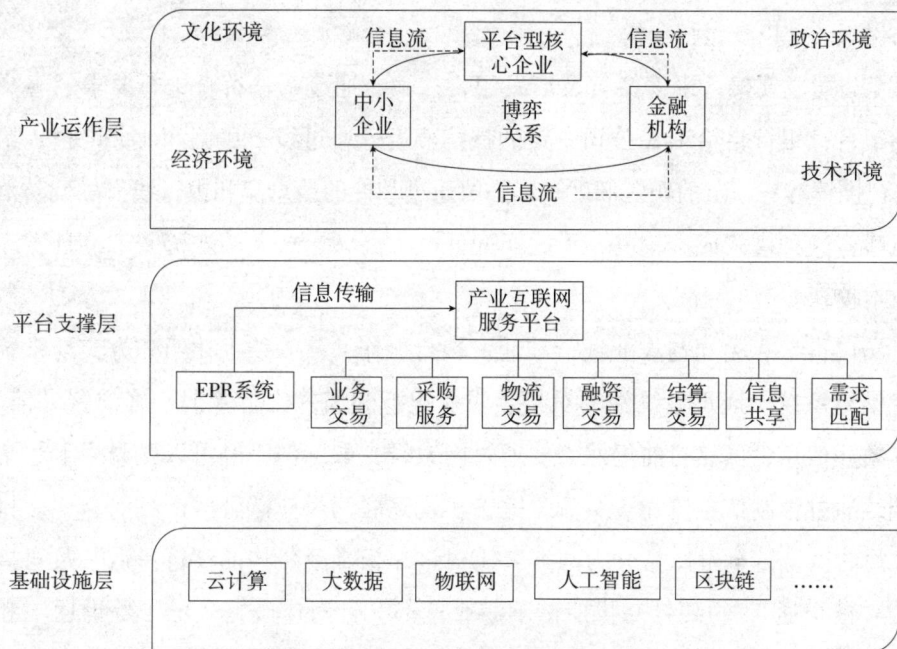

图 2-12 产业互联网服务平台框架模型

基于产业互联网构建的供应链金融运作平台涵盖了产业链上众多节点成员企业，并且引入产业链外部的金融机构，提升产业链运作的顺畅程度，促进产业链上中小企业与核心企业以及供应链外部金融机构建立长期战略协同关系，实现产业链协同创新、共同发展，提升供应链竞争能力。

2. 产业互联网供应链金融案例分析

1）A 公司的供应链金融服务模式

A 公司是典型的互联网平台企业，早在 2011 年，A 公司就主要通过线上数据库，为化工行业的公司提供包括化学物的反应路径、核磁图谱、工艺路线及海关数据。随着接入查询的供应商增多，A 公司业务逐渐演变为撮合交易服务，为化工行业的公司提供 B2B 服务。这得益于前期足够全面的数据积累，如 A 公司已经集合全球 4 500 万条化学信息和 7 000 多万种化合物，因此，A 公司具备了充足的业务流量。然而，撮合业务很容易出现鱼龙混杂的现象。A 公司通过 3 年多的线下全覆盖式探查，包括对省级化工园区企业生产及销售规模的调查，提高了信息匹配的精度，逐渐开始进行一部分自营业务，通过扮演供应商角色赚取差价。而化工产品账期长、易拖欠的问题一直较为严重。起初，A公司尝试通过互联网金融平台进行资金匹配，但P2P平台自身在发展过程中出现了较大的问题，2016年以来，A公司开始与保理公司以及银行合作。

A公司主要接入平安银行及广发银行，平台通过筛选符合银行要求的客户推荐给银行，银行会给予A公司一定的授信额度，通过线下尽调和业务申报，给予A公司推荐客户一定的融资额度。A公司通过掌握的信息流和银行线下尽调防范金融风险，这种模式成本较高，无法匹配低额、高频、短期的融资需求，且实际操作成本较高。

2017年，A公司与农业银行和浦发银行合作，接入线上化第三方交易系统和线上结算系统。通过系统端的对接，农业银行和浦发银行掌握了客户贸易信息、交易结算信息，虽然目前仍然需要通过网银端支取，但已经可以摆脱线下繁杂的尽调，通过控制信息流和资金流，完美实现互联网供应链金融产品的落地。目前A公司的供应链金融产品分为两类：①对接非银金融机构的"行易通"及对接银行的"银企通"，主要针对供应链下游企业。②针对应收账款的"赊销通"和货压类融资的"企融通"，主要针对的是供应链上游企业。目前，A公司每年供应链金融融资规模可达10亿元，在A公司供应链金融撮合业务中，70%业务合作为银行，10%的业务合作为非银行金融机构。

2）A公司的供应链金融存在的问题及拓展思路

A公司是供应链金融的平台化模式。A公司目前对接银行的供应商中，主要还是中型客户，目前仍然存在大量"长尾"客户群体，这类客户融资金额较少，单个订单可能只有30万~50万元，账期为3~6个月，单户年融资金额为100万~200万元。这是目前B企业资金端触角无法涉及的客户群体。而通过大数据风控对信息流的把握、交易系统对资金流的把握以及通过"云仓库"对物流的掌控，可以实现完美的风控。目前A公司拥有20多万家注册会员，数万家交易客户，而仅有数千家供应链金融参与单位，A公司完全可以通过做大做强供应链金融中的普惠业务进行拓客。

目前，A公司供应链金融依然是一个集中化的过程。而区块链技术则是一个去中心化的过程，虽然对A公司威胁较大，但A公司仍然要探索去中心化后的供应链金融何去何从。另外，可以看到A公司仍然是在打造以核心平台公司为主导的供应链金融产品，无法实现信用的多级流转。传统意义上讲，仅能为核心企业的一级供应商提供融资，无法满足二级供应商的融资需求，也不能满足不同供应链条之间供应商之间的融资需求。究其原因，是无法保证信息真实性的层层传导，通过区块链技术可以实现的就是物流、合同和资金信息的真实、不可篡改。另外，随着技术的进步以及对"三流"信息的掌控，核心企业可以逐步扩展到中小型企业，对整个链条的金融需求测算也会有一个质的飞跃。

2.4　金融科技公司主导的供应链金融

以云计算、大数据、区块链、物联网、5G、人工智能、工业互联网平台等为代表的数字技术：一方面与产业深度融合，带来丰富的客户数据、产业数据、交易数据；另一方面转化为金融科技，在线上服务、资产穿透、数字风控等方面为供应链金融带来蜕变。面对发展机遇，金融科技公司要加强金融科技的研发与应用，强化数字服务能力，转变风控理念，打造使用便捷、资产透明、还款来源清晰的数字供应链金融体系。

2.4.1　金融科技的内涵与价值

Fintech（金融科技）一词最早由花旗银行在 1993 年提出，由 Finance（金融）和 Technology（科技）合成而来。根据金融稳定理事会（FSB）2017 年《金融科技对金融稳定的影响》，金融科技是指技术带来的金融创新，能够产生新的商业模式、应用、流程或产品，从而对金融服务的提供方式产生重大影响。中国人民银行《金融科技（FinTech）发展规划（2019—2021 年）》也参考了上述定义，指出"金融科技是技术驱动的金融创新，旨在运用现代科技成果改造或创新金融产品、经营模式、业务流程等，推动金融发展提质增效"。区块链、大数据、人工智能、云计算等金融科技领域的知名技术，一直在悄悄地改变着人们的日常生活，科技创新为完善中国的金融生态发挥着重要作用。

（1）为解决中小企业融资难题提供了一把钥匙。中小企业融资难，金融机构等资金方有自己的"苦衷"：①信息不对称，意味着高风险。②征信成本太高，影响金融服务效率，客观上推高了企业融资成本。央行在 2004 年成立了征信中心，其数据在深度、广度、开放性上明显不足。金融科技利用大数据开展征信具有得天独厚的优势。阿里巴巴、腾讯等互联网企业积累了大量交易与社交数据，通过抓取用户各种各样的生活场景，再通过分析这些生活场景来准确判断融资者的信用风险，甚至还款意愿，突破了长期以来束缚我国金融机构对客户精准画像的信用瓶颈。

（2）有助于实现普惠金融。普惠金融在国际上通常被称作包容性金融，是指能有效、全方位地为社会所有阶层和群体提供服务的金融体系。金融服务机构通过运用区块链技术共享核心企业信用，核心企业签发的电子付款凭证可以拆分、流转至多级供应商，并可以实现融资。

（3）促进金融服务便利化，优化金融体验。传统的金融服务是后延式、被动式的，而金融科技服务是实时交互的，可以更好地满足用户体验及用户日益多样化的金融需求。无论是阿里小贷、深圳前海微众银行，还是P2P平台，放款都非常快，有的平台从借款到放款可以在几分钟之内完成，这是传统金融机构不可想象的。当然，这背后离不开金融科技提供的征信支撑。

（4）为用户提供了更高的收益和更便宜的服务。余额宝就是典型的例子。再比如智能投顾，可以大大提高财富管理的效率，降低客户成本。如今，高盛已经尝试将数百万美元的客户资产交给智能投顾去打理。

（5）为金融监管提供便利。金融科技是新生事物，其健康成长离不开行业的自律，离不开监管的适度呵护，更离不开国家战略层面的引导和定位。上海证券交易所应用大数据查基金"老鼠仓"，通过建立多种数据分析模型，锁定基准日，筛查高频户，并结合账户开户、历史交易情况等，寻找案件线索，确定嫌疑账户，将一只只"硕鼠"揪了出来，实现了精准打击。

在总结前人对金融科技内涵及作用的基础上，本书所讨论的金融科技公司是指互联网企业依托自身互联网"基因"优势，建立的主要在金融与科技输出场景同时开展业务的公司，这些企业大量利用如大数据、云计算、人工智能、生物识别、物联网、区块链等新兴前沿技术来提高金融交易的效率和降低金融交易的成本，同时提升风险管控的能力。

2.4.2 金融科技重塑供应链金融新模式

1. 金融科技再造供应链金融

金融科技赋能创新供应链金融模式，能够加快供应链金融数字化转型，将业务开展方式线上化、数字化，借助区块链、大数据等技术解决贸易确权、交易真实性等问题，帮助金融机构控制交易风险，构建数字化信任机制。该模式的关键在于实现供应链金融活动中的信息数据可信、透明、相互核验和可追溯。

近年来，供应链金融"大案"不少，典型的如上海钢贸事件、青岛港事件、大连机床事件、广东纸浆事件、恒韵医药事件、中江信托被骗案、诺亚财富 39 亿元踩雷事件、闽兴医药事件等，"暴雷"层出不穷，这些案例的始作俑者固然是恶意诈骗的融资方，但是根源还是在于供应链金融服务相关机构风控的不到位。这些事件中，融资人通常采用伪造贸易合同、伪造公章、伪造物流单证、伪造确权书、伪造数据来实施诈骗；利用多家资金方之间的信息不对称，重复融资；利用实际控制的关联公司相互担保骗取融资；拿着供应链融资的资金从事其他高风险或违法违规活动。

5G、物联网、云计算、大数据、人工智能、区块链技术等新一代信息技术共同构成了万物互联时代的新型基建设施体系。由于与初始的数据采集和流通直接相关，5G 作为新型基建的底层技术，支撑整个信息产业的未来发展。物联网主要是通过传感技术、导航技术、定位技术等方式，在仓储和货运环节来实现相关环节和物品的线上化、可视化。云计算大大降低了供应链金融该体系内企业数字化、线上化的成本，让各类服务触手可及。大数据、人工智能对供应链金融的风控和决策提供重要支撑，大数据建模可对借款人或借款企业资质事先筛查和精准画像。区块链技术具有分布式数据存储、点对点传输、共识机制、加密算法等特点，为供应链金融核心企业应付账款的快速确权提供了便利，同时减少了中间环节，交易数据可以作为存证，中间环节无法篡改和造假，并且可以追踪溯源。区块链技术的这些特点与供应链金融的业务环境天然契合。

2. 金融科技公司供应链金融业务模式

金融科技公司取代以往传统的核心企业成为供应链的组织管理者，融合区块链、物联网、大数据、云计算、5G 等新一代信息技术，构建供应链金融生态系统。金融科技供应链金融参与主体主要有 B2B 电商平台、供应链上下游企业、商业银行、中间机构以及金融科技公司。

典型的金融科技公司供应链金融服务往往会面向跨越多个区域的多元客户群体，覆盖多个场景模式。金融科技公司供应链金融服务产品有着碎片化、定制化的特点，这可以满足中小微企业小额、高频的贷款需求。金融科技公司按照贷款企业采取质押或担保的方式不同，将供应链金融的基础性产品分为应收类、存货类、预付类、信用类四种。其运作结合数字化和科技化，流程主要分为三步：第一步，金融科技公司利用大数据分析技术完成对达标企业的精准授信；第二步，根据性质差异给贷款企业提供不同的贷款方式选择；第三步，通过风控系统进行风险预警和资金管控等。

井喷式发展的业务为电商平台积累了海量的客户信息，平台可以通过分析这些数据（包括用户偏好、行业信息、客户公司财务信息等）来积极探索和挖掘新的价值增长板块。电商平台的优势带来供应链金融市场的扩容和信息化水平的提升，这使供应链上企业之间的关系更加紧密，行业内和相关行业间形成有机生态圈。

金融科技公司基于依托的电商平台多维度、多类型的数据，建立了授信体系，首先会对供应链上申请贷款的企业信息进行收集，然后通过数据分析，剔除高风险用户，筛选出符合贷款标准的企业并完成贷款业务，这就使公司可以从源头上降低融资风险，并大幅降低筛选经营状况良好企业所需的成本。业务数据来源从原来的核心企业、物流公司拓展到电商平台，形成电商、上下游企业、金融科技公司的信息和资金闭环——电商企业向金融科技公司提供贷款企业在电商平台上进行真实交易活动时积累的大量历史数据（包括交易金额、合同履约情况等），金融科技公司通过大数据分析给达标企业提供贷款支持，上下游企业利用部分资金在供应链内开展业务，同时，金融科技公司又将贷款企业相关信息反馈给电商企业，用来完善数据库。

3. 金融科技公司供应链金融案例分析

中企云链是数字驱动供应链金融模式的典型代表。不同于商业银行依靠资金主导的供应链金融，也不同于核心企业主导的产融结合的供应链金融，中企云链是由 N 个央企如中车、铁建、国机等和 N 个金融机构如工行、邮储、建行、农行等参与，旨在打造一个 N+N+N 模式的生态供应链金融。

云信是支撑中企云链商业模式的数字化供应链金融工具，其基本功能是把核心企业付款责任转化为支付融资工具（图 2-13）。云信代表优质核心企业的商业信用，是一种可流转、可拆分、可融资的数字化付款承诺函，在解决传统供应链金融问题的同时，可大幅提升供应链的效率和竞争力。

以平台核心企业之一的中车供应链为例，中车自身融资需求有限，存在大量的银行闲置授信，而且在 A 股上市公司中，最高排名达到第 11 位，排在前面的银行只有 4 家，信用水平比很多商业银行都高。如何用好中车的商业信用？如何用

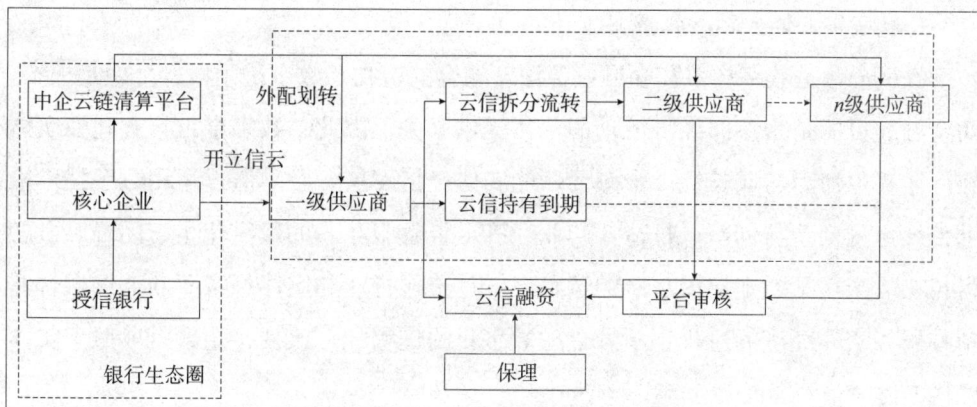

图 2-13　中企云链供应链金融生态圈

好中车的闲置授信促进整个供应链的发展？云信突破了银行传统产品线中对于融资主体等方面考量的界限，平台上流转的信用单据可以代表中车的信用，并在中车的供应链体系中流转。另外，借助云信的穿透性特征，中车的信用还可以穿透到第二级、第三级、第四级。从目前的实践看，在第三级融资的概率更高，通过云信可以让中小企业从银行获得便捷的低成本融资。

云信在供应链金融体系中的作用，主要体现在：①整合供应链上大企业的资源，为大量核心企业提供平台综合服务，降低融资杠杆和融资成本。②解决了供应链上中小企业融资难、融资贵的问题。③实现了企业信用的标准化。④降低了供应链整体融资成本。产业链上越向上游的供应链，传统融资成本就会越高；而通过数字化供应链金融工具将产业链打通之后，则可以把整个产业链成本拉平到核心企业同等的融资水平上，降低供应链的融资成本，进而提升整条供应链的竞争力。

利用数字化供应链金融工具，可以实现核心企业信用在整个供应链体系的传导，降低供应链整体融资成本，实现供应链金融促进核心企业及供应链竞争力的提升。

2.4.3　金融科技公司供应链金融展望

随着中国人民银行印发《金融科技（FinTech）发展规划（2022—2025 年）》，金融科技越来越成为产业和金融企业开展业务的重要手段。金融科技公司要积极研发和应用金融科技，构建数字供应链金融，服务实体经济。

1. 数字供应链金融要扎根实体经济

数字金融是数字技术和金融业务深度融合的产物，数字是手段，金融是根本。而金融的目的是为参与经济活动的主体提供服务，因此，数字金融只有扎根实体经济才有生命力与成长性。金融要赋能实体经济发展，必须通过运用数字技术推动传统金融变革与创新，打造"产业经济＋金融服务"的数字化生态闭环。金融科技在下半场不断走向深水区的过程，就是金融行业与实体经济不断深度融合并精准服务实体经济的过程。不管金融数字化的进程如何改变，金融行业服务实体经济的使命绝不能改变。

2. 普惠金融是数字供应链金融应用的"蓝海"

发展普惠金融，应用同时具有"场景"和"数据"特征的数字供应链金融是最佳途径。一方面，数字供应链金融能够实现核心企业信用的传导。通过达成交易关系，核心企业信用能够沿着货物流、资金流传导到末端，为小微企业增信。同时，结合大数据的采集与运用，数字供应链便于打造更智能化的贷前贷后风控体系，解决金融机构"不愿贷、不能贷、不敢贷"的问题。另一方面，数字供应链金融能大幅度提高效率，在供应链金融模式下，金融机构运用互联网及智能风控技术，实现业务线上申请、资料影响传递、审批自动完成、款项自动发放，很多业务场景已经能实现在线"秒放款"，大幅提升了融资放款效率。

3. 进一步加强金融科技探索应用

金融机构积极探索运用区块链、大数据、人工智能等新一代信息技术，在客户准入阶段充分采集和整合客户数据，多层次、多维度挖掘分析客户信息，形成全面的客户画像，根据客户需求匹配金融产品，以此挖掘上下游群体客户，提供专属个性化服务。聚焦"金融科技＋供应链场景"，建设核心企业主体信用、交易标的"物的信用"、交易信息产生的"数据信用"一体化的信息系统和风控系统，搭建集产品创新、信息管理、线上融资和风险监控于一体的交易金融、普惠金融服务平台，加快向数字化转型，推动业务高质量发展。

2.5 本章小结

由于供应链金融业务围绕采购、生产、物流、销售等各个环节，适用面较广，因此越来越多的主体参与供应链金融业务。随着大数据、云计算、区块链、人工智能、5G 等新一代信息技术迅速发展，促进了金融、科技和产业深度融合，供应链金融呈现出数字化转型趋势，运营模式呈现出智慧化、专业化、全程化的特征。伴随产业运作模式的变化，供应链金融的服务模式以及主导模式都作出了相应的调整，根据各参与方的主导地位不同，我们可以将其分为商业银行主导、核心企业主导、产业平台主导、金融科技公司主导的四大运作模式。从目前市场份额来看，商业银行仍然是主要的供应链金融服务实施主体，另外，其他主体都在利用自身的优势，在供应链金融运作中发挥着积极的作用。

即测即练

复习思考题

1. 宋华在研究供应链金融演进模式时，梳理了商业银行在国内供应链金融发展三个阶段中扮演的角色，请加以说明。

2. 简述商业银行发展供应链金融业务的现实意义。

3. 分析商业银行主导的供应链金融优劣势。

4. 简述商业银行供应链金融数字化发展趋势。

5. 简述核心企业供应链金融内涵与价值。

6. 简述核心企业搭建供应链金融平台的步骤。

7. 简述产业互联网供应链金融生态系统的构成。

8. 简述金融科技如何再造供应链金融。

参考文献

[1]　宋华. 供应链金融 [M].3 版. 北京：中国人民大学出版社，2021.

[2]　宋华. 智慧供应链金融 [M]. 北京：中国人民大学出版社，2019.

[3]　田江. 供应链金融 [M]. 北京：清华大学出版社，2021.

[4]　王玉荣，葛新红. 产业互联网：全产业链的数字化转型升级 [M]. 北京：清华大学出版社，2021.

[5]　陈春花，朱丽，刘超，等. 协同共生论：组织进化与实践创新 [M]. 北京：机

械工业出版社，2021.

[6]　龚金，张晓萌. 构建以核心企业为主导的智慧供应链金融服务平台 [J]. 冶金财会，2019（7）：20-24.

[7]　杨勇，徐晴. 供应链金融的运作模式与优势研究 [J]. 物流技术，2016（7）：139-143.

[8]　宋华，陈思洁. 供应链金融的演进与互联网供应链金融：一个理论框架 [J]. 中国人民大学学报，2016（5）：95-104.

[9]　黄剑辉. 商业银行供应链金融业务发展态势及提升路径 [J]. 银行家，2019（11）：52-54.

[10]　甄子宁. 商业银行开展供应链金融业务的现状与展望 [J]. 现代商贸工业，2019（36）：75-76.

[11]　王桂杰. 供应链金融创新模式 [J]. 中国外汇，2018（14）：55-57.

[12]　张雯. 商业银行供应链金融模式创新研究 [J]. 金融理论与实践，2018（9）：28-32.

[13]　俞淼. 核心企业供应链金融风险管理 [J]. 会计审计，2016（33）：80-81.

[14]　朱孟进. 产业互联网平台主导的供应链金融风险管理研究 [J]. 科技金融，2020（9）：53-57.

[15]　宋华. 基于产业互联网的现代供应链及其创新路径 [J]. 中国流通经济，2018(3)：10-15.

[16]　孙凝. 我国产业互联网金融发展研究 [J]. 科技经济市场，2020（10）：7-9.

第 3 章　供应链金融交易形态

学习目标

1. 掌握应收账款融资、库存融资和预付账款融资模式的运作机制。

2. 熟悉应收账款融资、库存融资和预付账款融资的各种模式。

3. 了解应收账款融资、库存融资和预付账款融资的基本概念。

思政目标

1. 为确保供应链条的信息准确性，融入诚信的思政目标。

2. 为确保供应链条各个环节操作的真实性，融入遵守职业道德的思政目标。

思维导图

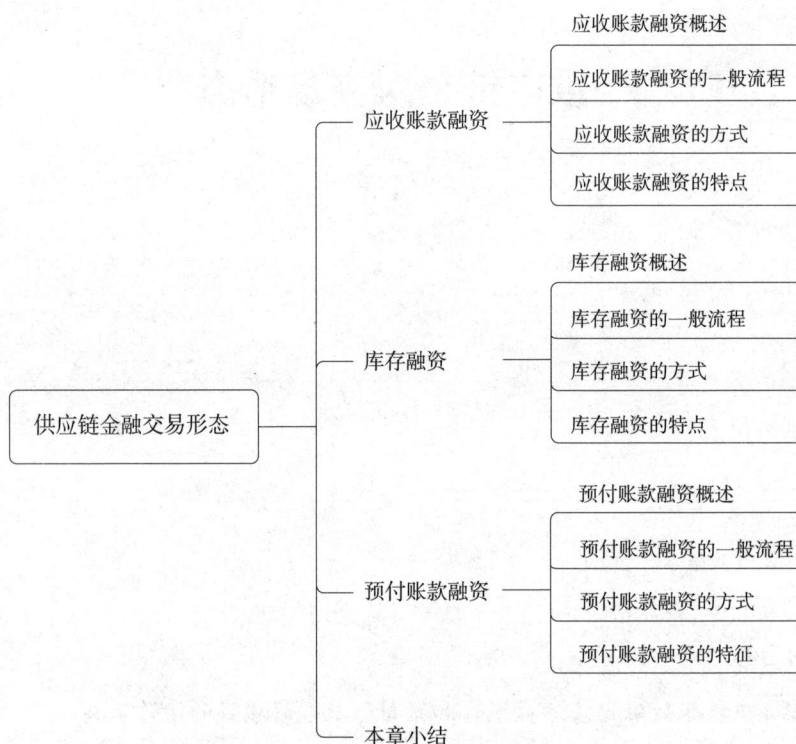

供应链金融交易形态
- 应收账款融资
  - 应收账款融资概述
  - 应收账款融资的一般流程
  - 应收账款融资的方式
  - 应收账款融资的特点
- 库存融资
  - 库存融资概述
  - 库存融资的一般流程
  - 库存融资的方式
  - 库存融资的特点
- 预付账款融资
  - 预付账款融资概述
  - 预付账款融资的一般流程
  - 预付账款融资的方式
  - 预付账款融资的特征
- 本章小结

导入案例

　　假设 A 为汽车生产商，属于行业内大型企业。上游有中小型供应商供货，下游有中小型销售商负责销售。在整个供应链上，A 企业有着较强的议价能力，占据着谈判的主动权。在与上游供应商的交易中，A 企业往往会采取赊购的方式：当上游原材料进入 A 企业以后，并没有马上付款，而是等原材料加工成产品，卖出后再用回款付款。因此，在这个交易中，上游供应商回款周期往往较长，甚至可能 1 年以上。而在与下游销售商的交易中，A 企业往往采用先收预付账款或者现款现货的形式：先交定金或者一手交钱一手交货。下游经销商要保证到期准时付钱。

　　通过上面的分析，大家会发现 A 企业的现金流会一直比较充裕，但上下游中小企业一方面要保证与 A 企业长期的业务往来，另一方面又要处理越来越多的资金缺口。急需资金的中小企业这时需要向银行贷款，可由于其自身的问题，银行担心收款困难而不愿意放贷。但是银行往往愿意向信用良好的像 A 企业一样的大企业放贷。

思考题：

1. 面对中小企业的资金困境，如何从银行的角度为其解决难题？

2. 假设银行为 A 企业上下游的中小企业放贷，会面临怎样的风险？

第 2 章对供应链金融的四种运行模式做了综合性的梳理，本章将在第 2 章的基础上，对应收账款融资、库存融资、预付账款融资三种传统的供应链金融的具体形态加以介绍。我们将从三种供应链金融形态的一般流程、融资方式及特点这几个方面来加以探究。目前国内多以商业银行、供应链企业为供应链金融的主要参与者，因此在本章的论证中，多以商业银行作为金融机构代表，供应链企业作为服务的提供者。

3.1　应收账款融资

3.1.1　应收账款融资概述

应收账款指企业在日常经营中，因销售商品、提供劳务等，应向购买单位收取的款项，其中包含应由购买单位或接受劳务单位负担的税金以及代购买方垫付的包装费、运杂费等。上下游企业之间赊销频繁，导致越来越多地出现应收账款回款困难的情况。上游企业承担了很大的现金流压力，只有少数企业配备信用保险，能够缓解现金压力。为了保证有效开展生产运营，处于供应链上游的企业更需要找寻新的方式来缓解现金压力。

应收账款融资（accounts receivable financing）是指供应链上游企业为获取资金，以与下游企业签订真实贸易合同的应收账款为基础，向供应链企业申请以应收账款为还款来源的融资。

应收账款融资一般适用于三类企业：①拥有较多应收账款、急需资金扩大规模且具有潜力的优质中小企业。②与核心企业有稳定赊销关系的上下游企业（多为制造类或销售类企业）。③缺乏可供抵押不动产，但有稳定应收账款的高速增长的企业。

3.1.2　应收账款融资的一般流程

应收账款融资的一般流程为：①处于供应链条上的上游企业先与下游企业签订合同。②下游企业向上游企业开出应收账款单据。③上游企业凭借应收账款单据向金融机构申请贷款。④下游企业向金融机构出具应收账款单据证明，以及付款承诺书。⑤金融机构贷款给上游企业，上游企业进行融资。⑥上游企业融资后，用贷款进行产品的生产。⑦下游企业销售产品，收到货款。⑧下游企业将其支付到上游企业在金融机构指定的账号。⑨应收账款质押合同注销。

3.1.3　应收账款融资的方式

1. 保理

根据《牛津简明词典》（1911年）的定义，保理是指从他人手中以较低的价格购买债权并通过收回债权而获利的经济活动。该定义未能说明转让债权产生的原因以及保理业务的综合服务特征。英国学者弗瑞迪·萨林格（1995年）在《保理法律与实务》中又做了如下定义：保理是指以提供融资便利，或使卖方免去管理上的麻烦，或使卖方免除坏账风险，或者为以上任何两种或全部目的而承购应收账款的行为。需要注意的是，此定义中的应收账款不包含由债务人因私人或家庭成员消费所产生以及长期付款或分期付款产生的应收账款。根据2014年银监会公布的《商业银行保理业务管理暂行办法》，保理是以债权人转让其应收账款为前提，集应收账款催收、管理、坏账担保及融资于一体的综合性金融服务。商业银行提供以下至少一项服务即可以称为保理：应收账款催收、应收账款管理、坏账担保。

本章综合国内外对于保理概念的定义总结如下：保理（factoring），全称为保付代理，金融机构通过收购企业应收账款为企业提供资金及其他相关服务的金融业务或金融产品。标准保理，也称卖方保理、正向保理，是由债权人发起的保理业务。

保理业务有很多分类，本章将会介绍其中三种。

（1）根据发生买方信用风险时银行是否保留对卖方的追索权，保理可分为有追索权保理和无追索权保理。

①有追索权保理，是指根据卖方申请，银行受让其与买方因交易产生的应收账款，买方不论何种原因到期不付款时，银行有权向卖方追索或反转让应收账款，或按照保理合同约定，卖方有义务按照约定金额从银行回购应收账款并归还融资本息，应收账款的坏账风险由卖方承担。有追索权保理又被称作回购保理。

②无追索权保理，是指卖方将其应收账款转让给银行，在其所转让的应收账款因买方信用风险而到期无法收回时，银行不能向卖方进行追索，所转让应收账

款的坏账风险由银行承担。无追索权保理又被称作买断保理。相对回购保理来说，买断保理风险较大，收益较高。

（2）根据是否将应收账款转让事宜通知买方，保理可分为公开型保理和隐蔽型保理。

①公开型保理，又称明保理，是指应收账款转让一经发生，卖方单独或联合银行以银行认可的方式将应收账款转让事宜书面通知买方，并取得买方确认文件的保理业务。

②隐蔽型保理，又称暗保理，是指按照银行与卖方的约定，卖方转让应收账款时并不立即通知买方，银行仅委托卖方作为收账代理人继续向买方收款。约定期限届满或约定事项发生时，银行可将应收账款转让事实通知买方，并要求买方付款的保理业务。

明保理相对于暗保理来说，更易于使买方接受。根据《民法典》的规定，供应商转让自有应收账款时，需要在购销合同中约定，且必须告知买方。因此，目前我国保理商提供的保理业务都是明保理。

（3）根据买卖双方是否处于同一国家或地区，保理可分为国内保理和国际保理。

①国内保理，即买卖双方均在国内的保理业务。

②国际保理，即买卖双方有一方在国外的保理业务，一般是针对出口商或者进口商的。

国际保理中有单保理和双保理两种主要运行模式。单保理只涉及一方保理商，往往包含三个当事人，分别是出口商、进口保理商和进口商，现在主要适用于国内保理业务。而双保理涉及两方保理商，往往包含 4 个当事人，分别是出口商、出口保理商、进口保理商和进口商。同一银行系统内两家经营机构合作开展双保理可以称为行内双保理。目前单保理已逐渐被双保理取代。由于在双保理模式下，出口商与出口保理商签订协议后，各种问题均可与出口保理商交涉，出口商还会获得条件较为优惠的融资；进口商也只需同本国进口保理商交涉；通过两个保理商的工作能更好地督促进口商偿付债务，出口商的债权从而得到了很好的保障。

保理的业务流程如图 3-1 所示。

（1）供应链上游企业要与下游企业达成赊销协议，约定还款期限，形成应收账款。

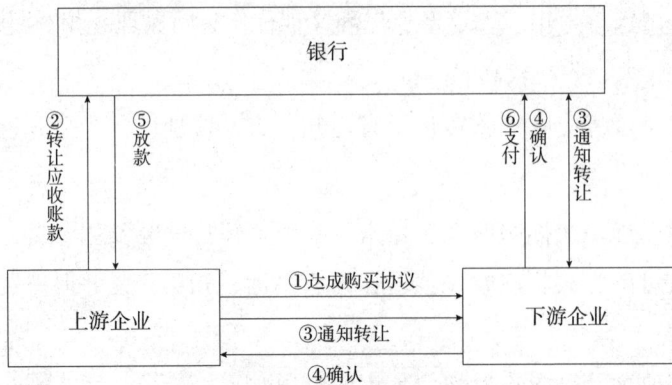

图 3-1　保理的业务流程

（2）上游企业向银行转让应收账款。

（3）上游企业与银行分别通知下游企业应收账款转让消息。

（4）下游企业分别和上游企业、银行确认。

（5）银行向上游企业放款。

（6）下游企业根据之前与上游企业约定的还款期限，到期向银行支付货款。

2. 保理池

如果把保理看作供应链上游企业、下游企业和银行之间的三角债关系，那么保理池融资就可以看作上游企业将多个下游企业之间的应收账款打包转让给银行所形成的多个三角债关系。这里的应收账款涉及不同的下游企业、不同的金额、不同的期限，银行将这些应收账款累计到额定金额给上游供应商企业授信。

保理池这种融资方式对于上游企业来说，能将多笔应收账款集中起来，避免了多次繁杂的保理手续，提高了融资能力。从银行的角度来分析，由于下游企业分散，很难出现同时不还款的情况，因而分散了银行的放贷风险。但银行需要对保理池每笔交易的下游企业进行信用评估，避免出现坏账风险。银行可以通过甄别上游核心企业、筛选应收账款、确保应收账款的真实性、建立完善应收账款管理系统来保证销售回款。

保理池的业务流程如图 3-2 所示。

（1）供应链上游核心企业与下游企业 1、2、3 形成多笔应收账款。

（2）上游核心企业向银行转让应收账款。

（3）银行和上游企业分别通知下游企业 1、2、3 转让应收账款。

（4）下游企业 1、2、3 分别和上游供应商、银行确认。

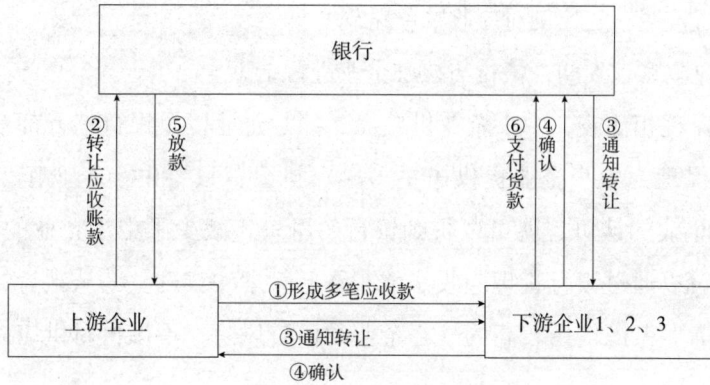

图 3-2　保理池的业务流程

（5）银行向上游企业放款。

（6）下游企业 1、2、3 根据之前与上游企业约定的还款期限，到期向银行支付货款。

3. 反向保理

反向保理（reverse factoring）是指银行与下游核心企业合作，占用核心企业在银行的授信额度，通过受让上游供应商对核心企业进行赊销所产生的应收账款，向供应商提供保理融资及应收账款管理等服务。

反向保理的业务流程如图 3-3 所示。

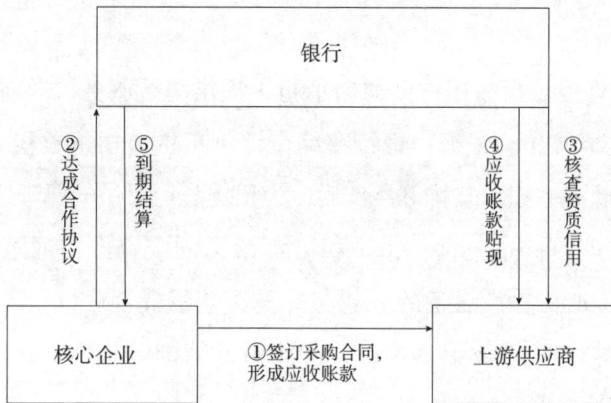

图 3-3　反向保理的业务流程

（1）核心企业与供应商之间签订合同，达成交易，产生应收账款。

（2）核心企业将供应商的应收账款交给银行核验，与银行达成合作协议。

（3）银行核查供应商资质信用情况。

（4）银行按照一定比例对应收账款贴现。

（5）待应收账款到期，银行与核心企业进行结算。

与正常保理相比较，中小企业供应商、核心企业以及银行三方都可以从中获利。①反向保理为中小企业提供了更多融资机会，只要中小企业作为供应商能够获得核心企业的认可，就可以得到银行的融资，减少了中小企业的融资成本。②核心企业可以通过银行管理应收账款，降低管理的难度。③从银行的角度来分析，银行只需要考虑信用较高的核心企业的信贷风险，不用再对供应商进行信用评估。

但需要注意的是，开展反向保理，中小企业和下游核心企业需要具备一定的资质。中小企业往往需要具有良好的信用，才能保证与核心企业有长期的供货往来；而核心企业通常信用评级较高，具备很强的付款能力。

4. 融资租赁保理

根据《民法典》的规定，融资租赁合同是出租人根据承租人对出卖人、租赁物的选择，向出卖人购买租赁物，提供给承租人使用，承租人支付租金的合同。在日常生产经营中，一些生产企业无力购买昂贵的设备，于是产生了先通过租赁公司购买，再找租赁公司转租给生产企业的方式。虽然这种方式解决了生产企业的资金困境，但是由于租金分期支付会给租赁公司造成一定时间的资金缺口，特别是对于一些大型设备的融资租赁业务，于是产生了融资租赁保理（financial lease factoring）。

融资租赁保理，是指在租赁公司向承租人提供租赁服务，并将租赁服务产生的未到期应收租金转让给银行，银行在综合评价租赁公司、承租人的信用风险、经营水平、财务状况、担保安排等条件后，为租赁公司提供的保理服务。

融资租赁保理的特点包含：①承租方盘活了固定资产，通过"融物"达到"融资"的目的，加快生产设备的更新与升级。②租赁企业可以通过加速折旧计提抵税。③租赁公司可改善财务指标，优化财务结构。

融资租赁保理的业务流程如图3-4所示。

（1）承租方与租赁企业沟通融资租赁意向，一般承租方会指定租赁标的或提出对拟承租租赁标的的要求。

（2）租赁企业按照承租方对租赁标的的要求购买承租方指定或符合标准的租赁标的，并与供应商签订买卖协议。

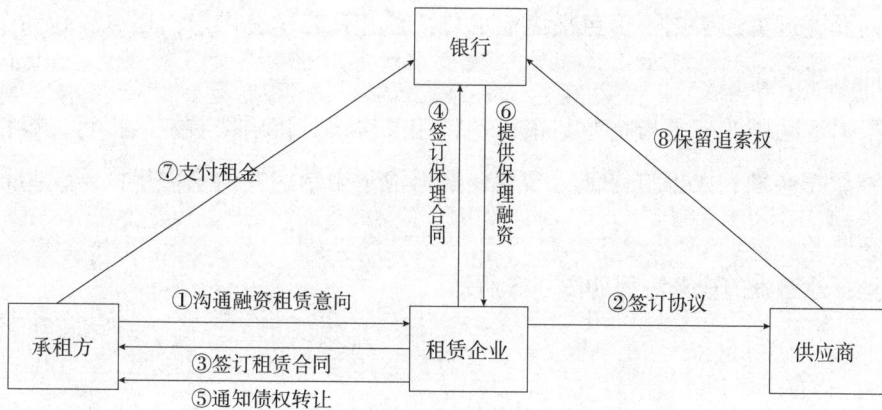

图 3-4　融资租赁保理的业务流程

（3）租赁企业取得租赁标的所有权后，与承租方就租赁标的签订租赁合同。

（4）租赁企业将其对承租方享有的租金债权转让给银行，并签订保理合同。

（5）租赁企业与银行通知承租方债权转让，一般应取得承租方的书面回复。

（6）银行受让租赁企业对承租方的租金债权，并向租赁企业提供保理融资。

（7）承租人根据约定支付租金给银行。

（8）若承租方未能按照约定支付租金至租赁期限届满，银行根据无追索权和有追索权两种情况予以救济。若租赁企业与银行约定了追索权，当承租方未按照约定支付租金时，银行有权按照约定就未收回的保理融资款向租赁企业进行追偿；若供应商或其他第三方提供了回购保证或物权担保，银行有权按照约定就未收回部分保理融资款向供应商或其他第三方进行追偿。若租赁公司没有与银行约定追索权，且任何其他第三方均未提供租金余值回购保证或物权担保的，当承租方未按照约定支付租金时，银行仅有权向承租方进行追偿。

5. 票据池融资

票据池有传统的概念和现代的概念两种概念。传统的概念就是客户将票据全部外包给银行，银行为客户提供商业汇票鉴别、查询、保管、托收等一揽子服务，并可以根据客户的需要，随时提供商业汇票的提取、贴现、质押开票等融资，保证企业经营需要的一种综合性票据增值服务。现代票据池的概念主要是在传统概念的基础上有了三点变化：①"池子"建在企业内部（财务部或下属财务公司），而不是外部的商业银行。②票据池管理，既包括票据实物的集中管理，也包括票据行为（如开票、贴现、背书、票据追索、到期支付与托收）的集中管理。③票据的内涵，这里的票据不仅包括商业承兑汇票和银行承兑汇票，还可以包括企业创设的内部票据。

票据池融资业务是指企业与银行签订相关协议，将票据质押给银行，银行根据质押票据余额、票据池保证金余额、票据池下未结清授信余额等因素，为企业办理授信业务。

票据池融资的业务流程如图3-5所示。

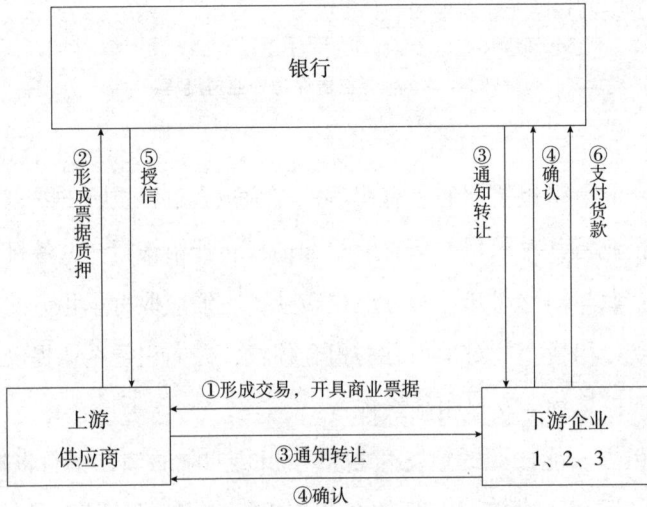

图3-5　票据池融资的业务流程

（1）供应商与几个下游企业形成交易，下游企业1、2、3分别开具商业汇票给供应商。

（2）供应商将这些汇票放到银行形成票据质押。

（3）供应商和银行分别通知下游企业1、2、3票据质押事宜。

（4）下游企业1、2、3向供应商和银行确认。

（5）银行根据票据池余额为限额，向供应商授信。

（6）下游企业1、2、3向银行支付货款。

对比前面提到的保理池，票据池质押的是汇票，可以变现和转让；而保理池质押的是发票，不能变现和转让。因此，票据池的风险相对较低。

6. 出口信用保险项下融资

出口信用保险项下融资，指出口公司在出口货物或提供服务并办理了出口信用保险后，将保险权益转让银行，银行向出口商提供的短期贸易融资业务。

出口信用保险项下融资可分为出口信保押汇和出口信保应收账款买断两种。两者的差异在于是否将出口合同项下应收账款债权转移给银行。出口信保押汇，指境内外贸公司在出口货物或提供服务并办理了出口信用保险后，将保险权益转让给银行，银行根据发票面值的一定比例向外贸公司提供资金。出口信保应收账款买断，指外贸公司在出口货物或提供服务并办理了出口信用保险后，将出口合同项下应收账款债权和保险权益一并转让给银行，银行在保单承保范围内，按发票面值的一定比例买断出口商应收账款，并对保单承保范围以外的风险保留追索权。

出口信用保险项下融资的业务流程如图 3-6 所示。

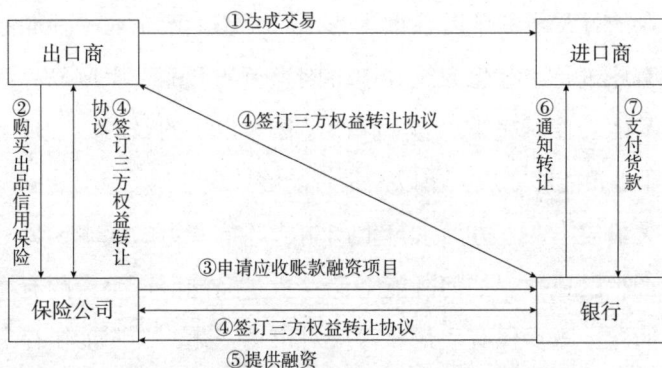

图 3-6　出口信用保险项下融资的业务流程

（1）出口企业与进口商达成交易，形成应收账款。

（2）出口企业向保险公司购买出口信用保险。

（3）保险公司向银行申请应收账款融资项目。

（4）银行、保险公司、出口企业签订三方权益转让协议。

（5）银行向保险公司提供融资。

（6）银行通知进口商或开证行转让应收账款。

（7）货款到期后，进口商或开证行向银行支付货款。

3.1.4　应收账款融资的特点

（1）加快了应收账款的变现。通过加入金融机构和保理商，应收账款融资使企业有效地缩短了收款天数，加快了资金的周转速度。

（2）降低了企业的融资风险。由于商业银行在贷款额度项下的每次出账都能够有明确的贸易背景与之相对应，使得贷出的金额、时间、交易对手等信息与实际贸易相匹配。金融机构的授信用途特定，风险相对可控，融资风险较低。

（3）降低了买卖双方的交易成本，提高人力运用效力，免除人工收账的困扰。

（4）优化企业应收账款管理，为企业活化除固定资产以外的资产科目。

（5）透过应收账款增加营运周转金，强化财务调度能力。

3.2　库存融资

3.2.1　库存融资概述

存货在企业的日常经营中起着重要的作用：①生产企业要存储足够的原材料以保证生产的有序进行。②生产过程中不同环节的产品、半成品、产成品的库存量又决定了商品能否按时完工。③库存商品作为出厂的最后一个环节，库存量的多少影响着企业是否能够完成订单以及是否能够处理急单。

存货占据大量成本，一方面来自生产制造环节产生的成本，另一方面来自储存和管理存货产生的成本。如何既能降低存货量又能保证生产的有序进行，是困扰企业的一个问题，既要保有大量库存应对市场变化，又要加快存货周转速度降低存货成本，存货融资成为解决中小企业资金流动性的重要途径。

根据《中华人民共和国国家标准物流术语（GB/T 183454—2006）》，存货质押融资是指需要融资的企业（即借方），将其拥有的存货做质物，向资金提供企业（即贷方）出质，同时将质物转交给具有合法保管存货资格的物流企业（中介方）进行保管，以获得贷方贷款的业务活动，是物流企业参与下的动产质押业务。

库存融资又被称为存货融资，与应收账款融资一样，都是以资产控制为基础的商业贷款，只是融资的依据由应收账款变成了实实在在的存货。目前库存融资比较常见的操作方式有三种，分别是静态抵质押授信、动态抵质押授信和仓单质押授信。对于中小企业而言，库存融资盘活了存货，获得了银行资金支持，扩大了经营规模；对于物流方而言，库存融资增加了收益；对于银行而言，库存融资保障了贷款资金的安全性。

库存融资对于参与方也有一定的要求：①对于生产企业，其应占有较大市场份额，且在银行有一定的存款规模和结算量，有良好的信誉和履约记录，无欠缴税款等。②对于第三方物流，其应与银行同城，资信情况良好，拥有法人资格或经法人授权，具备对库存商品进行估价和质量检验的能力，具有良好的管理能力、财务指标良好等。③对于质押的库存商品，其货物产权要明确，且物理化学性质要稳定；货物应具有活跃的交易市场，价格稳定；货物应规格明确、符合相关标准，具有相关能判断其价值的证明。对于证明材料不充分的，需由银行认可的权威机构进行评估。

3.2.2　库存融资的一般流程

库存融资的一般流程为：①企业、仓储监管方与银行签署《仓储监管协议》。②企业向银行缴纳保证金，并签署相关授信协议文本。③企业配合银行落实抵押登记，监管人员落实日常监管。④银行向企业提供融资。⑤企业申请提货前，向银行保证金账户划付赎货款项。⑥银行确认收到款项后，通知监管方释放所抵（质）押的货物。

3.2.3　库存融资的方式

1. 静态抵质押

静态抵质押是指客户以自有或第三方合法拥有的动产为抵质押的授信业务。静态抵质押授信是货押业务中对客户要求比较苛刻的一种，适用于除了存货以外没有其他合适的抵质押物的客户，而且客户的购销模式为批量进货、分次销售，不允许客户以货易货，只能以款易货。但在现实的生产交易中，由于企业频繁的货物流动，静态质押授信会严重约束企业的正常运作。因此，静态质押授信往往很少使用，比较适用于从事大宗原材料、基础产品或品牌商品的经销，或现货库存占据大量资金的贸易型企业或生产型企业。

静态抵质押融资的业务流程如图 3-7 所示。

（1）融资企业向银行提出静态抵质押融资申请。

（2）由融资企业给第三方物流提供抵质押物，并向银行交纳保证金。

（3）第三方物流向银行发出收货通知，银行确认质押物后，按设定质押率给企业以一定敞口授信额度。

（4）融资企业向银行追加保证金。

（5）银行向第三方物流发出发货指令。

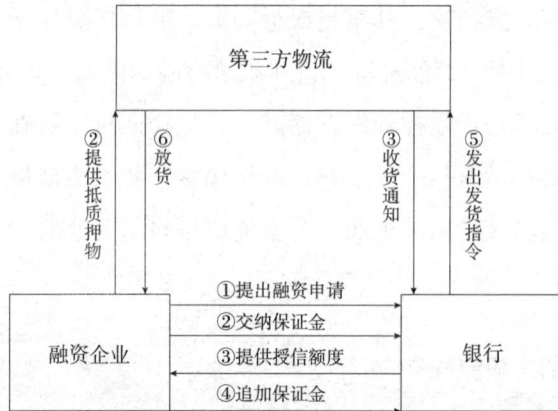

图 3-7　静态抵质押融资的业务流程

（6）第三方物流向融资企业放货。

2. 动态抵质押

动态抵质押又称核定库存模式，是指银行在给中小企业提供的供应链融资服务中，接受信贷方质押的动产形式可以多样，质押的动产在不同阶段可以以不同的形式存在，如原材料、产成品或者应收账款等形式，这些动产之间可以相互置换，只要质押的动产价值在一个合理的范围内浮动以控制风险即可。一般适用于库存稳定、货物品种类似、抵质押物的价值容易核定的企业。对于进出频繁，难以采用静态抵质押授信的企业同样适用。

对于中小企业而言，由于可以使用以货易货的方式，抵质押设定对其日常生产经营影响较小；对于银行而言，虽保证金低于静态抵质押融资模式，但成本相比也同样低于后者。

这种授信模式又可以分为动态核定库存模式和动态定额控货模式两种。动态核定库存模式中，银行会对质押的商品设定限额，最低限额以上的商品出库可以由银行委托监管方控制，不需要银行出具书面指令。而在动态定额控货模式中，银行要核定货物总量，货物出库时都需要银行出具书面指令，再由监管方操作。

动态抵质押融资的业务流程如图 3-8 所示。

（1）生产商与银行签订合作协议，并向银行提交审核过的经销商名单。

（2）银行对名单上的经销商审核后，与生产商、经销商签订三方协议。

（3）银行支付货款汇票给经销商。

（4）经销商将银行的汇票转让给生产商。

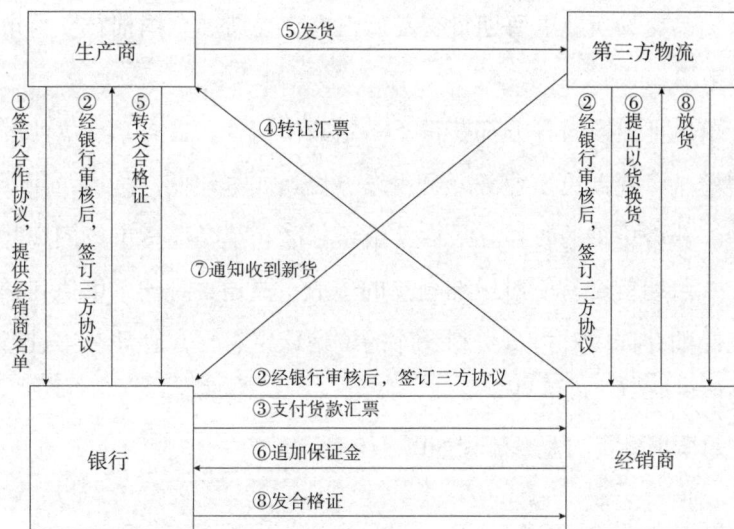

图 3-8　动态抵质押融资的业务流程

（5）生产商收到汇票后，将货物发给银行指定的第三方物流，同时将合格证转交给银行。

（6）经销商销售货物前先向银行追加保证金，也可以向物流公司提出一定限额内的以货换货。

（7）银行收到保证金或收到第三方物流收货通知。

（8）银行通知第三方物流向经销商放货，同时将生产合格证发给经销商，经销商即可销售。

3. 仓单质押

仓单质押是指申请人为扩大经营，将其拥有完全所有权的货物存放在指定仓储公司，并以仓储方出具的仓单进行质押，作为合作担保，出资方依据质押仓单向申请人提供的用于经营与仓单货物同类商品的专项贸易的短期合作业务。仓单即提货单，某种意义上说，仓单属于有价证券，能够开具仓单的仓库一般具有较高的资质。根据质押物是否为期货交割仓单，可将仓单质押划分为标准仓单质押和普通仓单质押。

标准仓单质押融资是银行以客户自有或第三方合法拥有的标准仓单质押而发放的短期流动资金贷款。这里的标准仓单是指符合交易所统一要求的，由指定交割仓库在完成入库商品验收并确认合格后，签发给货主的，经交易所注册生效的标准化提货凭证。形式可以是纸质或者电子仓单。这里的交易所包括大连商品交易所、郑州商品交易所、上海期货交易所三大交易所和全国棉花交易市场等特殊的商品交易市场。

标准仓单质押使参与各方都获得了一定的便捷性。首先，可以使客户通过仓单质押获得资金，开展更多业务，且手续方便、成本较低。其次，使交易所吸引更多的企业，获得更多的收益。最后，由于标准仓单是期货市场的产物，标准化程度较高，并由期货交易所对标准仓单的生成、流通、管理、市值评估、风险预警和对应商品的存储（对指定交割仓库的资格认定、日常管理）等进行严格的监管，银行操作更简便，也更具安全性。

标准仓单质押融资的业务流程如图3-9所示。

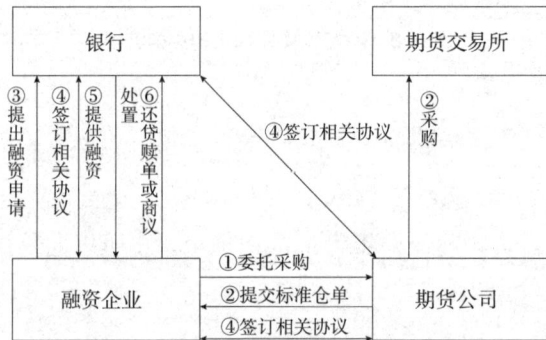

图3-9　标准仓单质押融资的业务流程

（1）企业客户在符合银行要求的期货公司设立账户。

（2）期货公司在期货交易市场采购符合客户要求的货物，存放于指定仓库，并将标准仓单交给企业客户。

（3）企业客户向银行提出融资申请，并提交标准仓单及企业客户的相关资料。

（4）经银行审核同意后，银行、企业客户、期货公司之间分别签署贷款合同、质押合同、合作协议等相关文件，并在期货交易所办理标准仓单质押登记手续，保证质押生效。

（5）银行向企业客户按一定比例发放信贷资金，银行要留保证金。

（6）当企业客户需要质押货物时，归还银行融资款项，赎回标准仓单；也可以与银行商议处置标准仓单，将处置资金用来偿还融资款项。

在标准仓单质押融资中，要求企业客户必须是成立时间在1年以上、资信状况良好、且与期货公司无关联关系；要求期货公司必须是具有证监会合法的期货经纪业务许可证且为交易所会员，成立时间在两年以上，分类评级在 B 级以上；要求标准仓单质押率一般不超过 75%。

普通仓单质押融资是客户将由仓库或其他第三方物流企业提供的非期货交割用仓单作为质押物，对仓单作出质背书，并由银行提供融资。普通仓单质押融资的业务流程如图 3-10 所示。

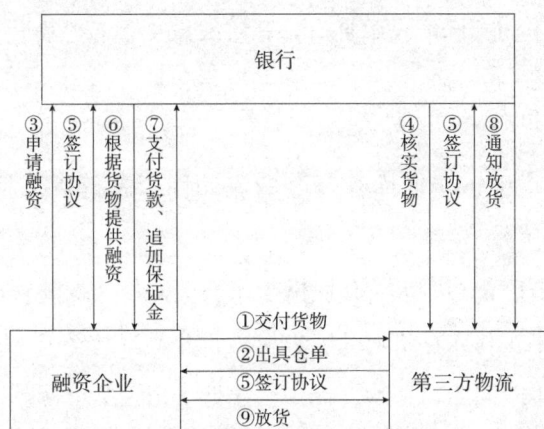

图 3-10　普通仓单质押融资的业务流程

（1）企业向第三方物流交付货物。

（2）第三方物流出具仓单。

（3）企业将仓单交付给银行，申请仓单质押融资。

（4）银行向第三方物流核实货物。

（5）银行核实通过，与企业、第三方物流签订协议。

（6）银行根据货物折价提供融资，低于原价的部分为保证金。

（7）企业要用这批货物时，会向银行支付货款或追加保证金。

（8）银行收到货款，通知第三方物流公司放货。

（9）第三方物流向企业发货。

普通仓单质押融资和标准仓单质押融资的区别主要包含以下四个方面。

（1）签发主体资格不同。标准仓单是由期货交易所统一制定，由期货交易所指定交割仓库完成入库商品的验收，确认合格后发给货主并在期货交易所注册生效的提权凭证；普通仓单是由商业银行评估认可的有资质的第三方物流方开具，以生产、物流领域有较强变现能力的通用产品为形式表现的权益凭证。

（2）资金用途不同。普通仓单质押融资，信贷资金用途为补充融资方的流动资金，资金方不接受以未来可获得仓单为质押物的融资申请；而标准仓单质押融资，信贷资金既能满足融资方流动资金需求，又能满足融资方标准仓单实物交割资金需求。

（3）执行标准不同。标准仓单的表现形式为标准仓单持有凭证，交易所依据货物存储证明代为开具。而普通仓单没有过多的标准规定，只要双方或多方接受即可。

（4）法律效力不同。标准仓单具有公开法律意义，而普通仓单可能存在争议。

3.2.4　库存融资的特点

（1）库存融资增强了企业库存资金的流动性，提高了企业库存资金的利用效率。

（2）第三方物流公司有专人管理，减少了企业仓储、保险费用。

（3）库存融资不转移库存货物的所有权，企业的日常经营不会受到影响。

（4）企业可分批赎回库存货物，无须一次性支出大笔金额赎回货物。

3.3　预付账款融资

3.3.1　预付账款融资概述

预付账款融资是指在具备真实贸易背景的基础上，银行、下游企业（中小企业）和上游企业（焦点企业）签订三方合作协议，约定由银行向下游企业授信，专项用于其向上游企业支付预付货款，上游企业按照三方合作协议的约定承担发货、余额退款等责任，交易的资金流、物流、信息流在银行监控下封闭运作，并以商品销售回款作为第一还款来源的供应链金融业务。

这种融资方式与上文提到的应收账款融资相反，应收账款融资是上游企业利用下游企业未来提供的货款作为还款来源的融资模式，属于典型的卖方融资；预付账款融资则是下游企业利用预付上游企业的货款，通过抵押提货权融资，属于典型的买方融资。在供应链中，强势的往往是上游焦点企业，其甚至具有一定的行业垄断地位，下游中小企业对焦点企业产品的依赖性较强，因此，当强势的上游企业要求弱势的中小企业先付款后交货甚至是先付款再生产时，弱势的买方就容易出现资金缺口。当然，有时候买方先付款也可能获得优先发货权、折扣或提前锁定价格。与应收账款融资一样，弱势的一方由于资信记录、还款能力达不到资金提供方的要求，难以通过传统的借贷来填补资金缺口。

3.3.2 预付账款融资的一般流程

预付账款融资的一般流程为：①上下游企业双方达成买卖协议，由下游买方向上游企业支付预付账款。②下游企业向银行申请融资，并交纳一定数额的保证金。③资金提供方向上游企业支付货款。④上游企业在收到货款后安排生产并向下游企业发货。⑤下游企业收到货物后，通过销售回笼资金，付清银行的货款。

上述流程为预付账款融资的基础模式，仅用于帮助读者初步理解预付账款融资，不适用于实际操作。在实践中，上下游企业以及银行会基于实际情况衍生出符合自身需求的模式。例如，有时为了防止买方要赖，银行一般会和卖方签订回购协议，一旦买方违约或其他原因导致买方无法支付货款，卖方必须回购；有时为了更好地控制风险防止卖方违约发货，银行可能会亲自保管或指定第三方物流保管货物；此外，付预付账款的形式多种多样，除了货币现金，还可能是票据、信用证等。

3.3.3 预付账款融资的方式

本节将介绍几种典型的预付账款融资业务模式：先款后货融资、保兑仓融资、国内信用证融资以及国内信用证项下打包贷款融资。实践中的预付账款融资模式大多数都是这几种模式的延展和衍生。

1. 先款后货融资

先款后货，与应收账款融资的先发货后支付货款的形式相反，采用先支付货款后发货的模式。这是由于供应链中核心企业议价能力往往较强，无论是对上游供应商还是下游客户，都有很强的议价主动权。针对上游供应商，核心企业往往能先采购再付款；针对下游客户，核心企业往往会要求其先行支付货款。

先款后货融资是指下游买方企业向银行交纳一定比例的保证金后，获得融资向上游卖方企业支付全部货款。卖方根据约定向买方发货，货物到达买方后设定质押作为对银行的担保。这里的货款既可以是现金也可以是商业票据，因此先款后货融资也被称为先票后货融资。

先款后货融资的业务流程如图 3-11 所示。

（1）上游核心企业与下游企业达成买卖的协议。

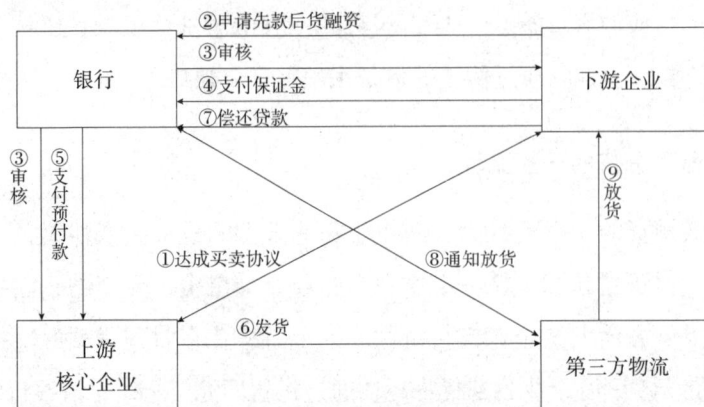

图 3-11　先款后货融资的业务流程

（2）下游企业向银行申请先款后货融资。

（3）银行收到融资申请后，会对买卖双方的交易情况、信用状况进行审核，这其中既要考量买方的还款能力，也要确定买方无法还款时卖方对货物的回购情况。

（4）由下游买方企业向银行支付一定数额的保证金。

（5）银行收到保证金后，向上游卖方企业支付预付账款。

（6）卖方企业收到预付账款后，发货给银行指定的第三方物流或仓储单位（也可以是银行自身）。

（7）下游买方企业向银行偿还货款。

（8）银行根据收到的货款数额通知第三方物流或仓储单位放货。

（9）第三方物流收到通知后将货物交付给下游买方企业，若是银行自己保管货物的，可直接放货。

先款后货这种融资方式有很多优点，以下将从下游企业和银行这两个角度进行分析。对下游企业而言，由于授信时间包含了上游企业的排产周期和运输时间，而且到货后可以转为库存融资，因此更好地缓解了下游企业的流动资金压力。另外，由于下游企业没有了资金压力，可以进行大批量采购，从上游卖方企业争取较高的商业折扣。对于银行而言，首先，可以进一步开发上游企业业务资源。其次，通过签订上游企业对其销售货物的回购或调剂销售条款，有利于化解客户的违约风险。

与库存融资的模式相比较，由于货物直接从卖方发给客户，因此先款后货的融资方式中货物的权属要比前者更加清晰。

2. 保兑仓融资

保兑仓融资，又称担保提货融资，是实践中一种主要的预付账款融资模式。其本质是先款后货融资的演变，其特征是以银行汇票作为预付账款，同时约定卖方的差额退款责任实现对卖方信用的利用。保兑仓融资与先款后货融资这两种业务都是预付类融资业务，区别在于保兑仓业务中，上游厂商承诺借款人如果出现债务问题会回购质押给银行的货物，然而先款后货业务就不行，如果出现风险就需要银行自己寻找处理变现途径。

保兑仓融资的业务流程如图 3-12 所示。

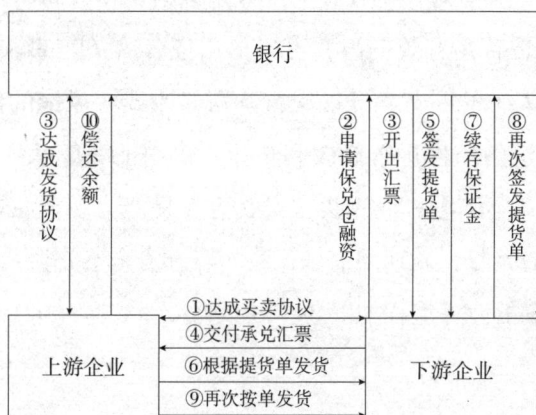

图 3-12　保兑仓融资的业务流程

（1）上游企业与下游买方企业签订买卖协议，由买方先向卖方付款。

（2）下游企业向银行申请保兑仓融资，并交纳一定数额的承兑保证金。

（3）银行审核通过后，向下游企业开具银行承兑汇票，用于向上游企业支付货款，并同时与上游企业达成按单发货协议。

（4）下游企业向上游企业交付承兑汇票，用于支付货款。

（5）银行在收到货款后，向下游买方企业签发提货单。

（6）上游卖方企业根据提货单向下游企业发货（有时银行也会直接指示上游企业发货）。

（7）下游企业收到货物后，通过生产、销售，利用回笼资金多次重复循环续存保证金、提货、销售，直至付清融资款。需要说明的是，若买方未能足额支付货款或融资款，由于上游企业已经取得全款的银行汇票，此时上游企业需要向银行偿还买方应支付的差额。

保兑仓融资的模式一方面使下游企业通过大批量的采购获得价格优惠；另一方面使上游企业通过预收款增加资金流动性，同时获得了固定的销路。对于银行这一方，由于上游企业与第三方物流合二为一，既简化了银行的风险控制环节，又可以扩展与上游核心企业的业务。

3. 国内信用证融资

信用证是一种在买卖双方相互之间缺乏信任的情况下，银行根据买方企业请求开具给卖方企业的一种保证承担支付货款责任的书面凭证。信用证融资业务既可以用于国内贸易，亦可用于国际贸易，区别是国内信用证不可撤销，国际信用证分为可撤销和不可撤销两种。我国信用证是以人民币计价、不可撤销的跟单信用证，即信用证开具后在有效期内，不经信用证各有关当事人（包括开证银行、开证申请人和受益人）的同意，开证银行不得修改或者撤销的信用证。国内信用证可以按照法律规定的条件进行修改和转让。信用证一般适用于以下两种情况：国内贸易买卖双方互不熟悉，或者买方对卖方交货能力存疑，或卖方对买方付款能力存疑；买卖中有延长付款期限需求，买卖双方资金不充裕。

国内信用证融资的业务流程如图 3-13 所示。

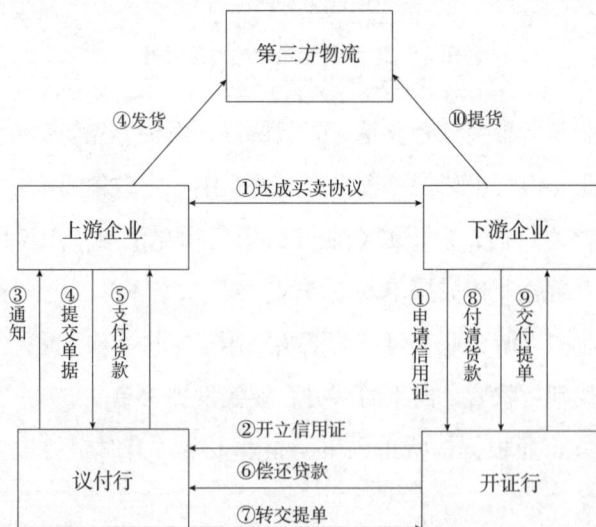

图 3-13　国内信用证融资的业务流程

（1）上下游企业达成买卖协议，由下游买方向银行（开证行）申请信用证。

（2）开证行在审核通过后，向上游企业指定的银行（议付行）开立信用证。

（3）议付行收到信用证后通知上游卖方，卖方开始组织生产、发货等。

（4）上游企业将标的货物交付给第三方物流或仓储保管，并同时将发货凭证、提单等单据交给议付行。

（5）议付行审核无误后，将货款（议付）支付给上游企业。

（6）议付行通知开证行，开证行向议付行偿还货款。

（7）议付行将提单转交给开证行。

（8）下游买方企业向开证行付清货款。

（9）开证行将提单交付下游企业。

（10）买方凭提货单从第三方物流处取得货物，完成交易。

国内信用证这种融资模式的优势可以从以下四个方面来分析：首先，加快了下游买方资金周转，约束了上游卖方履行合同。买方利用银行信用提取货物，用销售收入支付货款，优化资金使用效益。通过信用证条款和单据，约束卖方严格按规定货物质量、数量和时间发货，否则买方拨付或要求对方降价。其次，改善了卖方应收账款管理。卖方按规定发货后，商业信用转换为银行信用保障，杜绝拖欠、坏账。再次，规避了市场风险。信用证的不可撤销、不可转让性帮助买方规避市场涨价风险；银行承担第一性的付款责任，卖方只要提供合格单据即能收到货款，为卖方规避跌价风险。最后，防止商业欺诈，避免纠纷。在国内信用证结算方式下，银行承担鉴别信用证真伪、付款的义务和责任，制约买卖双方严格履行合约，并通过审查、核实单据，控制货物和资金，为客户规避资金风险、货物风险和商业欺诈及纠纷。

4. 国内信用证项下打包贷款融资

国内信用证打包贷款是指银行根据客户的要求，将以其为受益人的正本信用证留存，在提交单据前向其发放的用于该信用证项下备货的专用贷款，该信用证项下货物的销售资金应用于偿还该类融资。与国内信用证融资类似，都是借用信用证和议付的方式获得融资，但此种融资方式更加侧重于解决卖方在支付生产成本时面临的资金短缺。需要通过打包授信解决的问题是卖方在生产过程中涉及的各项成本，强调专款专用。打包贷款的币种为人民币。正常情况下以信用证项下应收账款作为第一还款来源。往往适用于上游企业流动资金紧张，下游企业不同意预付货款，但能够接受开立信用证的情况。

国内信用证项下打包贷款融资的业务流程如图 3-14 所示。

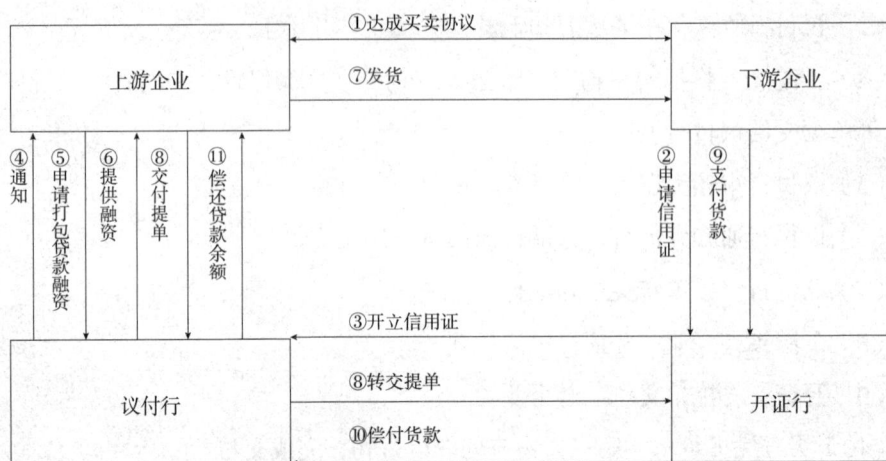

图 3-14　国内信用证项下打包贷款融资的业务流程

（1）上下游企业达成买卖协议。

（2）由下游买方向银行（开证行）申请信用证。

（3）开证行在审核通过后，向银行（议付行）开立信用证。

（4）议付行收到信用证后通知上游卖方，卖方组织生产、发货等。

（5）上游企业收到信用证通知后，向议付行申请打包贷款融资。

（6）议付行审核后向上游企业提供融资。

（7）上游企业收到融资款后组织生产，然后自己或通过第三方物流向下游买方企业发货。

（8）上游供应商发货后，将提单交付议付行，议付行再将提单转交给开证行。

（9）下游企业向开证行支付货款，开证行向下游企业交付提单，发货，若卖方直接向买方发货，则不存在转交提单的手续。

（10）开证行收到货款后需要向议付行偿付货款。

（11）议付行在收到货款后须将货款余额退回上游企业。

国内信用证项下打包贷款的优势主要包含三个方面：①增加贸易机会：在客户资金紧缺而又无法争取到预付货款的结算条件下，有效解决上游卖方企业备货过程中进货、备料、生产、装运等环节中资金不足的问题，帮助其顺利开展业务，把握贸易机会。②缓解资金压力：在生产、采购等备货阶段都不必占用客户的自有资金，缓解客户的流动资金压力，提高资金利用效率。③扩大经营规模：有利于卖方提高供应能力，稳定和维护贸易关系。

3.3.4　预付账款融资的特征

（1）对于买方企业而言，预付账款融资可以充分挖掘下游买方的担保资源，为中小企业解决融资担保难的问题，缓解小企业的资金压力。由于预付账款融资依托真实的商品交易，所以买方可以借助上游厂商的资信获得定向融资支持。这样的合作过程加深了双方的合作，因此买方可以从厂商享受批发购买优惠，降低销售成本，取得经销或总经销权，争取获得更大的返利。买方一般是分期向资金方还清货款，资金方按照买方每期偿还的货款向买方分批发货。也就是说，预付账款融资具有将一次性付款变为分期付款的功能，有效缓解了买方的资金困难。

（2）对于上游核心企业而言，则可以有效地扶持下游买方企业，培育自身的销售渠道，扩大销售规模。同时，卖方将应收账款转化为应收票据或现金，减少了应收账款在资产中的占比，不仅提高了公司的资产质量，还降低了在赊账方式下可能产生的信用风险。通过与合作银行紧密合作，对经销商资信情况、财务状况有更深入的了解，加深对自身供应链条上下游的掌握。

（3）对金融机构来说，一方面以供应链上游供应商承诺回购为前提条件，由供应商为经销商融资承担连带担保责任，并以金融机构指定仓库的既定仓单为质押，从而在很大程度上降低了金融机构的信贷风险；另一方面也给金融机构拓展了业务范围，拓宽了市场份额，有利于金融机构的长久发展。

3.4　本章小结

本章详细介绍了三种传统的供应链金融交易形态。无论是从相关产品设计还是从运作模式来讲，目前应收账款融资、库存融资和预付账款融资都发展得较为成熟，这三种模式目前在国内的应用都非常广泛。

三种传统的供应链融资方式从根本上解决了从供应链上游采购到企业内部生产经营再到下游分销可能遇到的资金问题。预付账款融资主要解决企业采购时可能存在的资金短缺问题，下游企业可以通过预付账款融资缓解一次性交付货款的资金压力，甚至可能拿到超过自身资金能力的大额订单。库存融资主要是利用银行和第三方物流充分提高了库存占用的那部分资金的周转速度。应收账款融资缓解了与下游分销企业赊销时产生的资金压力。

 即测即练

复习思考题

1. 分别简述应收账款融资、库存融资和预付账款融资的融资机制。

2. 保理业务有哪些分类？

3. 说明普通仓单质押融资和标准仓单质押融资的区别。

4. 试比较静态抵质押融资和动态抵质押融资。

5. 说明国内信用证融资的优势。

6. 说明预付账款融资的特征。

7. 试比较预付账款融资与应收账款融资。

8. 从企业采购、运营、销售三种角度对供应链金融交易形态进行分类。

参考文献

[1] 张钟允. 读懂供应链金融 [M]. 北京：中国人民大学出版社，2019.

[2] 宋华. 供应链金融 [M].3 版. 北京：中国人民大学出版社，2021.

[3] 孙建林. 银行授信产品手册与应用 [M]. 北京：中信出版集团，2021.

[4] 黄双蓉. 财经法规与会计职业道德 [M]. 北京：经济科学出版社，2014.

[5] 萨林格. 保理法律与实务 [M]. 刘园，叶志壮，译. 北京：对外经济贸易大学出版社，1995.

[6] 金佳露. 基于供应链金融的应收账款融资研究 [D]. 杭州：浙江工业大学，2015.

第4章 供应链金融风险

学习目标

1. 了解供应链金融风险的概念、类型，金融不稳定假说理论、信息不对称理论、委托代理理论以及行为金融理论。

2. 熟悉供应链金融风险控制的原则、流程。

3. 掌握供应链金融风险正式控制体系和非正式控制体系，以及供应链金融风险控制的关键指标。

思政目标

1. 了解发展供应链金融对于国民经济发展的重要性，学习金融知识。

2. 了解防范供应链金融风险对于稳定国家经济的重要性，树立国民金融防风险意识。

思维导图

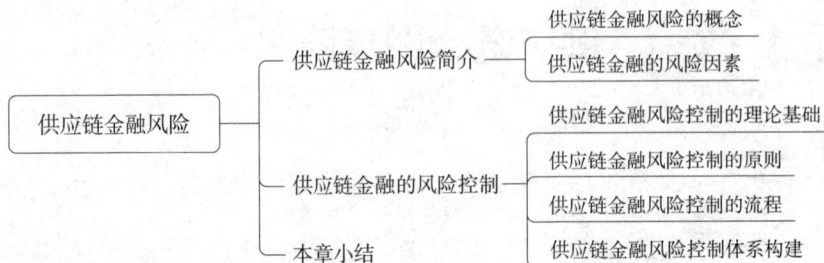

供应链金融风险
- 供应链金融风险简介
  - 供应链金融风险的概念
  - 供应链金融的风险因素
- 供应链金融的风险控制
  - 供应链金融风险控制的理论基础
  - 供应链金融风险控制的原则
  - 供应链金融风险控制的流程
  - 供应链金融风险控制体系构建
- 本章小结

导入案例

雁阵科技的供应链金融智能风险控制应用

雁阵科技作为国内领先的供应链金融服务提供商，致力于通过大数据和机器学习技术进行自动金融决策，总结出"五步三层法"的操作模式、"四化标准"的目标体系。雁阵科技对供应链的结构进行数字化业务建模，将供应链运作划分为业务层、操作层、认识层"三层"，实现从操作到认识的分离。再将业务过程分为数据、交易、金融产品、衍生产品和业务生态"五步"进行处理，规范数据到金融业务的逻辑过程。在数字化供应链的操作标准上，建立"四化标准"目标体系，即达到"产融一体化""操作实时化""支付信用化"和"信用数据化"的要求。在数字供应链风险控制模式上，建立快速迭代、行业聚焦、理解数据的处理模式。

1. 数据对交易的支持

数据层收集离散、多维的数据，如反映主体识别的数据（如营业执照、身份证、生物信息等），反映运作情况的数据（如单据、采、购、位置、移动、时间、支付等）。通过模型、人机互动的计算，认识并标定这些数据，形成特定主体在特定场景下交易的信息。将离散、多维的数据转化为连续、降维的交易信息，实现主体和交易项的结合。

2. 交易到金融产品的过程

首先，交易通过模型的计算、比对、判别，发掘交易的货币价值；其次，通过专项金融产品，在特定行业和专属场景下满足客户的金融需求；最后，通过专项的业务系统，实现对金融产品用、还、管过程的管理。

3. 金融产品到衍生产品的过程

金融产品通过设立特别目的载体（special purpose vehicle，SPV），信托、出售等交易手段，从主体和交易上实现结构化处理，同时辅以汇率、利率风险的对冲手段控制风险敞口，通过衍生产品进一步扩大收益、控制风险。

4. 形成业务生态的过程

单个的交易、金融产品、衍生产品通过交易客观化技术（如区块链、大数据等）和跨交易关联技术（物联网），实现多个不同功能和层级交易间的相互验证、支持，从而形成一个多层交易闭环的业务生态系统。交易管理形态从某一区位、某一层面的交易扩展到多部位、多层级的交易生态体系。从贷前的客户画像、产品设计、风险识别，到贷中的授信审批及贷后的还款监测、催收、风险预警等环节，以交叉验证和真实性验证的链式数据建立全流程风控模式，整个交易流程线上化、透明化，使得每笔贷款可控，降低了人为操作带来的风险，提升了风险管控的有效性及精准度。

思考题：

1. 供应链金融风险控制的关键因素是什么？

2. 人工智能如何应用于供应链金融风险控制环节中？

4.1　供应链金融风险简介

4.1.1　供应链金融风险的概念

在古典决策理论中，风险即人们所期望达到的目标与实际出现的结果之间产生的距离。在金融领域，风险是指投资实际收益与预期收益间差异的不确定性，既包括"下行风险"（回报不及预期），也包括"上行风险"（回报超过预期）。金融风险可能是由众多市场因素决定的市场依赖性风险，也可能是由欺诈行为导致的经营性风险，会导致损失部分甚至全部的原始投资。供应链风险分为内生风险和外生风险。内生风险包括道德风险、信息传递风险、生产组织与采购风险、分销商的选择产生的风险、物流运作风险、企业文化差异产生的风险等；外生风险包括市场需求不确定性风险、经济周期风险、政策风险、法律风险、意外灾祸风险等。

供应链金融风险是指在一定的经济环境中，供应链上的所有参与者所预期的物流、信息流和资金流的运行情况与实际状况不一致，最终给参与供应链金融的企业及其他机构带来可能发生巨大损失的不确定性。在较完善的供应链网络中，供应链金融能够通过紧密的合作关系解决各环节的资金问题，明显缩短现金流量周期，降低企业运营成本，提高供应链企业运营效率，但同时也对其经营产生一定的风险。供应链金融风险具有复杂性、主观性、模糊性和不确定性等特征。

4.1.2　供应链金融的风险因素

目前我国有关供应链金融的法律法规、制度建设和市场建设尚不完善，供应链金融风险主要来源于四个方面：①风险承担主体之间风险收益不对等加大了风险隐患。②流动资产评估体系尚未建立，各种评估方法和标准的不一致使得存货的价值也难以与信贷资金相一致，贷款回收的隐性风险非常大。③银行供应链金融信贷业务经验不足，风险管理方法技术相对落后。④配套环境的制约使得风险防范手段效果弱化。具体而言，供应链金融的风险因素可分为质物风险、操作风险、信用风险、技术风险和法律风险五类。

1. 质物风险

质物风险是指质押货物本身的风险，主要包括质物品种选取风险、质物市场价格风险和质物安全性风险。其中，质物品种选取风险是由于市场价格的波动和金融汇率的变化导致动产质押物在某段时间的价格和质量随时发生变化。质押物品的选取应以好卖、易放、投机小为原则。市场变动尤其是质物的市场价格下跌，将造成质物价值缩水。如果贷款合同未做任何调整，且未设立警戒线，将会出现仓单价值低于贷款本金的情况，进而引发质物市场价格风险。银行在质押贷款时，应确定不同质押物的质押率。为降低质物安全性风险，当出质人进行货物质押时，仓储监管方要严格考核该货物的安全性和合法性，避免有争议的、无法行使质权或者通过走私等非法途径取得的物品成为质物。

2. 操作风险

巴塞尔银行监管委员会将操作风险定义为："由于不完善或者失灵的内部控制、人为错误、系统失灵以及外部事件等给商业银行带来的损失，损失包括所有与风险事件相联系的成本支出。"根据导致操作风险的不同因素，可将操作风险分为人员操作风险、流程设计风险、系统保障风险、外部冲击事件风险四类。这些操作风险致使银行易遭受资产损失、失去潜在投资机会和声誉受损。

1）人员操作风险

人员操作风险包括内部欺诈风险、未经授权行为风险、关键人员缺失风险和操作失误风险。内部欺诈风险是指不当使用财产或规避条款、法律或公司政策而产生的损失，除多元化及特殊化事件外，至少涉及内部某一方。未经授权行为风险是指员工未经上级允许或未按照公司相关规定和程序，私自授权办理业务。关键人员缺失风险是指银行某些关键职位上的人员因辞职、请假或其他原因而临时无法工作，导致银行不能按照正常制定的程序开展相关业务，进而使银行遭受损失。操作失误风险是指银行人员在操作上粗心大意的失误致使银行遭受市场损失和信用损失。

2）流程设计风险

流程设计风险包括操作流程缺失风险、操作流程错误风险和操作流程执行风险。操作流程缺失风险是指银行在制定业务流程时，未能预期到某些事件的发生。当一些意料之外的事件发生时，银行由于缺失相应的流程而导致相关工作无法正常进行，由此产生损失。操作流程错误风险是指银行制定的流程不能很好地解决问题，并且可能得出一些错误的结论，进而使银行遭受损失。操作流程执行风险是指银行已经制定的相关流程因在执行过程中未能得到很好地贯彻落实而导致的损失。

3）系统保障风险

系统保障风险包括系统模型缺陷和系统失误。系统模型缺陷是指银行的计算机系统不完善，不能及时地发现存在的问题。例如，当质押物的价值出现剧烈波动且下降到警戒值以下，而银行的计算机系统却没有发现问题和采取相应的措施，从而产生损失。系统失误是指异常的系统硬件、软件、通信、电力中断等问题。

4）外部冲击事件风险

外部冲击事件风险包括盗抢风险、违约风险、蓄意破坏风险和税负损失风险。盗抢风险是指银行监管的质押物遭到偷盗、抢劫或是被人以次充好等而使银行遭受的损失。违约风险是指客户不按合约规定履行义务而使银行产生损失。蓄意破坏风险是指客户不想履约，人为地制造一些事端来影响银行的行为。税负损失风险是指银行在业务结束后承担了比预期高的税负负担。

3. 信用风险

1）仓储监管方信用风险

（1）信托责任缺失风险。因仓储监管方充当了商业银行的信托责任人，银行可能会相应地降低对其信用风险的管理与控制。仓储监管方在专业性和责任度上的不稳定将导致其信托责任缺失，而银行盲目相信面上的数据就会陷入信用风险。仓储监管方为拉拢客户，可能会向银行提供虚假数据，这会给银行造成误导。但由于消费型企业和仓储监管方之间存在信息不对称，也可能出现仓储监管方与银行同时蒙在鼓里的状况。

（2）风险指标失灵风险。为更好地实施贷款风险五级分类法，商业银行主要采用借款人经营及资信情况、借款人财务状况等七大风险评价指标。受供应链金融业务参与主体的多元性及各主体角色的再定位影响，特别是当商业银行将部分审贷职能转嫁给仓储监管方以后，现有的风险评级的量化指标可能会失灵，这就需要充分考虑仓储监管方的中介作用，以及其与商业银行、贷款企业三者的内部相关性等因素的影响。

（3）数据信息低效风险。仓储监管方介入融资的过程中，其向商业银行提供的制造企业货物数据的准确性和可靠性仍有待提高。信用风险管理所需的数据信息包括基础数据（以消费型企业的流动资产信息为主）、中间数据以及分析结果。仓储监管方大多从事最原始的数据收集工作，这些数据的来源和有效性仍存疑，而商业银行在数据处理方面也存在问题。

（4）信用环境软约束风险。尽管商业银行的信用风险与社会的金融生态密切相关，但经济领域缺少严厉的失信惩罚，致使供应链金融实施过程中缺乏社会信用保障。一旦出现信用坍塌，供应链金融非但不能为商业银行减轻负担，反而可能引发其他信用风险。

2）中小企业信用风险

中小企业信用风险信贷违约的原因在于这类企业面临系统性风险和非系统性风险。其中，系统性风险是指由于宏观经济周期或行业发展要素发生变化，行业内大部分企业出现亏损，进而难以偿还贷款本息违约的风险。我国供应链金融业务发生全局性的宏观系统性风险的概率较低，更多地表现为行业性、区域性系统性风险。非系统性风险是指因企业自身的经营策略等方面造成的经营风险。供应链中的企业与核心企业之间保持稳定的合作关系，因而非系统风险有所降低。授信企业自身的一些经营或非经营决策也会导致非系统性风险。比如，投机性经营（如过度囤货）失败、卷入债务纠纷、涉嫌偷逃税等非系统性风险，将直接影响到授信企业的还款意愿和能力，进而引发偿还贷款本息违约的风险。此外，在动产质押融资中，道德风险仍然存在，主要体现为：企业以次充好，隐瞒抵质押物的品质问题；应收账款未按约定路径回流到授信银行，而授信企业也故意不向银行披露；企业将资金挪用到贸易以外的投资领域；等等。

4. 技术风险

技术风险是指仓单质押提供商因缺乏足够的技术支持而引起的风险。比如，由于现有价值评估系统不完善或评估技术不高致使信息不对称，出现个别借款人与仓储监管方串通出具无实物的仓单或入库凭证向银行骗贷。以权属有争议的财产作质押，因质押人未能在规定期限内付清价款等原因，买卖双方对质押的商品形成争议。尽管质押人仍持有质押品，但并不实际拥有此财产，由此可能产生风险。

5. 法律风险

法律风险是指合同的条款规定、与质物所有权问题相关的法律问题。一方面，供应链金融业务涉及多方主体，质物的所有权在各主体间流动的过程中，很可能产生所有权纠纷；另一方面，我国现有法律制度中有关动产质押的条款尚不完善，也缺少其他指导性文件，因此极易带来法律纠纷风险。本节讨论的法律风险是针对动产质押融资中与动产担保物权相对应的法律风险，主要通过以下四种方式造成损失：①银行或其员工、代理机构在法律上的无效行为。②法律规定和结果的不确定性。③法律制度的相对无效性。④不同区域的法律执行效率的差异性。

4.2　供应链金融的风险控制

4.2.1　供应链金融风险控制的理论基础

1. 金融不稳定假说理论

美国经济学家海曼・P. 明斯基（Hyman P. Minsky）提出的"金融不稳定假说"开了金融脆弱性理论研究的先河。该假说认为，以商业银行为代表的信用创造机构和借款人相关的特征使金融体系具有天然的内在不稳定性，即不稳定性是现代金融制度的基本特征。其将金融危机很大程度上归于经济的周期性波动，认为金融危机是与金融自身内在的特征紧紧相关的，即金融的内在不稳定性使得金融本身也是金融危机产生的一个重要原因。金融不稳定及其危机是经济活动的现实写照，金融中的借贷行为对投资利益具有天然的影响，只要存在借贷，金融风险就会存在。

金融不稳定假说是对凯恩斯的"通论"基本内容的一个阐释，认为经济周期表面上是实体经济的原因，从更深层次上讲是金融系统的问题。同时，明斯基还借鉴了熊彼特对货币与金融的信用观点，指出企业在完成生产与销售后以商业票据贴现获取银行信用的"正常信用"，以及对未来生产、服务和商品的要求凭证的"非常信用"。这种非常信用理论和供应链金融服务模式一脉相承。该假说也是一种债务对经济行为影响的理论，认为金融体系不稳定性的关键因素是债务的形成、债务的累积和债务的清偿，其核心是债务积累。此外，该理论将融资方式分为对冲型、投机型和庞氏型三类。在经济周期的上升时期，对冲型融资行为持续增长，金融体系相对稳定，经济将趋于均衡状态。随着经济持续繁荣，原本处于债务适度的主体逐渐带有投机性，而那些惯于投机理财的行为主体更是趁机扩大经营规模，向庞氏骗局者转变，系统风险也随之上升，经济均衡状态被打破，进入通货膨胀状态，金融体系由稳定状态向不稳定状态转变。

2. 信息不对称理论

信息不对称理论研究的是信息在市场行为中的作用，同时也研究市场中的交易双方在信息不对称的情况下，为了各自的利益所做的激励决策。信息不对称理论是指在市场经济活动中由于信息呈不均匀状态，各方对有关信息的了解存在偏差，信息优势的一方会处于相对有利的地位，而信息劣势的一方则处于相对不利的地位。该理论由约瑟夫·斯蒂格利茨、乔治·阿克尔洛夫和迈克尔·斯彭斯三位美国经济学家提出，强调了信息的重要性，研究了信息不对称对市场运行的影响，以及各方如何作出相应决策。在信息不对称的情况下，对收益最大化的追求促使各方从不合作走向合作，也因各方对获取信息途径、信息量不同而承担不同的风险与收益。市场经济的信息不对称会对经济产生危害，应充分发挥政府在市场体系中的宏观调控作用。

信息不对称是在市场交易中交易一方对另一方缺乏信息进而影响其作出正确决策导致交易效率降低的现象。信息不对称可分为交易前的逆向选择和交易后的道德风险。逆向选择是指银行放贷时会充分考虑贷款利率及贷款的风险性，在信息不对称的情况下，会利用逆向选择效应来选取融资对象，并利用道德风险效应来影响融资方的行为，以最大限度地规避信贷风险。因此，银行的预期利润增长幅度会低于利率的上升幅度，在超过某一临界点后，利润甚至会随着利率的上升而下降，这一点则是银行利润最大化时所对应的利率。

道德风险是指契约关系中的一方不想承担风险后果而采取的对自身利益最大化的自私行为，这种自私行为会损害到对方利益，即借款人可能用贷款资金从事风险更高的业务，以使自身的利益最大化，一旦高风险投资失败，则无力偿还银行贷款，形成善意道德风险。另外，借款人通过对偿还与不偿还贷款时各自的收益和机会成本的比较博弈，如果选择不偿还贷款的收益大于违约成本，那么借款人会策略性地选择不偿还贷款的恶意违约行为，从而产生恶意道德风险。

在供应链金融市场中，由于融资参与各方信息不对称，信贷市场面临逆向选择与道德风险。随着信息不对称程度的增加，银行以及与银行合作的物流企业的信息成本和市场交易费用会增高，将对信贷资源的最优配给产生影响。那些投资效益好、融资风险低的供应链金融项目很难真正获得银行的信贷支持，造成了中小企业融资难、银行放贷也难的尴尬局面，最终导致供应链金融市场低迷乃至崩溃。因此，促进信息的对称化、充分化是解决信息不对称、降低银行信贷风险的关键所在。

3. 委托代理理论

1937 年，科斯在其著作《企业的性质》中首次提出了委托代理理论。20 世纪六七十年代，随着一些经济学家深入研究企业内部信息不对称和激励问题，委托代理理论得到进一步发展。该理论是制度经济学契约理论的主要内容之一，主要研究在信息不对称情况下，如何处理市场经济活动中信息优势方与信息劣势方之间的相互关系和激励与约束机制问题。只要在市场经济活动中存在竞争或合作关系，各市场利益主体就会面临信息不对称的问题，委托代理关系就会客观存在。而且处于信息优势的代理人有可能会利用制度安排上的缺失，策略性地选择损害处于信息劣势的委托人的利益。在通常情况下，委托代理双方的信息是非对称的，双方的效用函数不一样，具体利益也存在差异，在各自的约束条件下双方都以效用最大化为追求目标。因此，在信息不对称的条件下，当处于委托代理关系的双方利益发生冲突时，设计对委托人和代理人都有利的"最优契约"，实现"双赢"的效用目标，是委托代理理论的主要任务。

在供应链金融中，银行与供应链上的融资企业、物流企业、原材料供应商和下游分销商之间，以及供应链各节点企业之间都存在某种委托代理关系。其中，银行与融资企业之间是最主要的委托代理关系，一旦融资企业选择违约或发生质押物市场风险，就会造成银行的信贷风险；第三方物流企业以对质押物的仓储监管而参与，有效分解了银行的风险，与银行构成委托代理关系；银行与作为融资担保方的供应链核心企业之间也存在如原材料供应商与银行签订的回购协议、分销商与银行签订的付款担保协议等委托代理关系，这种委托代理关系有效防范了核心企业与融资中小企业合谋骗贷的可能性，转化和分担了由信息不对称带来的违约风险。为有效防范金融风险，作为机制设计人的银行等金融机构应当合理进行基于信贷关系的合约最优设计，以使供应链金融参与各方的期望效用最大化，并客观上减少供应链金融风险的形成。

4. 行为金融理论

行为金融理论开辟了一套新的经济学理论体系，将人看作非理性人，认为人的决策受其所接受的教育、宗教信仰、性格等多种因素影响。行为金融研究考虑到人的不完全理性的本性，将行为科学、心理学和认知科学纳入金融研究的框架。相比传统的金融理论，行为金融理论在"有限理性"和"有限套利及市场非有效性"上达成共识，打破了以期望效用最大化理论和有效市场假说为代表的传统研究范式，构建了新的理论框架。

行为金融的主要理论模型包括：①预期理论。该理论是一种研究人们在不确定条件下如何决策的理论，认为人们在决策中关注的是价值的改变，投资行为并不总是理性的和风险规避的。该理论首先对个人风险决策过程进行了研究，认为决策效应决定个体对风险的态度。决策效应表明，个体在面对正负预期收入时分别是风险厌恶和风险追求，而在面对确定收入（损失）和预期收入（损失）更大的不确定选择时，会更倾向于选择确定收入和预期损失更大。其次，提出了价值函数的概念，用来表示效用。在不确定条件下，个体的偏好是由财富的增量决定，个体对损失的敏感要高于收益，即损失规避现象。最后，提出了决策权函数的概念，由预期的选择中推断得到，衡量了事件对个体愿望的影响。②行为资本资产定价理论。该理论将投资者分为信息交易者和噪声交易者两类，两类交易者相互影响，共同决定资产价格。③心理账户理论。该理论即人们根据资金来源、位置、用途等因素对资金归类的现象。在投资决策时，投资者会在心里无意识地把一项决策分成几个部分，即分成几个心理账户，且对自己不同的资产有不同的期望，对待不同心理账户的风险态度也不同。④行为投资组合理论。投资者选择符合个人意愿的最优组合时，会对期望财富、投资安全性增值能力、期望水平与实现的可能性等因素进行综合考虑。投资者的实际资产结构是基于对不同资产风险程度以及投资目的的认知所形成的一种金字塔分层式的行为资产组合，每一层的资产都与特定的目标和风险态度相关联，但各层之间的相关性往往被忽略。

4.2.2　供应链金融风险控制的原则

1. 业务闭合化

供应链金融运行的首要条件是要形成业务闭合。业务闭合化是指供应链业务活动有机相连、合理组织、有序运行，并且供应链运营中价值的设计、价值的实现、价值的传递能形成完整、循环的闭合系统。供应链金融的核心和前提是供应链运营，如果供应链业务活动和各环节难以实现闭合，或者价值的产生和实现过程产生偏差，就必将产生金融风险。供应链价值过程形成完整的价值环路，决定了供应链金融的基础——供应链运营的竞争力和收益。从业务流程的角度看，从供应链参与者以及金融组织者之间协同计划和预测市场，到具体的供应链运营组织和金融活动的开展及有效地管理分销和营销活动，再到最终实施高效的服务管理，是供应链金融风险管理的基本要求。闭合化是充分利用社会性资源来实现金融价值，是平台提供商和交易风险管理者能全面地组织、协调和管理供应链价值和活动。这种模式更有利于打造供应链生态，也较易为合作者所接受。

供应链金融业务闭合化主要受到宏观系统风险、行业或区域性系统风险、供应链本身的业务结构等多种因素的影响作用。宏观经济、政治法律环境具有不确定性，这易导致供应链运营中断，进而使得可循环的供应链运营难以实现。供应链金融只能在持续或是稳定发展的行业中实施，如果在限制性或者夕阳型行业中实施则会面临较大的风险。地区的经济发展潜力、市场透明度、政府服务水平、区域环境的稳定性等区域性因素，均会对供应链金融业务闭合化产生影响。此外，一个稳定、有效的供应链体系需要做到主体完备到位、流程清晰合理、要素完好有效，即供应链设计、组织和运营过程中，全部的参与主体必须明确并发挥相应的作用；供应链以及金融活动中的各业务流程清晰，并能够有效结合；选购、销售、技术、生产、分销、信息化、人力资源管理、财务、会计等管理要素能够发挥相应的支撑和监督供应链金融活动的作用。

2. 管理垂直化

供应链金融管理的垂直化是指各个管理活动和领域实施专业化管理，相互制衡，互不从属或重叠。这有利于细分管理领域或活动，明确责任，满足流程服务化的需要。同时，通过建立基于市场和业务的明确的考核机制，有利于强化战略风险管理。就供应链金融活动而言，垂直管理包括四个方面：①形成业务审批与业务操作相互制约、彼此分离、协同发展的"审批与操作分离"的管控与运营制度。②交易运作和物流监管的分离，即从事供应链交易的主体不能同时从事物流管理，特别是对交易中商品的物流监管。③实施三权分立，即在经营单位组织机构设置上，采取开发（金融业务的开拓）、操作（金融业务的实施）、巡查（金融贸易活动的监管）"三分开"原则，并对各部门的职责按照"目标一致、相互制约、协同发展"的思路进行明确分工。④经营单位与企业总部两级集体评审制度。通过层层审批，了解工商企业、相关合作方及金融机构等各方面的情况，最大限度规避金融业务风险。

3. 收入自偿化

作为供应链融资的基本条件，收入自偿化是指根据企业真实的贸易背景和供应链流程，以及上下游综合经营资信实力，向供应链中的企业提供短期融资解决方案，并将供应链运营收益或所产生的确定的未来现金流作为直接还款来源的融资过程。自偿性贸易融资与流动资金贷款都属于满足企业经营活动的短期融资，但二者在授信理念、授信管理方式、授信结果上存在明显差异。对于以动产质押为主要方式控制货物的，需要着重审核出质动产的权属，并慎重选择动产保管的第三方，必须有拥有所有权的仓储场所、完善的管理制度、专业的管理设备和技术。同时，规范质押物出入库管理。此外，还应逐步建立贸易产品市场行情动态监测和分析机制，做好贸易产品的市场运行监测，从而在一定程度上避免道德风险和虚假贸易风险。

4. 交易信息化

供应链金融风险管理有赖于高度的信息化管理，主要表现为企业生产经营系统和管理系统的信息化，企业内部、企业间、组织者与企业间、组织者间的信息化沟通，以及供应链运营过程管理的信息化。其中，企业或组织间的信息化是指供应链运行中不同部门和领域间的信息化，即企业内部跨职能的信息沟通。假如企业内部不能做到信息化、数字化，并进行有效的信息传递，必将产生风险。企业间、组织者与企业间、组织者间的信息化，即供应链上下游企业之间或者金融服务组织者之间的信息沟通。如果异产业之间做不到信息的标准化和交换，供应链运行就会名存实亡，金融收益也将面临挑战。供应链运营过程的信息化包括：金融业务的网上审批和联网管理、物流金融业务现场操作软件系统的使用，从而实现监管点账目的无纸化、监管物网上仓库的数码化、监管报表的自动化和银行查询端口的实用化等功能；运用互联网远程监控技术、移动通信系统的"全球眼""电子眼"等通信工具，实现异地可视化监控、GPS（全球定位系统）、物联网技术在物流金融领域的应用等。

供应链金融信息化管理需要解决好四个问题：①建立有效的信息源和信息结构。为了实现整个价值链的效率，同时为利益各方产生协同价值，需要处理好信息源、接收地与信息管理三者之间的均衡关系，这样一组一组的三角关系构成了信息治理最基本的单元。②保障信息的可靠、安全及合理运用。要实现信息的可靠、安全及合理运用，需要做好 IT 建设、信息形态、业务等级以及流程规范管理等工作。③实现信息的持续与全生命周期管理。要实现信息持续地产生、推动和应用，并且能有更多的利益相关方参与到信息生成、共享的过程中，需要信息规制方处理好两方面关系：全部网络合作成员通过共享、学习和沟通所建构的信息域；网络合作成员参与方与外部管理方之间的信息互惠和管理改进。④实现信息获取、处理的代价或本钱可控。价值链参与主体不仅通过网络管理信息，而且也根据信息的要求，推动网络的再创新。

5. 风险结构化

风险结构化是指在开展供应链金融业务的过程中，能合理地设计业务结构，并且采用各种有效手段或组合化解可能存在的风险和不确定性。在供应链金融产品的设计过程中，风险结构化需要考虑四个方面的要素：①保险。保险是分散业务风险的首选方案之一。一种完善的金融保险分散方案是客户信用险、客户财产险以及第三方监管责任险和员工真诚险等的有效组合，但是目前这种综合性保险尚需探索和发展。②担保与承诺。其即对各类不同的参与方和主体所能作出的担保与承诺，包括直接的融资需求方、连带保证方和一般保证方，以及其他利益相关者的担保与承诺，以此在最大程度上缓释风险。③协议约定。供应链金融业务责任的承担，应遵循既有利于业务开展，又切实符合公开、公平、公正的原则，客观地界定合作各方的权利和义务，约定相应风险承担的方式及范围。④风险准备金的建立。为了有效降低高风险业务出现损失的不确定性，可以借鉴期货市场的风险准备金制度和某些中介行业的职业风险基金制度，通过计提一定比例的高风险业务风险准备金，将因风险带来的损失控制在预期范围内。风险结构化的评估需要对合规风险、模式风险、流程风险、操作风险、风险措施结构化和组合化等方面进行综合评价。

6. 声誉资产化

声誉是一种稀有、有价值、可持续且难以模仿的无形资产，是实现战略性竞争优势的有用工具。声誉的丧失意味着企业或组织具有较高的道德风险，可能会因为恶意行为破坏供应链金融生态环境和秩序，从而产生巨大危害。目前中国供应链金融活动的实践，典型的恶意融资行为包括四类：①"三套行为"，即为了获得金融收益而实施的套利、套汇和套税。②"重复或虚假仓单"，即借款企业与仓储企业或相关人员恶意串通，以虚假开立或者重复开立的方式，就他人货物或者同一货物开立多张仓单，以供借款企业重复质押给不同金融机构，获取大量仓单质押贷款，并从中牟取暴利。③"自保自融"，即在从事供应链融资过程中，亲属、朋友或者紧密关联人为借款企业进行担保，或者由同一人或关联人实际控制的物流仓进行货物质押监管，从而套取资金的行为。④"一女多嫁"，即借款企业凭借自身的资产或业务从多方骗取资金，增大融资风险的行为。

在声誉资产化评估中，应对借款企业的基本素质、偿债能力、营运能力、盈利能力、创新能力、成长潜力、信用记录等因素进行综合考察与评价，以此更加全面、系统、客观地反映借款企业的综合声誉和信用。

（1）企业基本素质。企业基本素质是影响企业信用状况的内部条件，较高的企业素质可以保证企业具有较好的法律合规意识和良好的契约精神，保障企业正常、合理、持续地发展，获得合法的经济效益。

（2）企业偿债能力。企业偿债能力是企业信用状况的最主要表现，也是企业信用评价的首要指标。企业偿债能力反映了企业经营风险的高低和利用负债从事经营活动能力的强弱。

（3）企业营运能力。企业营运能力是指通过企业生产经营资金周转速度等有关指标所反映出来的资金利用的效率，表明企业管理人员经营管理、运用资金的能力。企业生产经营资金周转的速度越快，说明企业资金利用效果越好、效率越高，企业管理人员的经营能力越强。营运能力的大小对盈利的持续增长与偿债能力的不断提高具有决定性作用。

（4）企业盈利能力。企业的盈利能力是企业信用的基础，是企业在经营过程中获取利益的能力，也是企业管理水平和经营业绩的集中体现。

（5）企业创新能力。创新能力对于企业特别是科技型中小企业形成竞争优势具有举足轻重的作用。

（6）企业成长潜力。成长潜力是推动企业不断前进，改善资信状况的作用力。只有成长潜力大的企业才能保证盈利的持续性，其信用状况才会好。这需要从三方面进行考察：①企业所在行业的发展前景，以及企业能否真正从事符合产业发展趋势的供应链运营。②企业能否获得关键利益相关方的支持，特别是国家政策支持。③企业自身的成长能力。

（7）企业信用记录。信用记录是企业以往借贷和履约状况，反映了企业的偿债能力和偿债意愿。对中小企业进行信用评价，必须注重企业的借贷渠道、借贷的状况以及偿债意愿分析。

4.2.3　供应链金融风险控制的流程

供应链金融业务具有同商业银行其他业务类似的风险管理流程，包括风险战略、风险识别、风险度量（风险评估）和风险控制等环节。

1. 风险战略

风险战略是指在监管层审慎监管的要求下，根据商业银行自身的风险偏好，针对供应链金融业务的特点，制订总体的风险管理战略目标和框架。

2. 风险识别

风险识别是风险管理的基础，主要是对可能给银行带来损失的各种风险因素加以判别，分析其风险性质，并对其进行分类，构建科学合理的评价指标体系。下面分析应收账款融资、预付账款项融资和动产质押融资三种供应链金融模式的风险识别方法。

1）应收账款融资的风险识别

应收账款融资模式是指上游的中小企业将核心企业给它的赊账凭证转让给金融机构，进而取得融资用以继续自身再生产。若到还款期限中小企业不能还款，则金融机构可凭应收账款向核心企业收款。应收账款融资是主要针对核心企业上游供应商的融资方式，是债权人将其应收账款转换成银行应收账款的过程。在应收账款融资模式下，商业银行应注意审查和识别以下风险。

（1）融资企业的经营状况。该模式下融资企业的生产经营状况直接关系到整个供应链的正常运行、供应链金融业务的持续性和风险性。商业银行在授信审核时应重点考察融资企业借款的原因、企业的发展状况、企业的经营绩效、技术情况及产品竞争力、履约记录及能力、核心企业对该企业的依赖程度等。

（2）核心企业的资信状况。该模式下核心企业是债务人，是银行贷款得以顺利回收的最重要的保障，其规模实力以及信用状况直接关系到风险的大小。商业银行在授信审核时应重点考察核心企业在整个行业中的地位及市场份额、企业规模与实力、股东结构、主营业务收益、资产负债情况、信用记录、发展前景以及核心企业对于银行的协助能力等。

（3）应收账款的质量。该模式下应收账款是融资企业向银行借款的唯一质押物，其质量的好坏关系到风险的大小。商业银行在授信审核时应重点考察以下三方面：①应收账款的真实性，包括核心企业与融资企业的交易是否真实存在，相关合同以及票据是否真实，应收账款是否得到核心企业的承认，相关票据有没有承兑，应收账款的要素是否明确具体等。②应收账款的合法性，包括双方签订的买卖合同是否符合《民法典》的相关规定，各民事主体是否符合法律所承认的资格，应收账款有没有超过法律规定的诉讼时效以及是否多次质押等。③应收账款的可转让性，包括债权债务双方是否允许转让，有无双方约定或者法定的禁止转让的事实存在，应收账款的告知流程等。

（4）供应链的整体状况。作为供应链金融实施的基础，供应链状况的好坏对于供应链金融风险的高低具有重要影响。商业银行在授信审核时应重点考核：供应链所在行业的成熟度及特点，供应链的长度以及资金流状况，供应链上企业之间的关联程度、合作时间、交易频率、信息共享程度，核心企业对于上下游企业的管理能力等。

2）预付账款项融资的风险识别

预付账款项融资模式是指下游的中小企业向金融机构上缴一定的押金并凭借核心企业的信用向金融机构贷款，所获贷款用以向核心企业进货。为确保中小企业融资目的是进货，通常会引入第三方物流企业对货物进行监管。预付账款融资主要针对核心企业下游经销商，其与应收账款融资最大的区别是质押物由应收账款转为实物。在预付账款项融资模式下，除了融资企业的经营状况、核心企业的资信状况、供应链的整体状况外，还应对其以下特殊风险进行审查和识别。

（1）质押物的选择。该模式下银行对于融资企业的授信时间较长，需要经历"预定—生产—运输—存储—销售"等环节，对于质押物的特性以及价格稳定性要求较高。质押物是融资企业违约后银行减少损失的最重要的保证，应当容易变现。因此，质押物应当具备四个特征：①稳定性。作为抵质押的货物最好具有比较稳定的物理物征和化学特征，不宜接受易碎、易爆、易挥发、易霉变等货物做质押，否则容易造成质押物价值的减损。②流动性。质押物应当易于转让和出售，一旦融资企业违约，银行需要把质押物变卖或拍卖。③保值性。质押物应当价值和价格稳定，受市场波动的影响较小，货物价值要始终高于贷款的额度。④产权明晰。融资企业提供的抵质押物应当符合法律规定，允许抵质押，而且权属清晰，不存在任何争议。

（2）质押权的实现。该模式下参与主体较多，各主体之间物流、资金流以及信息流纵横交错，操作风险加大，一旦发生意外，银行质押权将难以实现。比如，银行在支付了预付账款后，如果核心企业无法供货、发货不及时、货物无法到达以及物流企业监管出现漏洞，均会造成银行质押权的延迟或者落空。

3）动产质押融资的风险识别

动产质押融资模式是指中小企业利用手头上的货物抵押申请贷款，货物存放在第三方监管公司。由第三方监管公司负责货物的监管、货价的评估以及货物的发放等业务，金融机构在一定程度上借鉴监管公司给出的评估结果发放贷款，中小企业用运营所得还贷。动产质押融资针对核心企业下游企业，但该模式更强调第三方物流企业的作用。因此，在动产质押融资模式下，应审查和识别第三方物流企业的资信状况和监管能力。第三方物流企业负责对质押物进行监督管理和评估，有时甚至直接参与贷款授信和风险管理，其资信状况和监管能力直接影响风险程度。商业银行在授信审核时应重点审核第三方物流企业的管理运营能力（重点审查出入库程序、规章制度的完善性和执行情况），规模实力，仓储、运输和监管条件，信用记录，与核心企业以及银行的业务联系和数据信息共享程度等。

3. 风险度量

风险度量是指对供应链金融业务中的各类风险进行定量分析和描述，对风险事件发生的概率和可能造成的损失进行量化。传统信贷业务有开展多年积累的数据基础，各银行都有完备的数据库，量化分析时有比较成熟的模型。而供应链金融业务是一个比较新的金融服务领域，数据积累少，且客户群中小企业较多，所以目前并不具备量化模型评估的条件。这就要求银行在供应链金融业务风险度量时注意数据的积累，逐步推进风险量化与模型构建。

4. 风险控制

风险控制是指在风险评估之后，采取相应措施将分析结果中的风险控制在一定范围之内。相较传统信贷业务，供应链金融业务的最大特色是在风险控制措施上采取了信用风险屏蔽技术和信用捆绑技术。信用风险屏蔽技术是指利用物流、资金流的控制获得授信的自偿性，并实现对主体信用等级的隔离。信用捆绑技术是对授信企业所在供应链的核心企业的信用捆绑，以及通过合作方式引入第三方物流企业和担保公司，共同分担风险。在降低信用风险的同时，却增加了更多的操作环节，复杂程度也明显高于传统信贷业务，因此，操作风险必然增多。具体而言，供应链金融风险控制的方法主要包括：风险承担和风险回避，风险补偿，风险转移，风险分散等。

1）风险承担和风险回避

风险承担和风险回避是指商业银行根据风险识别中对授信主体和债项的评级来决定是否授信。其关键在于银行制定出适合供应链金融业务的准入体系。对于物流企业来说，应当科学评价自身实力，量力而行。物流金融服务目前只适合在具备较强的资产规模和经营实力、拥有全国范围内的仓储监管网络和现代化的物流信息管理系统、规范化和标准化的品牌服务、具有物资销售资质的大型第三方物流企业中开展，中小物流企业要对物流金融风险进行科学评估，结合自身实力，综合考虑是否可以开展物流金融服务以及服务的深入程度。

2）风险补偿

银行先通过对业务中物流、资金流和信息流的全程控制，实现贷款本息的自偿。一旦授信企业违约，银行有权处置质物，保证债权的实现。风险补偿还与质押率、贷款利率以及保证金的收取比例等合约设计指标密切相关，这些变量决定了风险定价的水平。理想的风险定价能够恰当地反映银行的风险程度，并能缓释逆向选择和道德风险，提高业务的吸引力。供应链金融服务平台可以联合政府、平台内入驻大型物流企业、小微企业等共同成立供应链金融风险基金。通过引入政府信用和抱团增信，能够有效降低银行等资金供给主体的风险预期，充分调动其参与供应链金融的积极性，也可以放大政府的产业引导功能。同时，借助基金杠杆，可以实现对物流企业以及小微企业行为的约束，从根本上降低风险。

3）风险转移

风险转移是一种事前风险控制办法。风险转移必然有第三方风险承担主体。银行实践中，开创性地引入供应链核心企业和物流监管公司作为局部的风险承担主体，并探索出了一套成熟的模式。在预付类业务中，合约中往往要求核心企业承担回购的风险。由于供应链金融业务操作环节复杂，物流监管公司承接了更多的操作风险，在统一授信模式下，物流公司还承担了授信企业的违约风险。保险公司作为天然的风险承担者，可以贯穿供应链业务的整个流程。比如，在存货质押业务中，银行要求授信企业为质物购买相应的保险品种，如盗抢险、火灾险、在途运输险等。而对于出口信保押汇业务，银行则要求授信企业必须向中国出口信用保险公司购买保险，并将银行作为第一受益人。担保公司日益成为供应链金融业务的重要参与方。担保公司更了解中小企业的资信水平，这有助于降低银行收集信息的成本，节约资源。随着供应链业务的发展，业务模式将日趋多元化，将有更多的第三方参与进来，如政府主导下的企业征信平台、集中公示系统、信息系统开发商，以及期货、期权等衍生品交易所。在以标准化的质物或仓单作为质物申请融资时，银行可能会要求授信企业在期货市场进行相应的交易，对冲现货市场的风险，实现套期保值。

4）风险分散

供应链金融是供应链风险和金融风险的双重叠加，具有高度的复杂性。因此，在结构化分散风险的过程中，必然需要多种不同形态的手段和要素。供应链金融风险分散主要是对抵、质押物的组合选择而言。银行为分散风险，经常要求企业在动产质押的同时，还必须有不动产的抵押。在构建质物组合时，尽量选择不同行业，即不存在相关性或者相关性很小的质物。

4.2.4　供应链金融风险控制体系构建

供应链中上下游之间的交易需要通过一定的控制手段进行约束才能达到最初的交易目标。根据控制理论的经典理论，一般存在两种控制方式：正式控制和非正式控制。其中，正式控制是基于测量的外部控制，非正式控制则是基于价值的内部控制。正式控制也称为客观控制，强调正式法规、流程和政策的建立和利用以对预期绩效实现进行监控，采用契约和科层的机制对合作进行控制。非正式控制又称为小团体控制、社会控制或规范控制，强调通过社会规范、价值、文化及内在化目标的建立来鼓励所期望的行为和结果，依靠承诺、名誉和信任等因素从协作角度出发对合作关系进行管理。

1. 供应链金融风险正式控制体系

正式控制包括结果控制和行为控制两种主要形式。结果控制也称绩效控制，是指采取绩效测量的方法对行为所产生的结果进行监控。基于结果的控制手段，可以直接实现委托方的目标需求，其作用效果取决于融资方行为的结果测量的准确性。由于结果控制能够在双方利益一致的基础上统一交易双方的偏好，提高目标一致性，因而有助于减少双方自利的冲突，进而更好地限制交易中的机会主义行为。行为控制也称过程控制，强调把合适的行为转变成预期结果的过程。基于行为的控制手段，能够使融资方的活动在预设的规程内进行，但前提是融资方的行为信息可以有效监控。有效的行为控制可减少流动性提供者面临的道德风险，因此紧密的关系、信息分享、行为监控都是行为控制的一部分。

在供应链金融的运营过程中，首先按照流程分析风险的关键控制点，接着进行供应链金融运营前期、中期和后期的全程管理。例如在应收账款保理融资业务中，供应链流程包括供需双方签约、供货、需方向融资方申请保理融资、对融资需求方的征信调查、转让应收账款、贴现融资等。供应链主体是指在执行某一环节，如征信调查时会涉及买卖的供方、需方、第三方物流、信息平台服务商等。供应链要素是征信调查中平台服务商需要提供的信息，如买卖合约的真实性信息、物权的情况、融资需求方历史绩效以及其他各类信息。这时可以分析判断，假如平台商不能提供上述信息或者信息不全面，甚至不真实，能否从其他渠道获得相应信息，或者补充、证实平台商提供的信息，如果这些难以实现，那么该环节就成为风险控制的关键节点。

基于风险控制点分析，可以确立供应链金融运营前期、中期和后期管理体系。①前期管理，即在供应链金融业务运作前规范体系的建立和前提条件确立的状态，包括制度体系建设、管理运作的组织结构以及品种准入体系等。制度体系建设是从业务管理、额度及经营授权、业务评审、品种准入、协议文本管理、风险管理、机构及人员管理等方面作出严格规定，在此基础上定立金融业务操作规范。组织结构是执行关键控制点的参与人员和权限配置。品种准入是建立监管物风险评估制度和品种目录制度，对监管物品种实行准入制。利用大数据风控系统可降低不完整信息下的信用风险，贷前审批时利用模板化信息收集方式，将供应链金融风控模式数据化、动态化，通过对客户财务数据、生产数据、电水消耗、订单数量、工资水平、资产负债、现金流量、投资偏好、成败比例、产品周期、安全库存、销售分配、技术水平、研发投入等海量数据进行全方位分析和挖掘，能够客观反映企业状况，实现实时风险预警，从而提高资信评估和审批速度，降低不完整信息下的信用风险。②中期管理，即在供应链金融运营过程中建立的管理体系，包括标准化现场操作的规范、核查流程与方式。③后期管理，是指出现风险时实现高效稳定的应对和处理，将损失降到最小，包括风险预警机制的建立、危机事件应急预案以及替代或互补的操作方式等。

2. 供应链金融风险非正式控制体系

非正式控制包括信任和资产专用性两种主要形式。信任是关系规范中的一种重要表现形式，是非正式控制中的重要方式。信任是指风险状态下一方对另一方的积极期望或信赖。在供应链金融运营过程中，信任来源于金融主导者与所有相关参与者之间的互动和合作，特别是要明确各方的法律关系，作为提供服务的企业只承担自己可以承担和能够承担的责任，超出范围的业务坚决不做。

供应链金融企业间战略合作关系的建立包括：①确立与金融机构或流动性提供者之间的战略合作，强化操作管理部门与金融区域风控之间的沟通。如果与金融机构或流动性提供者之间的合作没有长期稳定的战略合作关系，则较容易发生金融机构或流动性提供者转嫁风险的现象。②与关键客户建立起稳定的合作关系，供应链金融服务提供者需要对客户生产经营（侧重行业成熟度、企业成长性）、财务状况（侧重现金流）、业务扩张、出入库管理（侧重货物流）、管理层变动、工资发放、其他监管公司入驻、配合程度、控货措施、费用结算、等级考核评定等情况进行分析评价，作为客户管理与服务改进以及后续业务合作的依据。③与合格子服务供应商之间的合作，包括与货运代理人、第三方物流企业以及其他合作者之间的沟通和管理等，对上述合作主体评定等级，考核等级评定结果与项目风险等级挂钩，作为经营单位对相关供方进行管理以及后续业务合作的依据，以有效地降低风险，推进稳定、长期的合作和信任机制的建立。

资产专用性是指资源一旦用作特定投资后，很难再移作他用的性质。相应的专用性资产就是用于支持某些特定交易的资产，一旦终止该资产所指向的交易，该资产无法全部或部分挪作他用，就成为沉没成本。资产专用性包括场地专用性、物质资产专用性、人力资产专用性以及专项资产。资产专用性程度越高，交易双方的依赖性就越强，任何一方违约都会给另一方造成巨大损失。通过专用性资产的投资将合作双方的利益紧紧捆绑在一起，无论是供应商更换买方，还是买方更换供应商，其能力都将受到制约。在高度动态化和异质化的市场中，资产专用性有利于双方长期合作伙伴关系的建立，从而规避关系风险。在供应链金融中，资产专用性体现为质押物、担保以及旨在维系特定关系或者业务投入的资产，诸如信息系统，包括协同管理系统（实现金融业务网上审批和联网管理），金融业务现场操作软件系统（实现监管点账目的无纸化、监管物网上仓库的数码化、监管报表的自动化和银行查询端口的实用化等功能），互联网远程监控技术（实现异地可视化监控），以及 GPS、物联网技术在供应链金融领域的应用。

3. 供应链金融风险控制的关键指标

1）利率

与传统信贷业务相同，以存货质押业务为核心的供应链金融产品的定价必须坚持风险与收益相匹配的原则，设计产品的预期收益能够抵补银行所承受的风险。一个合适的利率水平能够有效缓释银行面临的逆向选择和道德风险。商业银行对不同客户设定的利率存在明显差异：对于主体评级和债项评级高的企业，会给予更优惠的利率；对于综合评级水平较差的企业，则在基础利率水平上浮 20% 或者 30% 来设定利率水平。但是由于我国利率尚未完全市场化，利率的确定受到诸多政策管制，当面临完全市场化的风险时，其发挥的作用仍然很有限。

2）质押率

在产品的合约设计中，因受限于利率工具，银行需要寻找自主性更强的风险控制变量，因此质押率成为银行在管理存货质押业务中的核心控制变量。质押率是指银行授信额度与质押存货价值的比率，反映了银行对业务集成风险（或整体风险）的承受能力。银行将综合考虑宏观经济环境、质物自身风险、授信企业及交易对手的资信水平、贸易背景的真实性，以及物流企业、担保公司、保险公司的参与程度等相关风险因素，并结合自身的风险偏好水平来设定质押率。设定质押率时最核心的技术工作是对多方参与下的存货质押业务整体风险进行综合考量。由于信用风险和操作风险均难以量化，一般采取先测算质物价格波动风险，然后根据宏观经济环境和其他风险因素辅以修正参数，进而得到最终的质押率。银行在实践中则采用更保守的经验估值法，质押率保持在 50% ～ 70%。

3）警戒线与平仓线

警戒线与平仓线均是应对质物价格波动风险的风险控制指标。当质物的价格跌破警戒线时，银行会要求授信企业通过补足质物或者追加保证金的方式使质物的价值恢复到合约初始水平。如果授信企业在约定期限内不能按时补足货物或追加保证金，或是质物价格继续下跌至平仓线，那么银行有权提前结束授信，并采取措施处置质物，所得费用用于清偿贷款本息。不足部分则通过其他方式向授信企业追缴，多余部分予以退还。

4）保证金

保证金制度广泛应用于证券、期货等成熟的金融市场，是一种比较成熟的风险控制制度。保证金分为初始保证金和追加保证金。对于先票（款）后货模式、担保提货（保兑仓）模式等预付类融资产品，银行则要求授信企业交纳一定比例的初始保证金。业务操作中，根据融资期限的长短及质押融资的比例预交风险保证金，以承担质物市场价格波动的风险。当市场价格下跌到预警线时，按协议规定通知融资企业增加质物和保证金；如果出质人超期未归还，则以风险保证金抵充融资额或质物变现的差额；如果出质人按期归还，则退还保证金。初始保证金与质押率和利率变量相同，是风险补偿措施和风险定价手段，以此缓释授信企业带来的违约损失。当存货价格跌至警戒线以下时，银行往往要求授信企业通过追加保证金或者补货的形式使质押存货的价值回复到初始水平。初始保证金和追加保证金，均是银行要求授信企业交纳的比例。除此之外，面对资质水平不高的物流监管企业，银行为避免物流企业违约造成的损失，也会在合约中约定物流企业应交纳的初始保证金比例。

5）贷款期限与盯市周期的选择

在存货质押业务中，贷款期限是指质押期。商业银行实践中，规定质押期限不超过 1 年，为短期多频次的授信产品。鉴于业务的自偿性，银行在设定贷款期限时，必须考虑到授信企业自身的销售周期，以实现两者相匹配，避免销售账款不能及时回流到银行监管账户，诱发借款企业违约的风险。

盯市周期也称银行的风险持有期或者风险窗口，是银行审计评估质押存货价值的周期，反映了银行对授信风险的监控程度。在常见的股指、债券以及期货等金融产品的交易中，由于多以场内交易的标准合约为主，因而证券交易所或者期货交易所有能力采用逐日盯市制度。与之相比较，存货质押业务多以场外交易的现货为主，加之流动性差，从风险发现到风险处置的时间势必较长，因此，盯市频率过高，必然导致盯市成本过高，银行有必要选取合适的盯市周期，既能做到早期发现问题，又不至于成本过高，实现成本和监管的平衡。

6）存货质押业务质物价格风险与动态质押率设定

由于质押率设定的关键是对信用风险缓释工具的质物价格风险的测度，业务实践中经验估值法和现有理论研究中质押率的设定方法均是在质押期内静态设置质押率，而并未考虑盯市周期和利率。因此，需要综合考量宏观经济环境、借款企业的资信水平、质物的流动性并结合银行自身的风险偏好程度，在既定质押期限内设置多风险窗口，从而通过改变风险窗口实现对质押率的调整。动态质押率设定的关键在于质物长期价格风险的预测。通过盯市周期的调整，在一定程度上考虑了现货不同于金融资产的更为突出的流动性风险。同时，以贷款资金成本的形式考虑了利率以及物流企业的监管费用对质押率的影响。

4.3　本章小结

本章主要介绍供应链金融的风险因素与风险控制。首先，本章给出了供应链金融风险的概念，进而分别从质物风险、操作风险、信用风险、技术风险以及法律风险五种类型的风险系统地介绍了供应链金融涉及的主要风险因素。进而，本章从金融不稳定假说理论、信息不对称理论、委托代理理论、行为金融理论四个方面介绍了风险控制的基本理论；从业务闭合化、管理垂直化、收入自偿化、交易信息化、风险结构化、声誉资产化六个方面介绍了风险控制的原则；从风险战略、风险识别、风险度量、风险控制四个方面介绍了风险控制的流程；从正式与非正式控制体系，以及关键风控指标等方面介绍了风险控制体系的构建方法。

即测即练

复习思考题

1. 说明供应链金融风险的主要来源。

2. 供应链金融的风险因素包括哪些?

3. 说明供应链金融风险控制的理论基础。

4. 说明供应链金融风险控制的原则。

5. 说明供应链金融风险控制的流程。

6. 如何构建供应链金融风险正式控制体系?

7. 如何构建供应链金融风险非正式控制体系?

8. 供应链金融风险控制的关键指标包括哪些?

参考文献

[1]　宋华. 供应链金融 [M].3 版 . 北京：中国人民大学出版社，2021.

[2]　孙雪峰. 供应链金融：信用赋能未来 [M]. 北京：机械工业出版社，2020.

[3]　段伟常，梁超杰 . 供应链金融 5.0：自金融 + 区块链票据 [M]. 北京：电子工业出版社，2019.

[4]　李诗华. 供应链金融风险预警与防控 [M]. 北京：中国商务出版社，2017.

[5]　何娟. 供应链金融风险综合评价与测度 [M]. 北京：经济科学出版社，2015.

[6]　宋华，杨璇. 供应链金融风险来源与系统化管理：一个整合性框架 [J]. 中国人民大学学报，2018（4）：119-128.

[7]　张涛，张亚南. 基于巴塞尔协议Ⅲ我国商业银行供应链金融风险管理 [J]. 时代金融，2012（36）：148-149.

第 5 章　供应链融资实验

🔍 学习目标

1. 了解供应链融资实验中企业的整体运行流程，以及还款、清算与结算等规则。

2. 熟悉供应链融资实验中的各类合同，以及不同的融资、采购和销售方式。

3. 掌握供应链融资实验中各个环节的操作，以及每个实验环节的运行原理。

5.1　企业供应链融资实验—教学模式

5.1.1　企业供应链融资实验介绍

海通空气压缩机制造有限公司（以下简称"海通公司"），是珠海格力电器股份有限公司供应链中的供应商。海通公司的主要产成品为空调压缩制造机，是格力空调压缩制造机的主要供应商之一。

本实验中，将模拟海通公司在供应链中的全流程业务，包括向其上游供应商进行原材料的采购，进行生产并存储至仓库，向其下游制造企业销售产成品，对于剩余资金向银行申请理财，对于短缺资金向银行申请融资。

进入区块链供应链金融教学平台，单击"进入课程"按钮。

系统显示区块链供应链金融教学平台实验选择界面，选择"二、供应链金融实验"，单击"开始学习"按钮，进入供应链融资实验模拟的任务界面。

1. 实验目标

本案例通过海通公司在供应链生态中的采购、生产、存储、销售、理财、融资全业务流程的演练，使学生了解：

（1）海通公司不同业务流程中涉及的融资方式，以及相应的供应链金融产品，以便真正了解供应链金融相关知识。

（2）中小企业在供应链融资中存在的融资困境。

2. 实验流程

按顺序分别完成海通公司采购融资实验、企业生产和仓储实验、企业销售融资实验、企业清结算业务实验以及业务小结。

3. 实验规则

1）采购业务

（1）在海通公司向其上游供应商进行采购时，当采购订单的付款日晚于采购订单的合同签订日时，海通公司资金处于闲置状态，可利用这些资金进行理财。

理财期限的选择规则：

采购订单的付款日 − 合同签订日

（2）当海通公司有一笔预付账款订单，可进行保兑仓融资，海通公司对于保兑仓融资的偿还依赖销售回款。

融资期限的选择规则：

第一笔销售订单的收款日 − 当前采购订单的合同签订日

（3）本实验中，采购订单涉及选择采购方式的操作，若您选择的是赊购，请选择 3 个月的赊购期限。

（4）对于已经理财的采购订单，在付款时应先将理财金额进行赎回。

2）仓单业务

当海通公司有存放在第三方仓库的存货时，可凭借仓单进行质押向银行申请融资。

仓单质押期限选择规则：

采购阶段仓单质押融资期限 = 对应采购合同到货日 − 第 1 笔销售合同发货日

销售阶段仓单质押融资期限 = 第 6 笔采购合同到货日 − 对应下一笔销售合同

发货日

3）销售业务

当海通公司有一笔销售订单，能以销售订单进行融资。

融资期限的选择规则：

销售订单收款日 – 合同签订日

4）破产注资

当企业的剩余资金不足以支付采购付款与融资还款时，可单击破产注资按钮申请破产及注资。在进行破产注资之前，可先进行如下尝试。

（1）前往理财页面查看是否有可以赎回的理财产品，从而增加现金流。

（2）前往收款页面查看是否有可以接收货款的订单，从而增加现金流。

（3）前往收货页面查看是否有可以接收的原材料，生产入库后可以进行存货融资或销售收款。

（4）前往融资页面查看是否有可以申请融资的订单或库存，申请融资后可以增加运营资金。

5.1.2　企业采购融资实验

1. 实验理论介绍

为制造空调压缩制造机，海通公司需进行原材料的采购。

1）供应链采购方式导入

在企业采购阶段，一般采取三种采购付款方式。

（1）现金采购。现金采购也称即时采购，指企业在收到货物并验收合格之后即支付采购款的行为。若选择现金付款方式，企业签订合同后的 1 个月（30 天）先收到货物，收到货物并验收合格之后即支付给卖方 100% 的采购款。

（2）预付账款采购。预付账款采购也称订单采购，指双方在签订合同后即支付采购货款的行为。因为提前付款，卖方会给予买方一定折扣，在此实验中，采购价款仅需支付全款的 95%。同时，收货时间也相应提前，企业会在签订合同后的 0.5 个月（15 天）收到货物。

（3）赊购。赊购也称应付款采购，指买方先从卖方得到货物而延期付款的行为。选择赊购的付款方式，企业下单 1.5 个月（45 天）后先收到货物，可以选择到货后的 2 ～ 6 个月付全部的货款。

2）采购订单

海通公司为制造空调压缩制造机，需进行原材料的采购，空调压缩制造机的主要原材料为上下法兰、汽缸、曲轴、阀片。每生产一个空调压缩制造机，海通公司需要 10 个上下法兰、20 个气缸、5 个曲轴以及 50 个阀片。

根据制定好的到货日期与付款日期，海通公司进行采购方式的选择，以及依据选择的不同采购方式，再选择对应的付款日期，进行采购操作。

3）企业理财方式导入

企业现金管理的理财方式分为四种。

（1）定期存款。定期存款亦称"定期存单"，是银行与存款人双方在存款时事先约定期限、利率，到期后支取本息的存款。

（2）活期存款。活期存款是无须任何事先通知，存款户可随时存取和转让的银行存款。

（3）货币基金。货币基金是聚集社会闲散资金，由基金管理人运作，基金托管人保管资金的一种开放式基金，专门投向风险小的货币市场工具。

（4）原油宝理财。原油宝（中国银行个人账户原油业务）是中国银行于 2018 年 1 月开办"原油宝"产品，为境内个人客户提供挂钩境外原油期货的交易服务。

4）理财业务

当企业有多余现金时，可对现金进行现金管理。企业一般可采用购买银行定期存款、银行活期存款或银行理财的方式进行现金管理。

5）企业预付账款融资方式导入

如果选择预付账款采购，企业会涉及采购订单融资。采购订单融资方式分为两种。

（1）保兑仓融资。保兑仓融资是从先款后货中衍生出来的，又称担保提货融资，如图 5-1 所示。

（2）信用贷款融资。信用贷款融资是指企业为满足自身生产经营的需要，同金融机构（主要是银行）签订协议，借入一定数额的资金，在约定的期限还本付息的融资方式。

6）申请预付账款融资

当企业有一笔预付账款订单时，可对该笔订单进行融资，预付账款融资方式包括信用贷款融资与保兑仓融资。

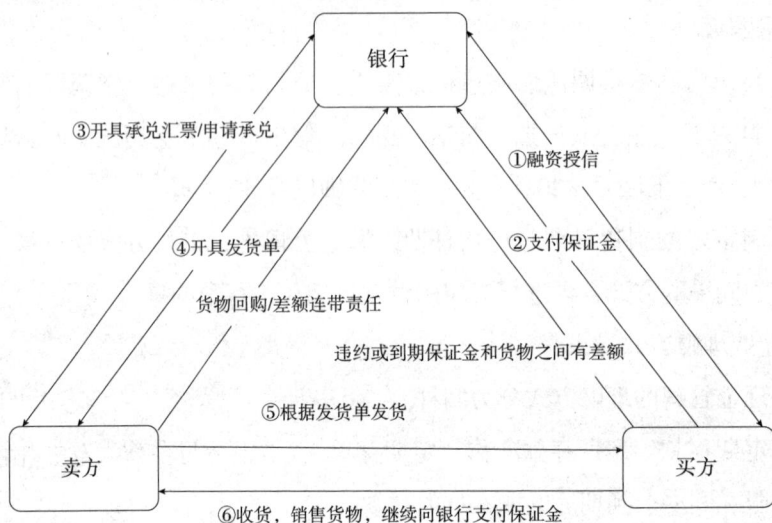

图 5-1　保兑仓融资

注：融资期限＝第一笔销售合同的收款日期 - 本笔采购合同的合同签订日期。

7）付款业务

对于预付账款订单，企业应当在合同签订日付款，付款后再发货。此处任务是针对预付账款订单的付款业务。

2. 实验操作介绍

本部分实验中，学生以海通公司采购部员工的身份，依据制订好的采购计划，按照时间顺序进行空调压缩制造机原材料的采购。（提示：第一笔订单在完成本实验的全部任务后才可解锁下一笔订单）

根据制定好的到货日期与付款日期，进行采购方式的选择（采购合同 1、2、3、6），以及依据选择的不同采购方式，再选择对应的付款日期（采购合同 4 与采购合同 5），进行采购操作。

1）赊购

（1）采购订单。打开采购业务，采购方式选择"赊购"，单击"下单"按钮，如图 5-2 所示。

合同编号	合同签订时间	合同金额	采购物料清单	采购方式	到货日期	付款日期	操作
	2022年01月13日	340,000.00元	上下法兰(4000个) 气缸(8000个) 曲轴(2000个) 阀片(20000个)	○ 现金采购 ○ 预付款采购 ○ 赊购	2022年02月28日	2022年04月28日	下单

图 5-2　赊购

系统弹出购买界面，单击"购买"按钮。采购订单下单完成后，系统弹出采购订单，可查看采购订单详细信息。

（2）理财业务。

①银行活期存款。以此赊购合同介绍银行活期存款，根据采购合同内容与理财期限的选择规则，选择存款期限为 3 个月，根据利息计算公式计算存款利息，如图 5-3 所示。

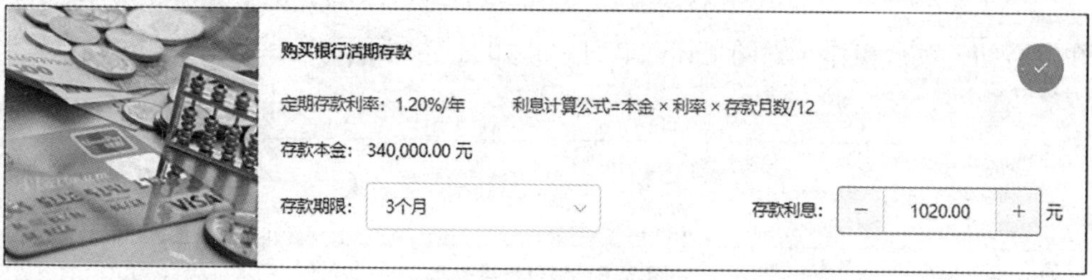

购买银行活期存款

定期存款利率：1.20%/年　　利息计算公式=本金 × 利率 × 存款月数/12

存款本金：340,000.00 元

存款期限：　3个月　　　　　　　　存款利息：− 1020.00 ＋ 元

图 5-3　购买银行活期存款

系统自动弹出是否选用银行活期存款的理财方式，单击"确定"按钮。购买银行活期存款成功后理财状态显示已理财。

②银行货币基金。以其他采购订单介绍银行货币基金理财，根据采购合同内容与理财期限的选择规则选择存款期限，根据利息计算公式计算存款利息，如图 5-4 所示。

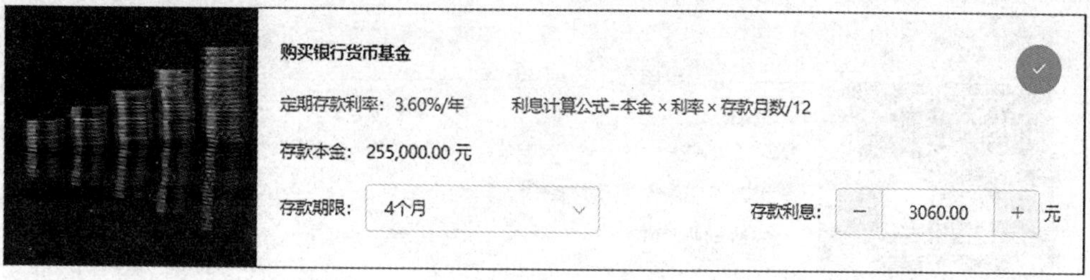

购买银行货币基金

定期存款利率：3.60%/年　　利息计算公式=本金 × 利率 × 存款月数/12

存款本金：255,000.00 元

存款期限：　4个月　　　　　　　　存款利息：− 3060.00 ＋ 元

图 5-4　银行货币基金

③银行原油宝理财产品。以其他采购订单介绍银行原油宝理财产品，根据采购合同内容与理财期限的选择规则选择存款期限，根据利息计算公式计算存款利息，如图 5-5 所示。

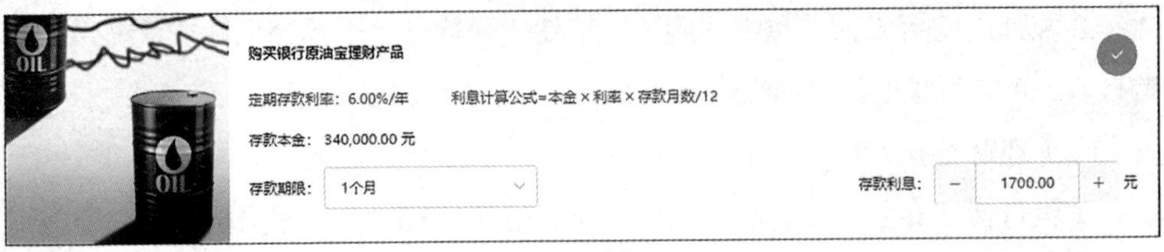

图 5-5 银行原油宝理财

2）预付账款采购

（1）采购订单。打开采购业务，采购方式选择“预付账款采购”，单击“下单”按钮，其余操作步骤同上述赊购订单，如图 5-6 所示。

	2022年02月07日	314,500.00元	上下法兰(3700个) 气缸(7400个) 曲轴(1850个) 阀片(18500个)	○ 现金采购 ● 预付款采购 ○ 赊购	2022年02月23日	2022年02月08日	下单

图 5-6 预付账款采购

（2）申请预付账款融资。当企业有一笔预付账款订单，可进行保兑仓融资，融资期限的选择规则是：第一笔销售订单的收款日 - 当前采购订单的合同签订日，如图 5-7 所示。

合同编号	合同签订时间	合同金额	采购方式	到货日期	付款日期	采购物料清单	采购状态	订单状态	融资状态
CG202201247654	2022年02月07日	314,500.00元	预付款采购	2022年02月23日	2022年02月08日	上下法兰 3700 气缸 7400 曲轴 1850 阀片 18500	已下单 查看	未付款	未融资

请选择融资方式：

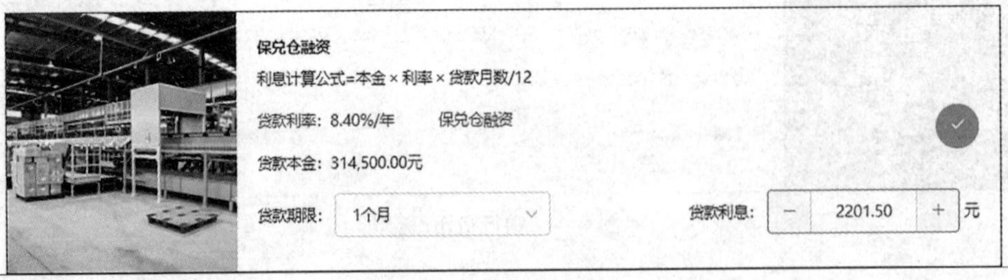

图 5-7 保兑仓融资

系统弹出是否选用保兑仓融资方式的提示，单击“确定”按钮。确定融资后，系统显示融资记录与银行融资业务合同。

（3）付款业务。对于预付账款订单，企业应当在合同签订日付款，付款后再发货，单击"付款"按钮。

　系统弹出付款界面，根据预付账款采购要求，输入付款金额完成付款。付款成功后，系统显示银行回单。

3）现金采购

（1）采购订单。打开采购业务，采购方式选择"现金采购"，单击"下单"按钮，其余操作步骤同上述赊购订单，如图 5-8 所示。

| 2022年03月17日 | 297,500.00元 | 上下法兰(3500个)
气缸(7000个)
曲轴(1750个)
阀片(17500个) | ● 现金采购
○ 预付款采购
○ 赊购 | 2022年04月17日 | 2022年04月17日 | 下单 |

图 5-8　现金采购

（2）理财业务。此处实验操作与赊购订单理财实验基本操作介绍一致，故不再赘述。学生可根据采购订单、企业资金状况自行选择理财方式。

5.1.3　企业生产与仓储融资实验

1. 实验理论介绍

海通公司利用原材料可以进行空调压缩机的生产，请学生分别完成下列任务，解锁企业入库范围的选择、仓储融资方式以及付款、生产、入库任务。

1）仓管员收货

仓管员收到来自采购部采购的原材料，进行收货，并生成入库单。

2）支付原材料采购款

对于现金采购和赊购订单，企业应当在合同签订日后收货，收货后再付款。此任务是针对现金采购订单和赊购订单的付款业务。

3）生产成品

企业拥有原材料，进行产成品的生产。

4）入库导入

（1）仓库。仓库由储存物品的库房、运输传送设施（如吊车、电梯、滑梯等）、出入库房的输送管道和设备以及消防设施、管理用房等组成，是保管、储存物品的建筑物和场所的总称。

（2）第三方仓库。

①第三方仓库的概念。第三方仓库即合同仓库，是指企业将仓库等物流活动转包给外部公司，由外部公司企业提供综合物流服务的仓库方式。

②第三方仓库的优势。

第一，节省费用。由于物流是第三方企业的核心专长，并且能够以更低成本和更高效地满足技术要求。因此，第三方仓储公司不仅可以制定降低公司整体交货成本的战略，还可以帮助公司改善管理，降低库存成本。

第二，低资本承诺。当一家公司将物流业务外包给第三方仓储公司时，该公司不再需要担心维护和管理自己的仓库与运输系统，而且雇用第三方公司所需的资金数额通常少于物流业务所需的资金。

第三，注重核心能力的自由。雇用专业的第三方仓储公司可以让客户将时间、精力和资源集中在核心能力领域。

（3）仓单。仓单（Warehouse receipt）是保管人收到仓储物后给存货人开付的提取仓储物的凭证。

（4）动产。动产是指能脱离原有位置而存在的资产。动产与仓单的对比见表 5-1。

表 5-1　动产与仓单的对比

序号	要素	动产	仓单
1	流通方式	实物形式的转让，抵押，质押	背书形式的转让，质押
2	转移占有方式	交付	交付或背书并交付
3	流通效率	一单货物从生产者到最终消费者经过多次不同交收地的交付，原始、低效且风险高	同一仓单仅书面背书即可实现多次快速交付换手
4	流通成本	每次流通需要验收交付一次	一次交付，多次背书流通
5	信用基础	卖方信用 + 买方信用	独立第三方仓储机构信用

5）选择产成品入库地点

产成品生产完成后要进行存储，企业可将产成品存储在本企业仓库或第三方企业的仓库。

6）企业存货融资方式导入

企业存货融资方式有两种。

（1）仓单质押融资。仓单质押融资是指申请人将其拥有完全所有权的货物存放在银行指定仓储公司（以下简称"第三方仓储公司"或"第三方物流"），并以第三方仓储公司出具的仓单在银行进行质押作为融资担保，银行依据质押仓单向申请人提供的用于经营与仓单货物同类商品的专项贸易的短期融资业务，如图 5-9 所示。

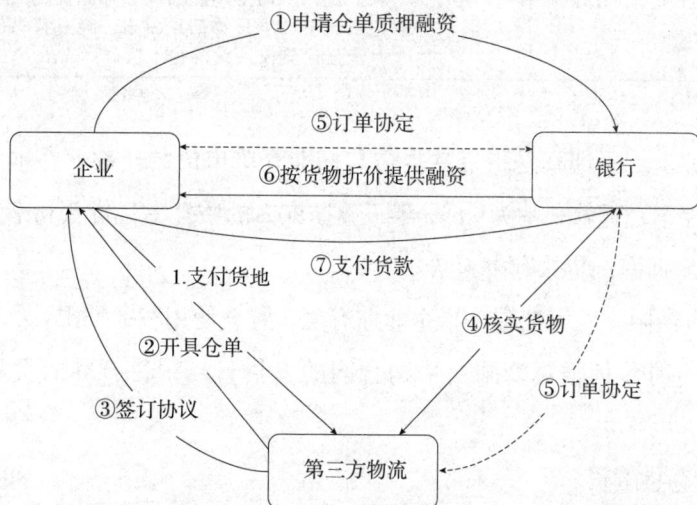

图 5-9 仓单质押融资

（2）动产质押融资。动产质押融资业务是指企业将动产（包括商品、原材料等）存放在银行指定或认可的仓库（可以是本企业仓库或第三方仓库）作为质押物，质押物在银行监控下流动，据此向银行申请贷款（或办理银行承兑汇票）的融资方式。

（3）动产质押仓单与电子仓单质押的区别见表 5-2。

表 5-2 动产质押仓单与电子仓单质押的区别

序号	要素	动产质押	仓单质押	说明
1	质押物	货物	仓单	前者质押动产，即货物。后者质押权利，即保管人在货物存入仓库后签发的仓单
2	生产要件	转移占有	背书支付	前者是将货物交付给质权人（银行等）占有。后者是将货物的提货权利背书转让给质权人
3	公示	转移占有	书面背书	前者以转移占有的方式对外公示，后者电子仓单背书后处于质权人的控制之下
4	特定化	不能或困难	能且简易	前者多数是动态质押和浮动抵押，难以明确某一时点具体货物与权属人对应关系。后者仓单详细记载货物规格品牌数量库位等要素，仓单实行清晰编号管理

续表

序号	要素	动产质押	仓单质押	说明
5	流通性	慢成本高	快速成本低	前者实物交付，需要逐次验货交付。后者是单据流转，一次验收制作仓单后，可以多次快捷背书流通
6	善意对抗	弱	强	前者质权人对货物的控制能力极弱，从而暴露风险，遇到第三人纠纷时，时常无法举证特定质权关系或有权利瑕疵，从而得不到司法保障和优先受偿。后者详细记载仓单项下货物信息要素，经过背书确权，能够进一步强化质权人或持有人权益

（4）质押率。质押率是指贷款本金与标准仓单市值的比率。在本实验中，选择90%的质押率，贷款利率为9.6%/年；选择80%的质押率，贷款利率为8.4%/年；选择70%的质押率，贷款利率为7.2%/年。

（5）融资期限。融资期限是指企业拥有融入资金使用权的期限。

本实验中的存货融资期限：采购合同的发货日 – 销售合同的发货日之间的期限。

7）申请存货融资

产成品作为企业资产存在的一种形式，实际上是对企业现金流的占用。当企业在日常活动中缺乏现金流时，可以将产成品进行质押获得融资，增加企业现金流。产成品进行质押获得融资，相应的供应链金融产品包括仓单质押融资与动产质押融资。注：

融资期限 = 第一笔销售合同的发货日 – 本笔采购订单的到货日

贷款金额 = 质押数量 × 货物单价 × 质押率

2. 实验操作介绍

1）赊购

（1）仓管员收货。仓管员收到来自采购部采购的原材料，单击"收货"按钮，进行收货，如图5-10所示。

合同编号	合同签订时间	合同金额	采购物料清单	采购方式	到货日期	付款日期	操作
CG20220 1220037	2022年01月13日	340,000.00元	上下法兰(4000个) 气缸(8000个) 曲轴(2000个) 阀片(20000个)	赊购	2022年02月28日	2022年04月28日	收货

图 5-10　仓管员收货

系统弹出收货界面，单击"确定"按钮，完成收货。

系统生成入库单。

（2）支付原材料采购款。对于现金采购和赊购订单，企业应当在合同签订日后收货，收货后再付款。

对于已经理财的采购订单，在付款时应先将理财金额赎回。针对本赊购合同，在采购融资实验部分选择银行活期存款进行理财，需先进行产品赎回，单击"查看"按钮，如图 5-11 所示。由于其余理财方式与银行活期存款赎回资金基本操作一致，故其余理财产品赎回操作不再赘述，由学生自行练习。

合同一	合同二	合同三	合同四	合同五	合同六

合同编号	合同签订时间	合同金额	采购方式	到货日期	付款日期	采购物料清单	采购状态	订单状态	理财状态
CG202201220037	2022年01月13日	340,000.00元	赊购	2022年02月28日	2022年04月28日	上下法兰:4000个 气缸:8000个 曲轴:2000个 阀片:20000个	已下单 查看	待入库	已理财 查看

图 5-11　查看合同理财状态

系统弹出理财记录，单击"赎回"按钮，进行产品赎回，如图 5-12 所示。

理财记录　×

产品代码	购买类型	购买时间	购买金额	利率	购买时长	到期日	产品利息	产品状态
LC202202079104	购买银行活期存款	2022年01月13日	340,000.00元	1.20%	3月	2022年04月13日		赎回

银行理财电子回单

产品代码：LC202202079104

存入金额：　叁拾肆万元整　　　　　¥340,000.00元

存入日	起息日	到期日	利率	期限
2022年01月13日	2022年01月13日	2022年04月13日	1.2%	3个月

图 5-12　理财记录

赎回成功后，系统产品状态显示已经赎回。

单击"付款"按钮。

系统弹出付款界面，根据赊购付款要求，输入应付款金额即合同金额。

付款成功后，系统显示银行回单。

（3）生产成品。现在已经拥有了原材料，请作为生产部的生产员进行产成本的生产。单击"生产"按钮，进行生产，如图5-13所示。

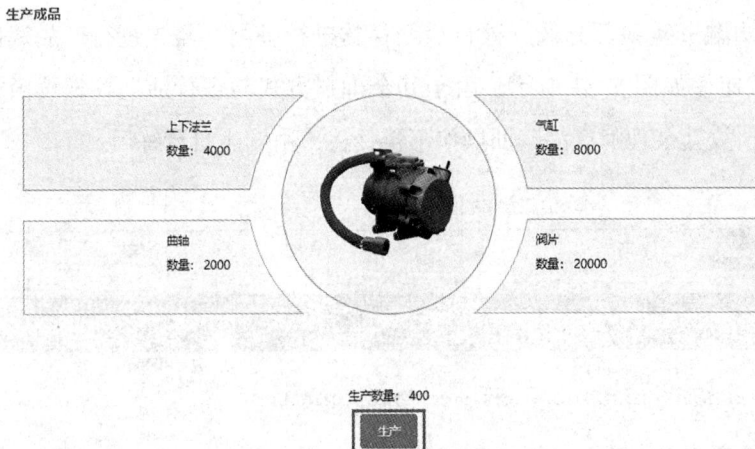

生产成品

上下法兰
数量：4000

气缸
数量：8000

曲轴
数量：2000

阀片
数量：20000

生产数量：400

生产

图 5-13　产成品生产

系统弹出是否生产提示信息，单击"确定"按钮，进行生产。

（4）选择产成品入库地点。本次生产的产成品选择第三方仓库存储产成品。

（5）申请存货融资。此处选择仓单质押融资方式进行介绍，企业根据自身经营情况选择质押货物数量，单击"融资"按钮。注：

融资期限＝第一笔销售合同的发货日－本笔采购订单的到货日

贷款金额＝质押数量×货物单价×质押率

系统弹出是否融资提示界面，单击"确定"按钮。

系统弹出融资方式选择界面，选择仓单质押融资方式，选择质押率、贷款期限，根据利息计算公式计算贷款利息。

系统弹出是否选择仓单质押融资界面，单击"确定"按钮，完成仓单质押融资。

（6）存货融资还款。找到融资订单，单击"查看"按钮，查看融资订单。

系统显示融资还款界面，单击"还款"按钮，进行融资还款。

系统自动弹出是否还款提示，单击"确定"按钮，进行还款。

还款完成，融资订单显示已经还款。

2）预付账款采购

预付账款采购业务中的仓管员收货、生产成品、选择产成品入库地点、存货融资操作与赊购业务中步骤相同，故此处不再赘述。

3）现金采购

现金采购业务中的仓管员收货、支付原材料采购款、生产成品、选择产成品入库地点、存货融资操作与赊购业务中步骤相同，故此处不再赘述。

5.1.4　企业销售融资实验

1. 实验理论介绍

商品销售是指企业出售商品，转移所有权并取得销售收入的交易行为。学生以海通公司销售部销售专员的身份，进行空调压缩机的销售，分别完成下列任务，解锁企业的销售方式、销售融资模式、发货与收款。

1）供应链销售方式导入

（1）直接收款。直接收款方式销售货物：先发货，后收款。

发货时，合同约定货物的所有权及相关的风险与报酬并未发生转移，仍属于卖方，待收款或取得索取货款的凭据时才发生转移，会计上只做"发出商品"而不做"收入"。

本实验的规则：直接收款，发货日期为 1 个月后，收款日期为 1 个月后，销售款不打折。

（2）预收全款。预收全款方式销售货物：先收款，后发货。

收到货款时，买方并未拿到提货单，这时候货物的所有权及相关的风险与报酬并未发生转移，因为这时候卖方收到部分货款后可能才准备生产，或者才备货，货物生产完工后或者备完货物后，通知买方提货，然后发货，买方收到货物时才发生所有权转移。

本实验的规则：预收全款，收款日期为当前，销售款打 95 折，发货日期为签订合同的 0.5 个月后。

（3）赊销。赊销方式销售货物：先发货，后收款。

赊销的发货，一旦买方收到货物，卖方货物所有权及相关报酬风险即转移给买方，买方拥有任何处置权，仅欠卖方货款。赊销的主要目的是缓解买方的资金压力。

本实验的规则：赊销收款日期为 2~6 个月，销售款不打折，发货日期为签订合同的 1.5 个月后。

2）企业应收类融资方式导入

销售订单的融资方式如下。

（1）订单融资。订单融资是指企业凭信用良好的买方产品订单，在技术成熟、生产能力有保障并能提供有效担保的条件下，由银行提供专项贷款，供企业购买材料组织生产，企业在收到货款后立即偿还贷款的业务，如图 5-14 所示。

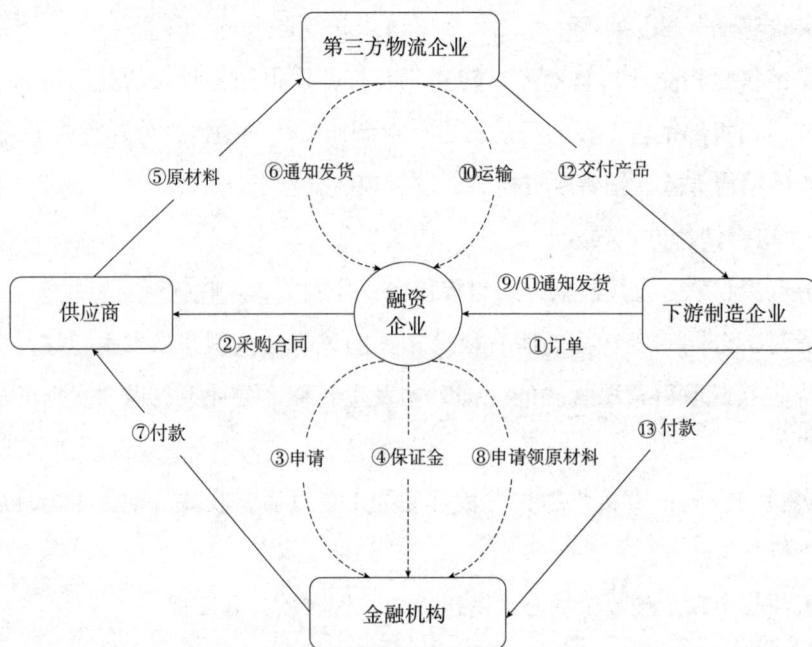

图 5-14　订单融资

（2）应收账款质押融资。应收账款质押融资是指企业与银行等金融机构签订合同，以应收账款作为质押品，在合同规定的期限和信贷限额条件下，采取随用随支的方式，向银行等金融机构取得短期借款的融资方式。以企业的应收账款作为担保进行融资，融资时间较短，一般在 3 个月以内。

（3）保理融资。保理融资是指卖方申请由保理银行购买其与买方因商品赊销产生的应收账款，卖方对买方到期付款承担连带保证责任，在保理银行要求下还应承担回购该应收账款的责任，分为有追索权与无追索权两种。

①有追索权保理。无论任何原因导致应收账款不能收回，保理公司均可对卖

方行使追索权。

①无追索权保理。可以根据合同进行约定，一般而言，只有在买方发生信用风险时放弃追索权。对于商务合同纠纷争议而导致应收账款不能收回时，保理公司仍对卖方享有追索权。所以，无追索权保理仅是相对的，没有完全意义上的无追索权。

（4）应收账款质押融资和保理融资的区别。

①产品本质不同。应收账款质押融资是基于以应收账款为担保物而提供的融资方式；保理是以应收账款转让为基础的综合服务。一个是担保物，一个为转让。

②提供服务不同。应收账款融资，银行只提供融资；而保理业务，银行还提供存款、收款、坏账担保等服务。

③收费不同。保理收取融资利息及手续费；应收账款质押仅收取融资利息。

（5）订单融资和保兑仓融资的区别。

①订单融资是签订销售订单，保兑仓融资则是签订采购订单。

②订单融资是银行放款给制造商，保兑仓融资是银行放款给供应商。

③订单融资。制造商与经销商签订销售订单，因为制造商没有足够的钱支付给供应商采购原材料，所以制造商向银行申请订单融资，银行放款给制造商后制造商去采购原材料，供应商发货。制造商生产并销售货物给经销商，经销商付给制造商销售款，制造商还钱给银行，如图 5-15 所示。

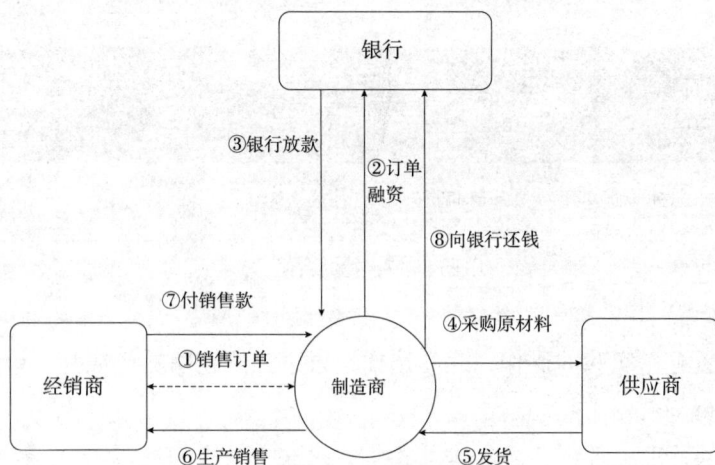

图 5-15　订单融资

④保兑仓融资。制造商与供应商签订采购订单，制造商没有足够资金支付给供应商，所以向银行申请保兑仓融资，银行放款给供应商，供应商发货给制造商，

制造商生产并销售给经销商，经销商支付销售款给制造商，制造商向银行还款，如图 5-16 所示。

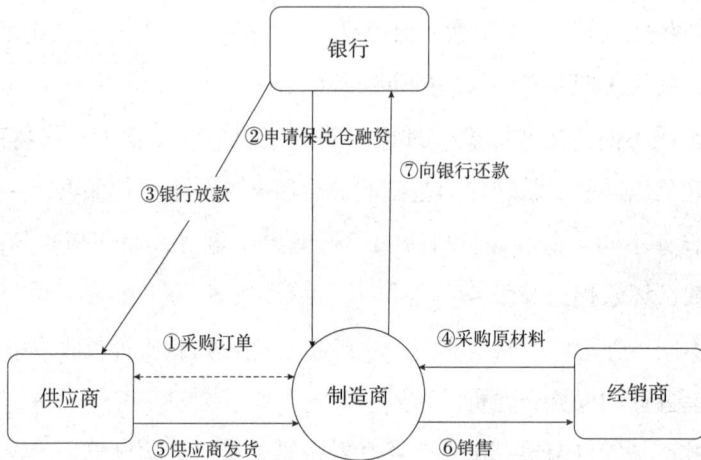

图 5-16　保兑仓融资

2. 实验操作介绍

1）赊销

（1）制订销售计划并选择销售方式。根据合同签订时间、发货时间、收款时间选择合适的销售方式，单击"下单"按钮，如图 5-17 所示。

合同编号	合同签订时间	合同金额	销售订单	销售方式	发货日期	收款日期	操作
	2022年07月16日	408,000.00元	空调压缩机(400个)	○ 直接收款 ○ 预收全款 ◉ 赊销	2022年08月30日	2022年12月30日	下单

图 5-17　赊销合同

根据前置仓储实验的操作，此处选择销售第三方仓库的产成品，单击"销售"按钮进行销售。

完成销售计划制订，系统自动弹出销售合同。

（2）向下游企业发货。找到发货记录单，单击"发货"按钮，向下游购买商进行发货。系统弹出是否发货提示信息，单击"确定"按钮，完成发货。发货操作完成，系统显示出库单。

（3）应收类融资。销售订单的融资方式分为保理融资、应收账款质押融资与订单融资，由于赊销销售合同签订、仓储发货操作一致，故此处不单以 1 个合同介绍应收类融资操作，而以 3 个赊销合同为例进行介绍。

①保理融资。根据企业资金状况及销售合同，选择贷款期限，计算贷款利息，如图 5-18 所示。

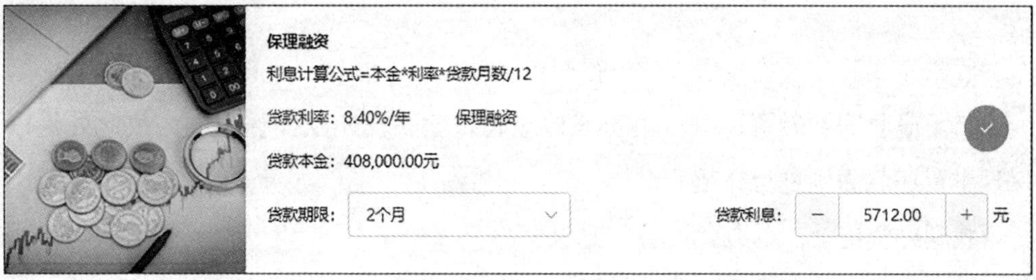

保理融资
利息计算公式=本金*利率*贷款月数/12
贷款利率：8.40%/年　　保理融资
贷款本金：408,000.00元
贷款期限：　2个月　　　贷款利息：　—　5712.00　+　元

图 5-18　保理融资

系统弹出是否选用保理融资方式提示框，单击"确定"按钮，进行融资。

②应收账款质押融资。根据企业资金状况及销售合同，选择贷款期限，计算贷款利息，如图 5-19 所示。

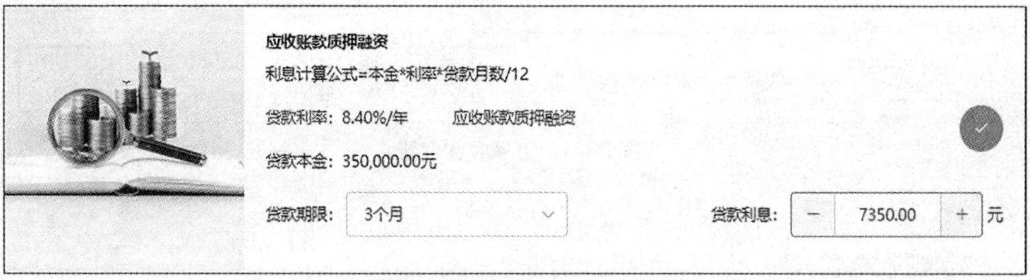

应收账款质押融资
利息计算公式=本金*利率*贷款月数/12
贷款利率：8.40%/年　　应收账款质押融资
贷款本金：350,000.00元
贷款期限：　3个月　　　贷款利息：　—　7350.00　+　元

图 5-19　应收账款质押融资

③订单融资。根据企业资金状况及销售合同，选择贷款期限，计算贷款利息，如图 5-20 所示。

（4）收款。打开收款任务界面，单击"收款"按钮。系统自动弹出是否收款提示框，单击"确定"按钮。系统弹出收款界面，根据销售合同及收款提示输入收款金额，单击"确定"按钮，完成收款。

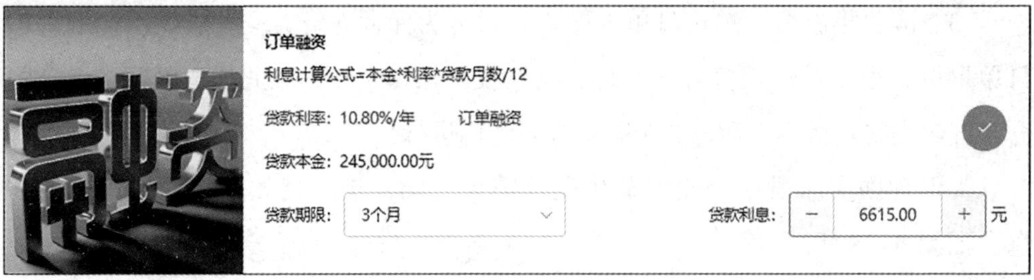

图 5-20　订单融资

收款完成后，系统显示收款银行回单。

（5）应收账款融资还款。由于三种应收账款融资还款操作相同，故此处仅以保理融资还款为例进行介绍。

找到融资记录，单击"查看"按钮。

系统弹出融资记录单，单击"还款"按钮。

还款完成，融资订单融资状态显示已经还款。

2）直接收款

根据合同签订时间、发货时间、收款时间选择合适的销售方式，单击"下单"按钮，如图 5-21 所示。其余向下游企业发货、收款操作与赊销订单操作一致，故此处不再赘述。

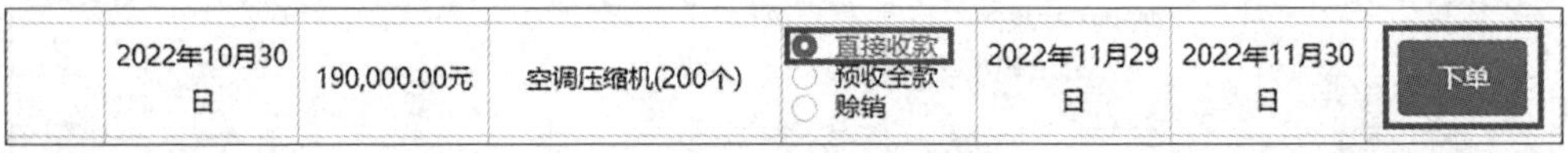

图 5-21　直接收款合同

3）预收全款

根据合同签订时间、发货时间、收款时间选择合适的销售方式，单击"下单"按钮，如图 5-22 所示。其余向下游企业发货、收款操作与赊销订单操作一致，故此处不再赘述。

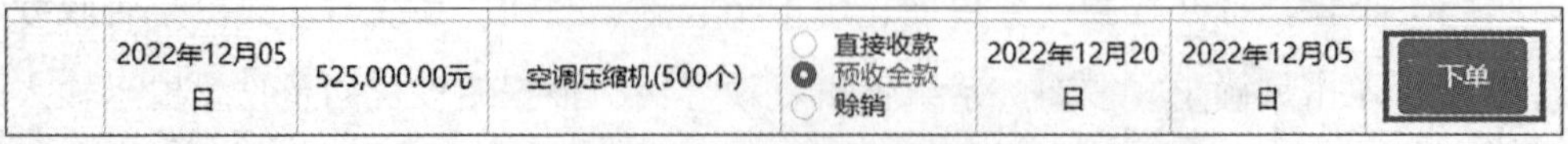

图 5-22　预收全款合同

5.1.5　企业结算业务实验

学生以海通公司财务部专员的身份，分别完成下列任务，进行企业结算。

1. 实验理论介绍

1）企业清结算业务导入

（1）清算。清算是为了终结现存的法律关系，处理其剩余财产，使之归于消灭而进行的一个程序。

（2）结算。结算是使商品交易和结算业务能正常进行的一个程序。

（3）清算和结算的区别。狭义上，清算与结算不同，清算不涉及债权债务的转移，而结算是债权债务关系的转移；广义上，结算是清算的推广。

2）库存原材料折价销售

本实验清算财产规则：

（1）原材料按市价的 8 折售出。

（2）库存商品按市价的 9 折售出。

（3）理财产品提前赎回，且只能收回本金金额。

（4）融资产品提前到期，还款金额为本金 + 利息。

3）未到期理财产品提前赎回

本实验赎回规则为银行理财提前赎回规则：只能收回本金，不能获得利息。

4）未到期订单交易结算

本实验结算规则：

（1）对于采购订单。

①已付款未收货部分，则收回采购款，且供应商不再发货。

②已收货未付款部分，则支付采购款。

（2）对于销售合同。

①已收款未发货部分，则即时发货。

②已发货未收款部分，则即时收货。

5）未到期融资提前还款

本实验未到期理财产品提前还款规则：融资产品提前到期，还款金额为本金 + 利息。

6）库存产成品折价销售

本实验库存产成品折价销售规则：库存商品按市价的 9 折售出。

2. 实验操作介绍

1）库存原材料折价销售

根据清算财产的规则，计算案例中企业应收取得原材料折价销售款，单击"提交"按钮完成实验。

系统显示当前的原材料库存信息，单击"一键清算"按钮进行企业清算。

2）未到期理财产品提前赎回

根据赎回规则计算案例中企业应收取的理财赎回款，单击"提交"按钮。

系统显示理财产品信息，单击"一键清算"按钮进行企业清算。

3）未到期订单交易结算

根据结算规则：

（1）对于采购订单。

①已付款未收货部分，则收回采购款，且供应商不再发货。

②已收货未付款部分，则支付采购款。

（2）对于销售合同。

①已收款未发货部分，则即时发货。

②已发货未收款部分，则即时收货。

判断案例中企业所属情况，计算企业资金流转金额，单击"提交"按钮完成实验。

系统显示当前企业未到期订单交易信息，单击"一键清算"按钮进行企业清算。

4）未到期融资提前还款

根据未到期理财产品提前还款规则，计算案例中企业应还资金，单击"提交"按钮，完成实验。

系统显示当前企业融资信息，单击"一键清算"按钮进行企业清算。

系统显示清算还款界面，输入还款金额，进行清算。

5）库存产成品折价销售

根据库存产成品折价销售规则，计算案例中企业应收取的产成品折价销售款，单击"提交"按钮完成实验。

系统显示当前企业产成品库存信息，单击"一键清算"按钮进行企业清算。

系统显示收款界面，输入收款金额，进行清算。

6）企业经营成果展示

根据经营成果计算规则，计算案例中企业经营成果，单击"提交"按钮完成实验。

系统显示当前企业经营信息，单击"一键清算"按钮进行企业清算。

5.2 银行供应链融资审核实验—教学模式

5.2.1 银行供应链融资审核实验介绍

信众银行有限公司（以下简称"信众"）是一家零售银行，经营范围包括向客户提供短期贷款、中期贷款和长期贷款，现金管理以及投资银行等业务。本实验中，将模拟商业银行在供应链融资中的全流程业务，包括授信资料筛选、规定不同融资方式所需资料、设置风控审核标准、进行融资审批、签署融资合同、设置贷中预警与贷后还款规则。

进入区块链供应链金融教学平台，单击"进入课程"按钮。

系统显示区块链供应链金融教学平台实验选择界面，选择"三、供应链融资审核实验"，单击"开始学习"按钮，进入供应链融资实验模拟的任务界面，了解本次实验流程。

1. 实验目标

本案例通过信众银行在供应链融资中的风控、审批、合同签署、贷中预警、贷后追踪还款情况全业务流程的演练，使学生了解：

（1）银行针对企业不同融资方式提交资料的规定、风控要求、审批标准及贷中预警规则。

（2）对企业在还款过程中的管理。

2. 实验流程

请按照顺序分别完成筛选融资授信材料实验、提交融资审核材料实验、风控审核要素设置实验、融资审批实验、合同签署实验、贷中预警实验、贷后还款实验。

1）贷前业务

（1）针对不同融资方式规定企业需要提交的资料，如营业执照、财务报表、征信查询授权书、抵押物清单、担保方式等。

（2）企业进行仓单质押融资、保兑仓融资、应收账款融资时要求与核心企业合作年限不能少于两年。

（3）进行企业融资的审批时，需召开风控评审会议，由各个评委分别投票，超过 1/2 投赞成票则贷款通过。

（4）业务人员需根据银行业务指标、企业风险、坏账情况等因素综合考虑，进行企业融资审核。

2）贷中业务

（1）企业融资审核通过后，进行合同签署。仓单质押融资需签署：战略合作协议、借款合同、仓单质押业务合作协议、提货通知单、账户监管协议；应收账款融资需签署：战略合作协议、借款合同、应收账款业务合作协议、账户监管协议；保兑仓融资需签署：战略合作协议、借款合同、仓单质押业务合作协议、提货通知单、账户监管协议。

（2）银行发放融资款时需开立专门的银行账户，用于接收放款资金及偿还银行借款。

（3）实时监控企业及货物情况，设置预警规则模型并不断调优，根据企业命中情况，设置相应的预警手段。

3）贷后业务

（1）贷款发放后要时刻关注企业情况，定期进行贷后检查。对于存在还款风险的企业，应及时调整还款规则。

（2）一旦贷款无法按期偿还，银行会采取催收、处置和核销等手段。

（3）在逾期的 3 个月内，银行会进行自主催收，超过 3 个月依然没有归还，银行会向法院起诉，进行强制执行；如果企业没有足够财产可供执行，债务就会被核销，交由不良资产清收公司进行催收。

请按照顺序分别完成筛选融资授信材料实验、提交融资审核材料实验、风控审核要素设置实验、融资审批实验、合同签署实验、贷中预警实验、贷后还款实验。

3. 业务考核

当业务人员放款满足如下要求时，银行将综合考虑职位晋升与绩效奖金发放。

（1）放款金额大于等于 700 万元。

（2）坏账率小于等于 5%。

（3）业务考核指标分为四个档位，如表 5-3 所示。

表 5-3　业务考核指标

优秀	良好	合格	不合格
91 ~ 100 分	81 ~ 90 分	61 ~ 80 分	60 分以下

5.2.2　银行贷前准入实验

为加快企业融资进度，帮助企业尽快获得融资，银行会在批准企业融资前设置相关融资标准，进行风控审核。学习下列任务，解锁企业融资授信申请材料、风控审核要素，如图 5-23 所示。

图 5-23　供应链融资授信业务

1. 企业融资授信导入

企业融资中需要的授信材料包括营业执照、法定代表人身份证明书、财务报表、征信查询授权书、企业介绍、抵押物清单、质押物清单、担保方式介绍。

（1）营业执照是市场监督管理机关发给工商企业、个体经营者准许从事某项生产经营活动的凭证。其格式由国家市场监督管理总局统一规定。

（2）法定代表人身份证明书是用来证明法定代表人身份的证明书。法定代表人是指依照法律或者法人组织章程规定，代表法人行使职权的负责人。相对法人，法定代表人是自然人，是法人的注册者。

（3）财务报表是反映企业或预算单位一定时期资金、利润状况的会计报表。财务报表包括资产负债表、损益表、现金流量表或财务状况变动表、附表和附注。

（4）征信查询授权书就是企业授权银行去调查企业征信的法定文件。

（5）担保方式为保证、抵押、质押、留置和定金。

2. 筛选融资授信材料实验

银行传统授信考察重点为信贷企业的主体信用水平、财务实力、担保方式、股东背景等。根据对银行传统授信的风控维度，信众银行需要企业提交的资料有营业执照、法定代表人身份证明书、财务报表、企业介绍、征信查询授权书、抵押物清单、质押物清单、担保方式介绍。

在筛选融资授信材料实验中，根据对银行传统授信的风控维度，需要将企业提交的资料拖到相应模块内。

3. 供应链融资类型导入

供应链融资是对供应链融资资源的整合，以融资核心企业作为风险控制的依托，由银行为核心企业的供应链提供的一整套融资解决方案。

银行供应链融资包含下列类型。

（1）保兑仓融资授信。针对保兑仓融资授信，银行需要审核营业执照、法定代表人身份证明书、财务报表、企业介绍、采购合同、按时还款记录、与核心企业合作稳定性说明、采购货物存放三方仓储企业情况说明。

（2）仓单质押融资授信。针对仓单质押融资授信，银行需要审核营业执照、法定代表人身份证明书、财务报表、企业介绍、仓单、货物销售数量与价格记录、与核心企业合作稳定性说明、采购货物存放三方仓储企业情况说明。

（3）应收账款质押融资授信。针对应收账款质押融资授信，银行需要审核营业执照、法定代表人身份证明书、财务报表、企业介绍、销售合同、货物销售数量与价格记录、与核心企业合作稳定性说明、销售收入收款记录。

4. 提交融资申请材料实验

银行在供应链授信审核时重点考察供应链所在行业的成熟度及资金流状况；供应链上企业之间的关联程度、合作时间、交易频率，以及核心企业对于上下游企业的管理能力等。根据银行对供应链金融授信的风控维度，判断在不同融资方式下，信众银行需要企业提交的资料不同。下面根据银行供应链融资的三种类型展开阐述。

（1）保兑仓融资授信清单。此步骤为保兑仓融资方式，在此步骤中，需要将企业提交的资料拖到相应模块内，如图5-24所示。

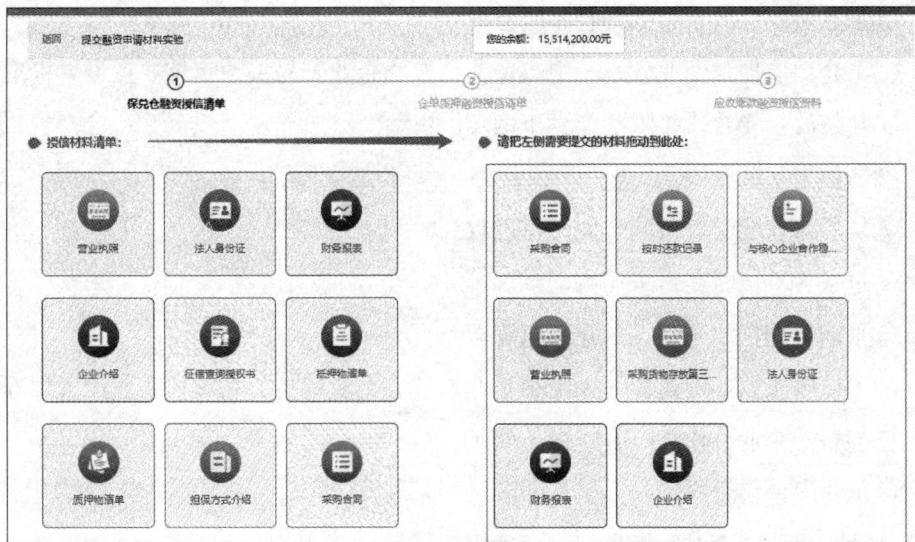

图 5-24　保兑仓融资授信所需材料

（2）仓单质押融资授信清单。此步骤为仓单质押融资方式，在此步骤中，仍需要将企业提交的资料拖到相应模块内。

（3）应收账款融资授信资料。此步骤为应收账款融资方式，在此步骤中，需要将企业提交的资料拖到相应模块内。

5. 风险审核要素导入

银行风控审核要点的设置标准如下。

（1）"核心企业"风控审核要点的设置标准。

①注册资本超过 5 000 万元。

②资产总额超过 2 亿元。

③年营业收入总额超过 1 亿元。

④企业无征信不良记录。

⑤法人无征信不良记录。

⑥经营年限大于等于 3 年。

（2）保兑仓融资业务——中小企业与核心企业贸易关系审核要点设置标准。

①与核心企业合作年限不能少于两年。

②已签署采购合同。

③核心企业能够对采购合同进行确权。

④过去无不按时支付采购款记录。

⑤采购货物存放于第三方仓库监管。

（3）仓单质押融资业务——中小企业与核心企业贸易关系审核要点设置标准。

①与核心企业合作年限不能少于两年。

②已签署采购合同。

③核心企业能够对采购合同进行确权。

④过去无不按时支付采购款记录。

⑤采购货物存放于第三方仓库监管。

（4）应收账款融资业务——中小企业与核心企业贸易关系审核要点设置标准。

①与核心企业合作年限不能少于两年。

②已签署销售合同。

③核心企业能够对销售合同进行确权。

6. 风控审核要素设置实验

作为信众银行的风控人员，你需要确保每笔融资业务都是真实的，是企业经营活动所需要的，同时，每笔融资申请应是唯一的，企业没有重复融资。此外，你还需要判断企业是否有足够的能力按期还款。因此，在判断融资业务前，需要对每种类型的融资申请设置风控审核要素。每种类型审核要点条件在"风险审核要素导入"部分已阐述，设置方式如图 5-25 所示。

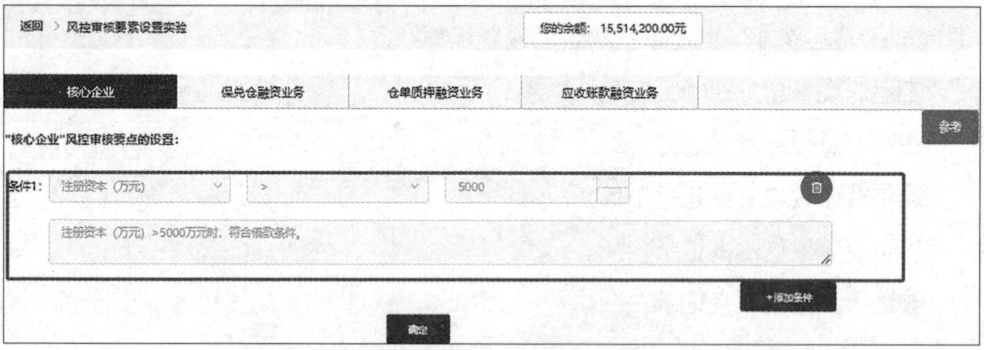

图 5-25　风控审核要素设置

7. 风控评审委员会设置导入

银行进行企业融资的审批，需召开风控评审会议，由各个评委分别投票，采用超过 1/2 评委投赞成票则贷款通过的评审机制。参加风控评审会议的成员需包括：银行对公业务部门成员、银行风控部门成员以及至少一位银行负责信贷业务的副行长。

5.2.3　银行融资审批实验

此部分需要根据显示的企业信息及设置的风控审核标准，查看该公司的风控结果，并作出是否审批的判断。

1. 风控审核标准导入

（1）企业贷款类型为保兑仓融资时，银行融资的审批标准如下。

①与核心企业合作年限不能少于两年。

②已签署采购合同。

③核心企业能够对采购合同进行确权。

④过去无不按时支付采购款记录。

（2）企业贷款类型为质押融资时，银行融资的审批标准如下。

①与核心企业合作年限不能少于两年。

②已签署采购合同。

③核心企业能够对采购合同进行确权。

④采购货物存放于第三方仓库监管。

（3）企业贷款类型为应收账款融资时，银行融资的审批标准如下。

①与核心企业合作年限不能少于两年。

②已签署销售合同。

③核心企业能够对销售合同进行确权。

例：某食品加工商在进行质押融资时，以下哪项不符合银行融资审核标准？

A. 核心企业能够对采购合同进行确权　　　　B. 已签署采购合同

C. 与核心企业合作年限为 1 年　　　　　　　D. 采购货物存放于第三方仓库监管

正确答案：C

2. 审批企业融资申请

收到来自对公业务部的企业融资信息，进行风控审批。结合风控审核标准以及企业自身情况，给予审核意见（通过、复议或拒绝）。

5.2.4　融资合同签署实验

企业审批完成后，需要先确认签署所需要的材料，之后进行合同的签署并放款。

1. 融资合同导入

在签署融资合同时，需要进行以下规则设置。

（1）保兑仓融资预警。

（2）仓单质押融资预警。

（3）应收账款融资预警。

2. 确认签署材料实验

作为银行对公业务员，在前面的实验步骤中，你已同意了一笔融资业务申请，现在需要签署融资业务涉及的合同。

（1）保兑仓融资预警规则设置。企业进行保兑仓融资前需与银行签署战略合作协议、借款合同、保兑仓业务合作协议、账户监管协议和提货通知书。

（2）仓单质押融资预警规则设置。企业进行仓单质押融资前需与银行签署战略合作协议、借款合同、仓单质押业务合作协议、账户监管协议和提货通知书。

（3）应收账款融资预警规则设置。企业进行应收账款融资前需与银行签署战略合作协议、借款合同、应收账款质押合同与账户监管协议。

例：某汽车零部件生产商在经历管理层重组后，正处于业务恢复增长阶段，决定进行应收账款融资，在与银行对接时不需要签署以下哪项合同？

A. 账户监管协议   B. 借款合同

C. 仓单质押业务合作协议   D. 战略合作协议

正确答案：C

3. 融资合同签署实验

签署材料已确认，单击签署协议，在出现的表格中依次填写贷款额度、贷款期限、贷款利率等信息，正式与企业签署融资合同。

4. 融资放款实验

信众银行需要对放款资金进行监管，监管方式为开立专门的银行账户，作为共管账户，用于接收银行放款资金，以及偿还银行借款。操作步骤为：①开户。②放款。③确认信息。④放款成功。

5.2.5　银行贷中预警实验

此部分要求信众银行从自己设置的预警规则中，选择适合该企业的预警规则，并选择合适的预警手段。

1. 贷中预警规则导入

（1）贷中预警主要针对下列融资方式进行预警。

①保兑仓融资。保兑仓融资需要针对核心企业一般预警、中小企业一般预警、质押物情况、监管情况预警。

②仓单质押融资。仓单质押融资需要针对核心企业一般预警、中小企业一般预警、质押物情况、监管情况预警。

③应收账款融资。应收账款融资需要针对中小企业一般预警、应收账款、监管情况预警。

（2）必须重点关注的预警指标如表 5-4 所示。

表 5-4　必须重点关注的预警指标

重点关注对象	相关预警指标
中小企业预警规则	企业出现停工、停产现象
核心企业预警规则	企业被列为失信被执行人
质押物状况预警规则	受国家政策影响，质押物市场售价下跌 10%
监管状态预警规则	两者都可

（3）对预警指标的关注程度有以下状态可以选择：①不关注。②一般关注。③重点关注。

2. 贷中预警规则设置

贷中预警的相关规则设置可参考平台提供的设置，如图 5-26 ~ 图 5-29 所示。

序号	预警指标	状态
1	企业被列为失信被执行人	重点关注
2	新增 1 条行政处罚信息	不关注
3	受天气状况影响，未能按时收发货	不关注
4	企业在质押物数量、质量上做假，以假充真、以次充好	一般关注
5	法人被列为失信被执行人	重点关注

图 5-26　中小企业一般预警规则

序号	预警指标	状态	
1	企业出现停工、停产现象	重点关注	∨
2	国家出台最新政策，对企业经营造成重大不利影响	重点关注	∨
3	企业工商信息变更，新增股权投资人	一般关注	∨
4	企业被列为失信被执行人	重点关注	∨
5	新增1条行政处罚信息	不关注	∨
6	法人被列为失信被执行人	重点关注	∨

查看设置标准

图 5-27　核心企业一般预警规则

序号	预警指标	状态	
1	受国家政策影响，质押物市场售价下跌10%	重点关注	∨
2	中小企业在质押物数量、质量上做假，以假充真、以次充好	重点关注	∨
3	受近期阴雨天气影响，三方仓库保管的货物出现安全隐患，货物外包装破损、受潮、变形。但所有质押物已购买保险。	不关注	∨

图 5-28　质押物情况预警

序号	预警指标	状态	
1	中小企业勾结第三方仓库人员，对银行非定期检查质押物的行为进行阻挠	重点关注	∨
2	中小企业勾结第三方仓库人员，将质押物上黏贴的"已质押"标识擅自撕除，将"已质押"货物冒充为"非质押货物"	重点关注	∨

图 5-29　监管情况

3. 预警规则命中情况

单击"查看企业贷中数据"按钮，查看企业在贷中发生的各种预警状况。在弹出的新对话框中，单击"一键调用"按钮，自动键入企业贷中状况，按照提示，计算命中率，查看预警规则命中情况。

4. 预警手段设置

选择企业及预警规则，单击"查看"→"设置预警手段"按钮，进行预警手段设置，可通过"查看企业背景资料"模块来选择正确的预警手段。

5.2.6 银行贷后管理实验

企业还款过程中，信众银行必须主动、动态、持续、全面地跟踪关注借款人的还款能力以及担保变化情况，确保按时、足额收回贷款本息。学习下列任务，解锁贷后还款。

1. 贷后还款规则导入

（1）企业贷后还款状态有：①正常还款。②提前还款。③逾期。

（2）针对企业生产经营困难、无力偿还银行借款，且整改无望、股东已无力经营的情况，银行采取的措施如下。

企业若无力偿还，银行很可能进行资产处置，抵押物拍卖所得将优先用于偿还本息，余下的归企业所有。资产处置，是指资产占用单位转移、变更和核销其占有、使用的资产部分或全部所有权、使用权，以及改变资产性质或用途的行为。

2. 贷后还款规则设置

根据表格中列示的企业是否正常还款，进行还款手段设置，可通过"查看企业背景资料"模块来选择正确的还款规则。图 5-30 ~ 图 5-32 以扬州众和股份有限公司为例，说明贷后还款规则的设置方法。

企业名称	企业情况说明
海通股份有限公司	企业生产经营困难，无力偿还银行借款，但企业有一家合作已久的担保公司。
扬州众和股份有限公司	企业生产经营正常，仓库里有大量存货，销量较好，但故意拖欠银行借款，到期不予偿还。
无锡新材料生产有限公司	按期还本付息
志高空调销售有限公司	按期还本付息
中大空调销售有限公司	企业存在多家银行欠款，在各银行按比例偿还后，目前库存现金及银行存款不足以偿还信众银行欠款。但企业仓库里还有少量未销售的货物。
特灵空调销售有限公司	企业生产经营困难，无力偿还银行借款，且整改无望，股东已无力经营

图 5-30 企业情况说明

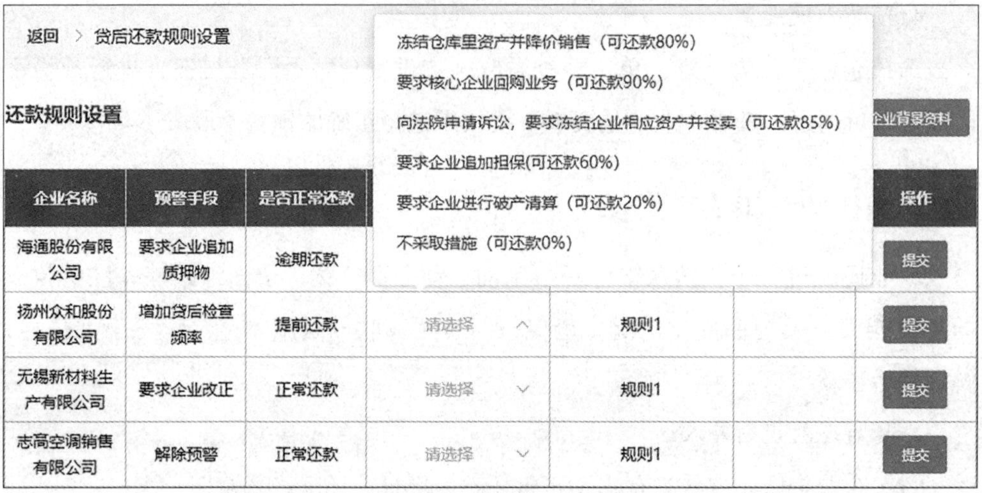

图 5-31　还款规则选择

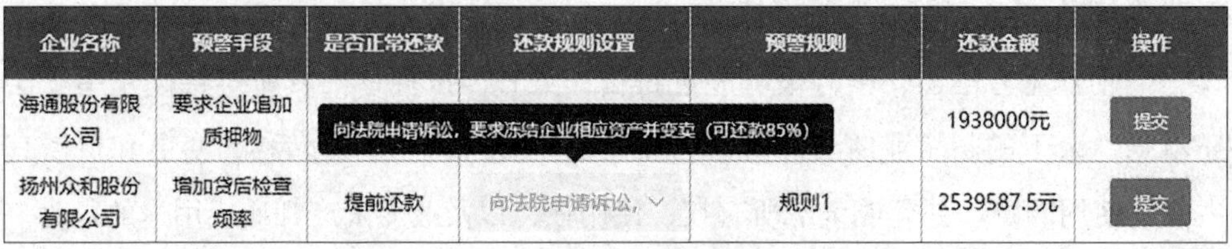

图 5-32　确定还款规则

5.2.7　部门业绩考核实验

1. 业务考核指标

（1）当业务人员放款满足如下要求时，银行将综合考虑职位晋升与绩效奖金发放：①放款金额大于等于 700 万元。②坏账率小于等于 5%。

（2）业务考核指标分为四个档位，如表 5-5 所示。

表 5-5　业务考核指标

优秀	良好	合格	不合格
90～100 分	80～90 分	60～80 分	60 分以下

2. 计分规则

（1）满分 100 分 = 放款金额（24 分）+ 坏账率（48 分）+ 利息（28 分）。

（2）放款金额：700 万元及以上 24 分；700 万元以下 12 分。

（3）坏账率计分规则如表 5-6 所示。

表 5-6　坏账率计分规则

%

0 ~ 5	5 ~ 10	10 ~ 20	20 ~ 30	30 ~ 40	40 以上
48 分	44 分	40 分	36 分	32 分	28 分

（4）利息计分规则如表 5-7 所示。

表 5-7　利息计分规则

万元

10 以上	5 ~ 10	0 ~ 5	–200 ~ 0	–400 ~ –200	–400 以下
28 分	24 分	20 分	10 分	8 分	6 分

3. 公式

利率 = 申请金额 × 打折率 × 贷款利率 × 贷款月份 /12

坏账金额 = 申请金额 × 打折率 × 无法还款金额百分比

坏账率 = 坏账金额 / 放款金额

第6章 区块链技术概述

学习目标

1. 了解区块链架构的概念、类型以及发展阶段。

2. 熟悉区块链技术的原理与特征。

3. 掌握联盟链实验 Hyperledger-Fabric 联盟链运行环境构建。

思政目标

1. 了解区块链金融商业运营模式的工作机制，培养学生团结合作意识。

2. 了解区块链金融在金融治理中的优势，培养学生的数字化思维能力。

🔍 **思维导图**

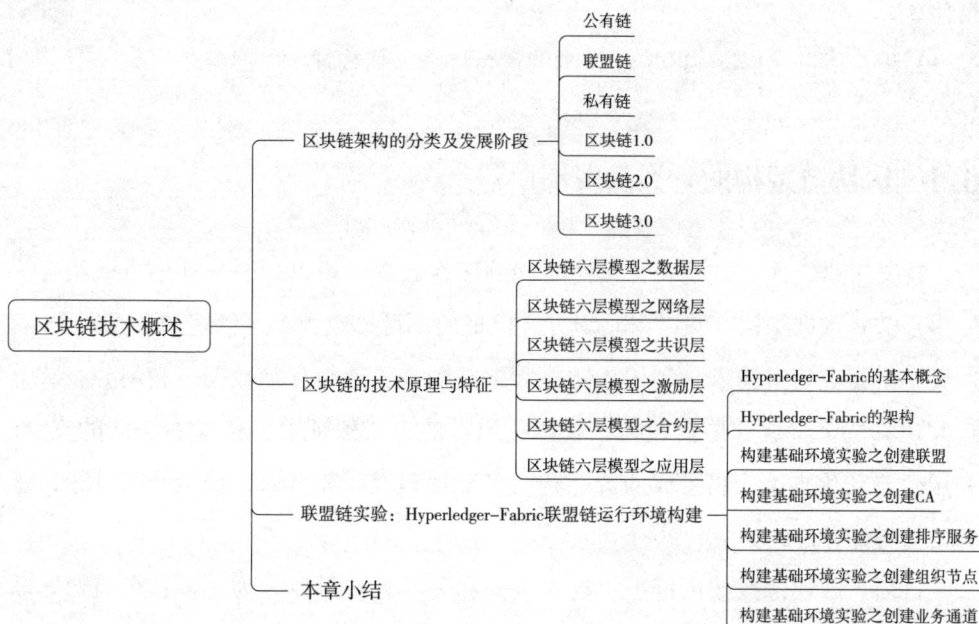

🔍 **导入案例**

2018 年 1 月 16 日，IBM 与丹麦运输物流巨头马士基共同宣布，双方将合作创建基于区块链的航运与供应链公司，将使其运营的全球供应链，涉及从航运到港口，从银行到海关等各环节，实现基于区块链的商业化运营。该区块链解决方案基于 Hyperledger Fabric 构建，可供海运和物流行业使用。该解决方案将端到端的供应链流程数字化，可帮助企业管理和跟踪全球数千万个船运集装箱的书面记录，提高贸易伙伴之间的信息透明度并实现高度安全的信息共享。该方案大规模应用后，将有望为该行业节省数十亿美元。

该解决方案通过一个与供应链生态系统参与方相连的数字基础架构或数据管道来实时交换原始供应链事件和文档。这可以将运输流程与合作伙伴进行整合，建立具有更高透明度，且能进行可信访问的评估框架，从而推动实现可持续的运输。对货运公司而言，这一解决方案可以帮助公司减少贸易备案和处理工作的成本，解决由于转移文书出错而产生的延迟问题。该解决方案还可以对在供应链中移动的集装箱随时跟踪。对海关而言，该解决方案的作用是提供实时跟踪，带来更多可用于风险分析和确定目标的信息，从而加强安全性，提高边境检查清关手续的效率。

思考题:

1. 马士基和 IBM 联合推出的行业级跨境供应链使用的区块链技术原理与特征是什么?

2. Hyperledger Fabric 区块链技术的运行环境如何构建?

6.1 区块链架构的分类及发展阶段

狭义来讲,区块链是一种按照时间顺序将数据区块以顺序相连的方式组合成的一种链式数据结构,并以密码学方式保证的不可篡改和不可伪造的分布式账本。广义来讲,区块链技术是利用块链式数据结构来验证与存储数据、利用分布式节点共识算法来生成和更新数据、利用密码学的方式保证数据传输和访问的安全、利用由自动化脚本代码组成的智能合约来编程和操作数据的一种全新的分布式基础架构与计算范式。

目前,区块链按使用范围、准入机制和参与方式可以分为三种:公有链、联盟链和私有链,如表 6-1 所示。随着技术的突破和业务需求的增长,未来可能还会出现其他种类的区块链。

表 6-1　区块链的分类

公有链	联盟链	私有链
任何人均可自由参加和退出	加入和退出需要经过联盟授权	权力完全控制在一个组织中

6.1.1 公有链

1. 公有链的定义

公有链是指对全世界所有人开放的、任何人都可以读取数据的、发送交易且交易能够获得有效确认的共识区块链。

2 公有链的特点

(1)加入网络不需要具备任何身份和权限。

(2)数据公开透明且无法删除和篡改。

(3)节点之间不需要了解对方信息,所有操作都是匿名的。

(4)公有链上所有的交易公开透明。

6.1.2　联盟链

1. 联盟链的定义

联盟链部分公开，是指某个群体或组织内部使用的区块链，对加入的组织和单位有一定的限制和要求。

2. 联盟链的产生

联盟链的主要使用主体为银行、保险、证券、商业协会、集团企业及上下游企业。这些主体相互协作，通过共识来完成某项业务的需求，但是由于公有链在效率、隐私保护、合规性等方面无法满足这些主体的业务要求，因此需要对公有链进行改造，进而演化出联盟链。

3. 联盟链的优点

相较于公有链，联盟链在效率和灵活性上更有优势，主要体现在以下几点。

（1）交易成本更低。

（2）节点之间的连接更稳定。

（3）更好的隐私保护。

（4）更加灵活。

6.1.3　私有链

1. 私有链的定义

私有链是指写入权限完全被一个组织掌握的区块链，其公开程度由该组织决定，所有参与到这个区块链中的节点都会被严格控制。

2. 私有链的特点

（1）交易速度快。

（2）隐私性更强。

（3）交易成本大幅降低，甚至为零。

6.1.4　区块链 1.0

1. 区块链 1.0 的简介

区块链 1.0 是可编程货币，是与转账、汇款和数字化支付相关的密码学货币应用。通过这一层次的应用，区块链技术首先起到搅动金融市场的作用。大型金融机构诸如纽交所、高盛、芝交所、花旗、纳斯达克等都进入了区块链领域。

2. 区块链 1.0 的用途

基于区块链的数字货币体系，可以解决传统货币体系的三大弊端。

（1）区块链体系由多方共同维护，不需专门消耗人力物力，去中心化结构使成本大幅降低，同时，数据的公开使得用户几乎不可能在其中做假账。

（2）区块链以数学算法为背书，其规则建立在一个公开透明的数学算法之上，能够让不同政治文化背景的人群获得共识，实现跨区域互信。

（3）区块链系统中任一节点的损坏或者失去都不会影响整个系统的运作，具有极好的健壮性。

3. 区块链 1.0 的应用

1）门罗币

门罗币（Monero，代号 XMR）着重于隐私、分权和可扩展性，是一个匿名的数字加密货币，采用 CryptoNote 协议，通过多层可链接自发匿名群签名（M–LSAGS）实现混合。门罗币的发行，为用户提供了更强的隐私性，通过使用隐蔽地址（stealth address）来隐藏交易数据和关键画像，以防止双花攻击。门罗币在混合协议中使用环签名，每笔交易都使用环签名方案生成一个关键画像，关键画像是针对给定用户的私钥执行单向函数的结果（图 6-1）。

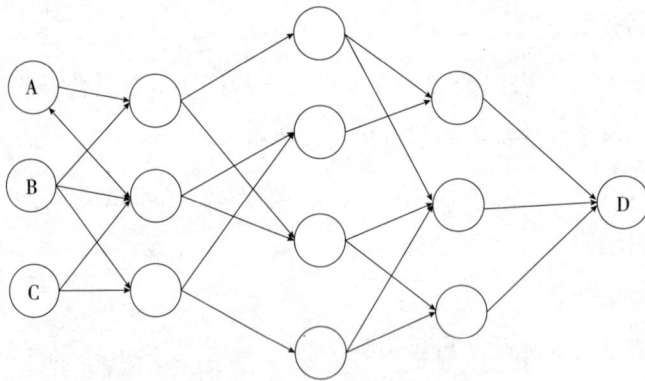

图 6-1　匿名交易与环签名

门罗币对双重支付的保护方式如下。

（1）用户在其私钥下只能生成一个有效签名。

（2）相同密钥下的两个不同签名（双重花费尝试）可以轻松地链接在一起，但只有一个将被存储在区块链中。

（3）密钥镜像不能用于导出私钥和公共地址，但是由于每个花费的密钥镜像都存储在块链中，所以网络将阻止任何重复。

（4）创建密钥镜像的任何尝试都不会在交易验证过程中符合数学公式，并且将被拒绝。

2）莱特币

莱特币（Litecoin，LTC）是受比特币（Bitcoin，BTC）的启发而推出的改进版数字货币。莱特币与比特币在技术上具有相同实现原理，但莱特币的创造和转让基于一种开源的加密协议，不受任何中央机构的管理。莱特币是一种基于"点对点"（peer-to-peer）技术的网络货币，也是 MIT/X11 许可下的一个开源软件项目。它可以帮助用户即时付款给世界上任何一个人。莱特币尽量改进了比特币之前已经表现出的缺点，如交易确认太慢、总量上限偏少、工作量证明机制导致大矿池的出现等 SHA 256 算法。比特币与莱特币的参数比较如表 6-2 所示。

表 6-2　比特币与莱特币的参数比较

简称	BTC	LTC
中文名称	比特币	莱特币
英文名称	Bitcoin	Litecoin
研发者	Satoshi Nakamoto	Charls Lee
核心算法	SHA-256	Scrypt
发表时间	2009 年 1 月 9 日	2011 年 10 月 7 日
共识机制	PoW	PoW
发行总量	2 100 万	8 400 万
区块时间	10 分钟	150 秒
区块奖励	当前 12.5BTC/ 区块	最初 50LTC/ 区块，当前 25LTC/ 区块
减半时间	4 年	4 年

6.1.5　区块链 2.0

1. 区块链 2.0 的简介

区块链 2.0 是经济、市场和金融领域的区块链应用，例如股票、债券、期货、贷款、抵押、产权、智能财产和智能合约，是一种可编程金融。

2. 区块链 2.0 的优点

（1）支持智能合约。

（2）适用大部分应用场景的交易速度。

（3）支持信息加密。

（4）低资源消耗。

6.1.6　区块链3.0

1. 区块链3.0的简介

区块链3.0是价值互联网的内核。区块链能够对每一个互联网中代表价值的信息和字节进行产权确认、计量和存储，从而实现资产在区块链上被追踪、控制和交易。价值互联网的核心是由区块链构造一个全球性的分布式记账系统，它不仅仅能够记录金融业的交易，更能记录几乎任何有价值的能以代码形式进行表达的事物：对共享汽车的使用权、信号灯的状态、出生和死亡证明、结婚证、教育程度、财务账目、医疗过程、保险理赔、投票、能源。因此，随着区块链3.0技术的发展，其应用能够扩展到任何对其有需求的领域，包括审计公证、医疗、投票、物流等领域，进而扩展到整个社会。

2. 区块链3.0的应用

区块链3.0会超越金融领域，进入社会公证、智能化领域。区块链3.0主要应用在社会治理领域，包括身份认证、公证、签证、投票等领域，应用范围扩展到了整个社会，有可能成为"万物互联"的一种最底层的协议。

区块链3.0的主要应用可大体上归纳为数字货币、数据存储、数据鉴证、金融交易、资产管理和选举投票六个场景。

（1）数字货币。本质上是由分布式网络系统生成的数字货币，其发行过程不依赖特定的中心化机构。

（2）数据存储。区块链的高冗余存储、去中心化、高安全性和隐私保护等特点使其特别适合存储和保护重要隐私数据，以避免因中心化机构遭受攻击或权限管理不当而造成的大规模数据丢失或泄露。

（3）数据鉴证。区块链数据带有时间戳、由共识节点共同验证和记录、不可篡改和伪造，这些特点使得区块链可广泛应用于各类数据公证和审计场景。

（4）金融交易。区块链技术与金融市场应用有非常高的契合度。区块链可以在去中心化系统中自发地产生信用，能够建立我国区块链市场发展及区域布局中心机构信用背书的金融市场，从而在很大程度上实现了"金融脱媒"；同时，利用区块链自动化智能合约和可编程的特点，能够极大地降低成本和提高效率。

（5）资产管理。区块链能够实现有形和无形资产的确权、授权和实时监控。无形资产管理方面，可广泛应用于知识产权保护、域名管理、积分管理等领域；有形资产管理方面，可结合物联网技术形成"数字智能资产"，实现基于区块链的分布式授权与控制。

（6）选举投票。区块链可以低成本、高效地实现政治选举、企业股东投票等应用，同时，基于投票的扩展功能可广泛应用于博彩、预测市场和社会制造等领域。

6.2　区块链的技术原理与特征

区块链六层模型如图 6-2 所示。

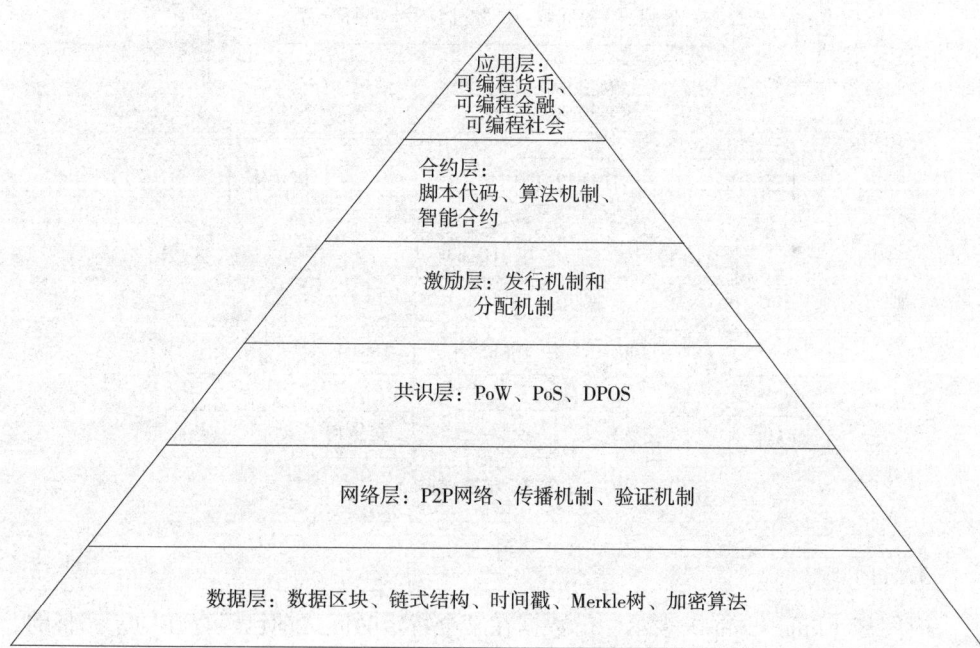

图 6-2　区块链六层模型

6.2.1　区块链六层模型之数据层

1. 数据区块

数据区块是区块链的基本组成单元，并按照时间和特定的数据结构联系在一起，它保存整个区块链网络上的交易数据，这些数据是被所有区块链节点验证、共识和共享的。通过数据区块，可以查询到每一笔链上交易的历史。

区块会记录下区块生成时间段内的交易数据，并且每一笔交易记录都会有时间戳进行标记，区块体实际上就是交易信息的合集。区块链大体上分为区块头和区块体两部分，区块头用于接收前一个区块信息，并且通过时间戳特性保证历史数据的完整性；区块体则包含了经过验证的、区块创建过程中产生的所有交易信息。

2. 链式结构

在区块链技术中，数据以区块的方式永久储存，区块按时间顺序逐个先后生成并连接成链。所以，区块链就是由一个个区块组成的链，每一个区块记录了创建期间发生的所有交易信息，如图 6-3 所示。

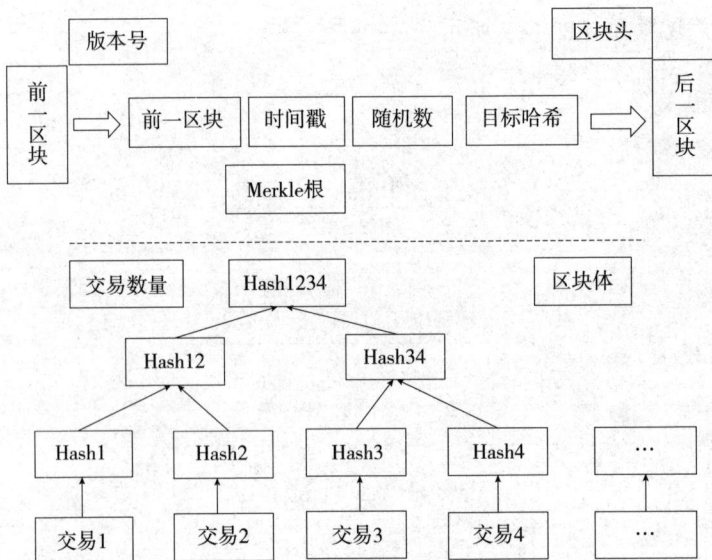

图 6-3　链式结构

3. 时间戳

时间戳（time stamp）表示一份数据在某个特定时间之前已经存在的、完整的、可验证的数据，通常是一个字符序列，唯一地标识某一刻的时间。它是使用数字签名技术产生的数据，签名的对象包括原始文件、签名参数、签名时间等信息，被广泛应用在知识产权保护、合同签字、金融账务、电子报价投标、股票交易等方面。

1）时间戳的定义

时间戳是指从格林威治时间 1970 年 01 月 01 日 00 时 00 分 00 秒（北京时间

1970 年 01 月 01 日 08 时 00 分 00 秒）起至现在的总毫秒数。通俗地讲，时间戳是能够表示一份数据在某个特定时间点已经存在的、完整的、可验证的数据。

2）时间戳的分类

（1）自建时间戳。此类时间戳是通过时间接收设备 [如 GPS.CDMA（码分多址）、北斗卫星] 将时间传到时间戳服务器上，并通过时间戳服务器签发时间戳证书。此种时间戳可用于企业内部责任认定，但在法庭认证时并不具备法律效力，由于其在通过时间接收设备接收时间时存在被篡改的可能，故此不能作为法律依据。

（2）具有法律的效力的时间戳。是由我国中科院国家授时中心与北京联合信任技术服务有限公司负责建设的第三方可信时间戳认证服务，由国家授时中心负责时间的授时与守时监测，同时，其守时监测功能可以保障时间戳证书与我国中科院国家授时中心时间同步。

3）时间戳的作用

（1）防篡改。

（2）防复用。

4. Merkle 树

Merkle 树（梅克尔树）是数据存储的一种结构，主要在区块链中使用，存在于区块头中。梅克尔树是一种二叉树，所谓二叉树，就是两个叶子节点的信息形成一个节点的信息。就是说区块体中包含一组节点，它们含有大量的叶子节点，每一个节点都是它的两个子节点的哈希，通过二叉树的方式形成一个根节点。最终形成的效果是：从信息的最低端，叶子信息进行两两配对，形成一个，再次两两配对形成一个，最终会生成一个顶端的根哈希，代表着梅克尔树的"顶端"。

在图 6-4 中，最底部的子节点信息 L1、L2、L3 和 L4 是叶子节点包含的数据，也就是叶子节点的数据值。继续往上看，Hash0-0、Hash0-1、Hash1-0 和 Hash1-1 就是叶子节点，它是将数据（也就是 L1、L2、L3 和 L4）进行哈希后得到的哈希值；再往上看是中间节点 Hash0 和 Hash1，它们把相邻的两个叶子结点合并成一个字符串，然后运算这个字符串的哈希，它们分别是 Hash0-0 和 Hash0-1 经过 Hash 运算得到的哈希值、Hash1-0 和 Hash1-1 经过 Hash 运算得到的哈希值；接着往上，Top Hash 节点是 Hash0 和 Hash1 经过 Hash 运算后得到的哈希值，这就是这棵梅克尔树的根哈希。

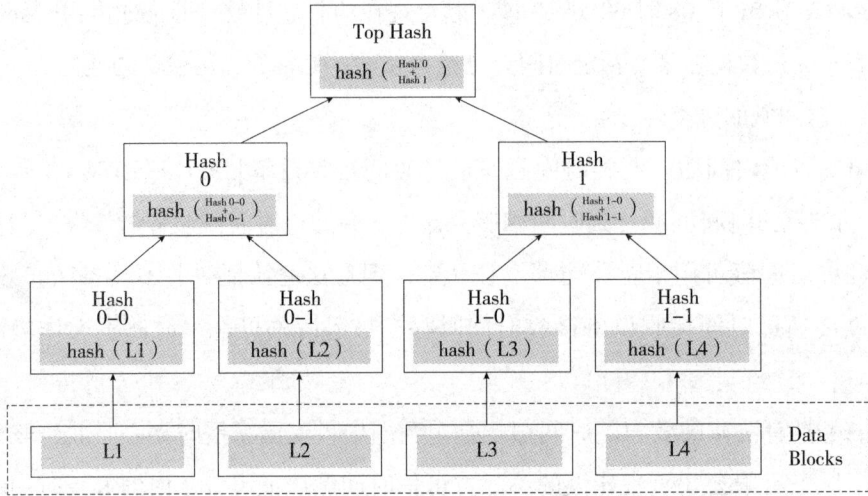

图 6-4　Merkle 树结构

从 Merkle 树的结构可以看出，任意一个叶子节点的交易被修改，叶子节点 Hash 值就会变化，最终根节点的 Hash 值就会随之改变。所以，确定的根节点 Hash 值可以准确地作为一组交易的唯一摘要。Merkle 树具有以下特点。

（1）树状结构。

（2）基础数据不是固定的。

（3）叶子节点是基础。

5.加密算法

数据加密的基本过程就是对原来为明文的文件或数据按某种算法进行处理，只能在输入相应的密钥之后才能显示出明文，通过这样的途径来达到数据不被非法窃取的目的。该过程的逆过程为解密，即将该编码信息转化为其原来数据的过程。

1）对称加密

（1）对称加密的定义。对称加密是指加密和解密使用同一个密钥，因此叫作对称加密。对称加密只有一个密钥作为私钥。也就是说，对称加密产生的是一把钥匙，加密和解密过程都是用这把钥匙来进行。对称加密的具体算法有：DES、AES、3DES、TDEA、Blowfish、RC5、IDEA，其中常见的有 DES、AES、3DES 等。

如图 6-5 所示，发送方要将一个信息发送给接收方，这个信息就是我们图中看到的明文，在发送之前，将一个密钥（这里可以理解为一个口令，但是这个口令只有发送方和接收方知道）和明文一起加密成一个密文，发送给接收方，接收方用密钥进行解密看到明文。这个过程就是对称加密算法。

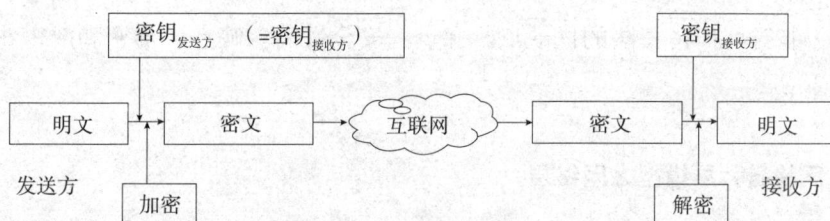

图 6-5　对称加密算法

（2）对称加密的优缺点。优点算法公开、计算量小、加密速度快、加密效率高。缺点密钥的管理和分发非常困难，不够安全；另外，收、发双方所拥有的钥匙数量巨大，密钥管理成为双方的负担。

2）非对称加密算法

（1）非对称加密算法的定义。非对称加密算法需要两个密钥：公开密钥（public key）和私有密钥（private key），公开密钥和私有密钥的界定，取决于将哪个密钥进行了开放。公开密钥与私有密钥是成对的，如使用公开密钥对数据进行加密，只有用对应的私有密钥才能解密；如果用私有密钥对数据加密，只有用对应的公开密钥才能解密。因为加密和解密使用的是两个不同的密钥，所以这种方法叫作非对称加密算法，经典的非对称加密算法包括 RSA、ECC、PGP 等。

在图 6-6 中，发送方和接收方各有一对密钥，分为公钥和私钥。所谓公钥就是公开的，任何人都能得到，而私钥就只有自己知道。非对称加密算法的过程为：发送方将发送的明文和对方的公钥一起经过加密生成密文发给接收方，接收方用自己的私钥解密获得明文。需要注意的是，这里的公钥就是对方的公钥。整个非对称加密算法很好地解决了对称加密算法的很多问题，在区块链上也得到了普遍应用。

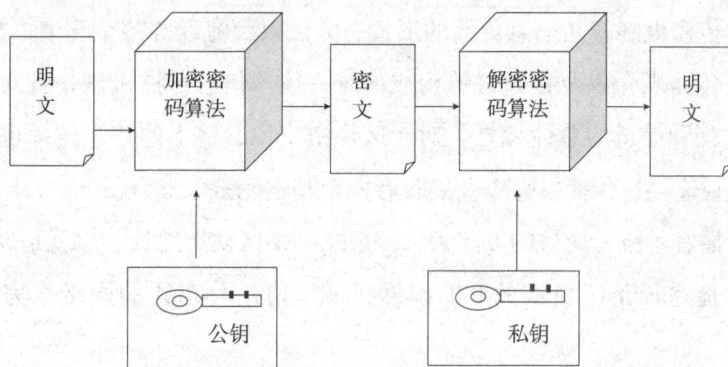

图 6-6　非对称加密算法

（2）非对称加密算法的优缺点。优点：安全性高。缺点：加密和解密花费时间长、速度慢。

6.2.2　区块链六层模型之网络层

网络层包括分布式组网机制、数据传播机制和数据验证机制等。P2P组网技术早期应用在BT（比特流）这类P2P下载软件中，如我们熟知的"迅雷"下载软件就是采用P2P的组网机制，这也意味着区块链具有自动组网功能。

1. P2P网络

P2P在区块链技术中叫对等网络，或者点对点网络。所谓的对等，指的是参与网络的节点权限、地位、职责都是平等的，不存在强中心。因此，P2P网络可以理解为对等计算（peer-to-peer computing）或对等网络（peer-to-peer networking），国内一些组织将P2P理解成"点对点"或者"端对端"。我们可以将P2P定义为：网络的参与者共享他们所拥有的一部分硬件资源 [CPU（中央处理器）处理能力、GPU（图形处理器）显卡能力、内存资源等] 这些共享资源通过网络提供服务和内容，能被其他对等节点（peer）直接访问而无须经过中心。在此网络中的参与者既是资源、服务和内容的提供者（server），又是资源、服务和内容的获取者（client）。

区块链中加入P2P网络以后，对整个区块链的网络会产生以下几方面的价值。

（1）容错性。

（2）抗攻击性。

（3）抗勾结性。

2. 传播机制

信息的传播机制就是信息传播的形式、方法以及流程等各个环节，由传播者、传播途径、传播媒介以及接收者等构成的统一体。信息传播机制是针对信息从发布到接收过程和渠道的总体概括。对于区块链来说，链上的信息传播也需要具备传播者、传播途径、传播媒介以及接收者四个基本元素。

（1）传播者是链上交易的发起人，一般是一个区块链地址，也就是发起地址。

（2）传播途径是区块链的P2P组网机制，通过分布式的网络来完成信息的传播。

（3）传播媒介是区块链上的多个节点，交易信息需要经过每一个节点的验证和打包，才能最终到达接收者的地址。

（4）接收者是接收该信息的区块链地址。区块链比较特殊，接收者地址可以是一个明确的区块链地址，也可以是空地址，空地址代表这条交易数据是部署的智能合约。

区块链的传播是有一定的规律的，如图 6-7 所示，这是区块链完全去中心化的一种结构。当其中一个节点进行数据传输时，先将信息传给与自己相连的几个节点，这几个节点接收到信息之后，再传输给与自己相连的节点，按照这种传输模式，将数据传输到全网。

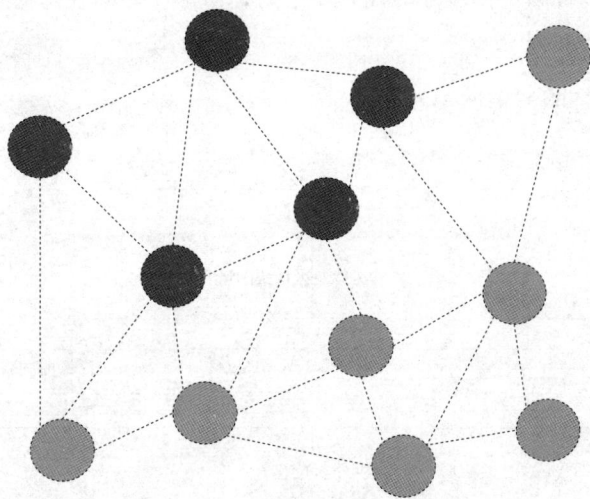

图 6-7　区块链的完全去中心化结构

3. 验证机制

验证机制是区块链系统整个交易流程中的基石部分。在非对称加密算法中，公钥仅针对唯一的私钥进行解密，通过其他任何途径加密的信息无法通过公钥还原。在区块链系统中，全网节点获知加密者的公钥，就可以在无法伪造的前提下唯一地确认交易发起者的身份。与此同时，考虑到信息传输过程中可能出现的失真、误码情况，Hash 函数被用于生成信息摘要。Hash 是不可逆向求解的，哈希算法具备"雪崩效应"，一个微小的改变会导致完全不同的哈希散列值。

6.2.3　区块链六层模型之共识层

共识层封装了网络节点的各类共识机制算法。共识机制算法是区块链的核心技术，因区块链是一个去中心化的记账体系，由共识机制来决定由谁来记账，对于记账方式的选择将影响整个系统的安全性和可靠性。目前已经出现了十余种共识机制算法，其中比较知名的有工作量证明机制（Proof of Work，PoW）、权益证明机制（Proof of Stake，PoS）、股份授权证机制（Delegated Proof of Stake，DPoS）等。

1. PoW

PoW 是共识机制的一种，证明你做定量的工作，通过查看工作结果就能够知道你具体完成了多少指定的工作。如果矿工已经找到一个满足条件的结果，那么我们就可以认为全网的矿工完成了指定难度系数的工作量。而获得记账权的概率取决于矿工们工作量在全网的占比，如果占比是 80%，那么所获得的记账权概率也就是80%，所以，只有提高工作量才能提升竞争力，这样才能够获得更多记账权。

1）PoW 共识机制

PoW 工作量证明流程如图 6-8 所示。

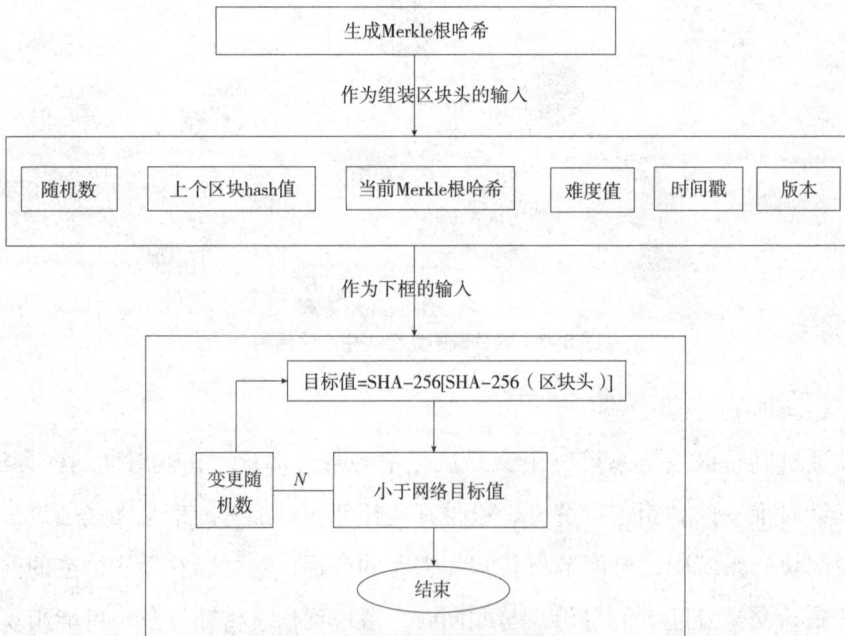

图 6-8　PoW 工作量证明流程

从图 6-8 中可以看出，PoW 工作量证明的流程主要经历以下几个步骤。

（1）生成 Merkle 根哈希。生成 Merkle 根哈希，即节点自己生成一笔铸币交易，并且与其他所有即将打包的交易通过 Merkle 树算法生成 Merkle 根哈希，所以区块是工作量证明的三要素之一。

（2）组装区块头。区块头将被作为计算工作量证明输出的一个输入参数，因此第一步计算出来的 Merkle 根哈希和区块头的其他组成部分组装成区块头。

PoW 是区块链技术最早采用的一种共识机制，以下将介绍 PoW 工作量证明共识是如何记账的。

①客户端产生新的交易，向全网广播。

②每个节点收到请求，将交易纳入区块中。

③每个节点通过 PoW 工作量证明。

④当某个节点找到了证明，向全网广播。

⑤当且仅当该区块的交易是有效的且在之前中未存在的，其他节点才认同该区块的有效性。

⑥接受该区块且在该区块的末尾制造新的区块。

PoW 共识机制时序图如图 6-9 所示。

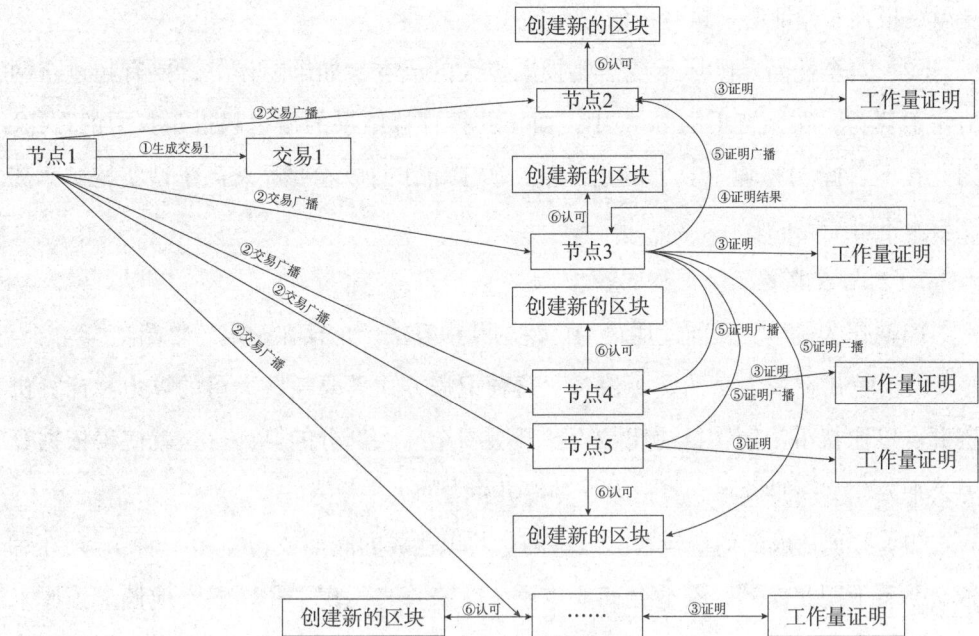

图 6-9　PoW 共识机制时序图

通过上面的分析，我们可以得出以下结论。

（1）在节点成功找到满足的 Hash 值之后，会马上对全网进行广播打包区块，网络的节点收到广播打包区块，会立刻对其进行验证。

（2）如果验证通过，则表明已经有节点成功解密，自己就不再竞争当前区块打包，而是选择接受这个区块，记录到自己的账本中，然后进行下一个区块的竞争猜密。网络中只有最快解密的区块，才会添加到账本中，其他的节点进行复制，这样就保证了整个账本的唯一性。

（3）节点有任何的作弊行为，都会导致网络的节点验证不通过，直接丢弃其打包的区块，这个区块就无法记录到总账本中，作弊的节点耗费的成本就白费了，因此在巨大的挖矿成本下，使得矿工自觉自愿地遵守基于 PoW 的共识协议，也就确保了整个系统的安全。

2）PoW 的特点

目前在全球范围内，公有区块链中有 30% 以上采用 PoW，这一共识机制有以下优点。

（1）去中心化。将记账权公平地分派到每一个节点上。矿工能够获得的币数，取决于其挖矿贡献的有效工作，用于挖矿的矿机性能越好，获得的收益就会越多，也就是根据工作证明来执行币的分配方式。

（2）安全性高。破坏系统需要投入极大的成本，如果想作弊，要有超过全网 51% 的算力，在比特币的 PoW 中，由于获得计算结果的概率趋近于算力的占比，因此在不掌握 51% 以上算力的前提下，矿工敲诈的成本要显著高于诚实挖矿，甚至根本不可能完成欺诈。

3）PoW 的弊端

PoW 作为最早、目前使用最为广泛的共识算法，也存在一定的弊端。

（1）挖矿造成大量的资源浪费。这种记账方式需要耗费大量的算力和计算机资源。以比特币为例，目前比特币已经吸引全球大部分的算力，这就使得依据算力公平分配奖励的机制，演变为了对矿机算力的大举投入。

（2）共识达成的周期较长。区块确认共识达成的间期较长（10 分钟），现在每秒交易量上限是 7 笔，不适合商业应用。PoW 算力的集中化，慢慢地偏离了原来的去中心化轨道。

2. PoS

PoS 也称股权证明机制，是 PoW 的升级，类似于你把资产放在银行里，银行会依据你持有数字资产的数量和时间分配相应的收益。PoS 通过评估你持有币的数量和时长来决定你获得记账权的概率。

同理，采用 PoS 的数字资产，系统会根据币龄向你分配相应的权益，币龄是持币数量和时长的乘积。权益证明机制的计算公式为

币龄 = 持币数量 × 持币时长

PoS 从设计上说，比 PoW 更加先进，存在以下优势。

（1）在一定程度上缩短了共识达成的时间，由于不需要依靠算力碰撞答案了。

（2）因为 PoS 不需要比拼算力挖矿，所以不会造成过多的电力浪费，更加环保。

（3）防作弊，PoS 更难进行 51% 攻击。因为拥有 51% 币才能发起攻击，网络受到攻击造成自己利益受损，显然很不划算。

但是，PoS 中投票的权重取决于其持有 token 的多少。也就是说，每个网络节点连接到一个地址，这个地址所持有的代币越多，生产下一个区块的概率就越大。从本质说，还是需要挖矿，没有从根本上解决商业应用的痛点。

3. DPoS

1）DPoS 的定义

DPoS 是依据当时 PoW、PoS 的不足而改进的共识算法，它的目的是提高性能，也就是交易确认的时间，在更短的时间内达成共识，从而提高交易的处理性能。类似于董事会投票，持币者投出一定数量的节点，代表他们进行验证和记账。运行机制类似于国会制度或人民代表大会制度，如果代表不能履行他们的职责，如轮到他们记账时，他们没能完成则会被除名，网络会选出新的节点来取代他们。

2）DPoS 的优缺点

DPoS 具有以下优点。

（1）秒级的共识验证。DPoS 的每个客户端都有能力决定哪些节点可以被信任，相较于 PoW，DPoS 大幅提高了区块链处理数据的能力，甚至可以实现秒到账。

（2）优势资源集中，算力集中到几个大型的矿场中，会让这些大型矿场形成自己的权利。

（3）合作而非竞争。PoW 竞争的是算力，PoS 竞争的是股权，而 DPoS 是选出行使权力的节点，更像是一种合作关系。

DPoS 同样也存在以下缺点。

（1）去中心化程度低。

（2）投票的积极性不高。

6.2.4 区块链六层模型之激励层

在公链体系中，因为没有中心负责整个网络中的交易记账，同时，链上的每个节点也没有绝对的权利和义务来帮助其他节点进行记账，但是区块链将经济因素集成到技术体系中来，包括经济激励的发行机制和分配机制等。在公有链中必须激励按照规则参与记账的节点，并且惩罚不遵守规则的节点，这样能让整个系统朝良性循环的方向发展。而在私有链中，则不一定需要进行激励，因为参与记账的节点往往是在链外完成了博弈，通过强制力或自愿来要求参与记账。

通过共识机制，矿工不断进行竞争记账的根本原因在于，矿工能够获得区块链的奖励，这种奖励通常以数字货币的形式呈现。例如，在比特币区块链中，如果你获得了最新区块的记账权，就会获得一定数量比特币的奖励。

1. 比特币的发行机制和分配机制

比特币不依靠特定货币机构发行，它依据特定算法，通过大量的计算产生，使用整个 P2P 网络中众多节点构成的分布式数据库来确认并记录所有的交易行为，并运用密码学来确保数据流通各个环节的安全性。比特币与其他虚拟货币最大的不同是其总数量非常有限，总数量将被永久限制，其总量为 2 100 万个，具有极强的稀缺性。

2. 比特币发行机制总结

比特币网络会自动调整数学问题的难度，让整个网络约每 10 分钟得到一个合格答案；随后，比特币挖矿网络会新生成一定量的比特币作为赏金，奖励获得答案的人。2009 年比特币诞生的时候，每笔赏金是 50 个比特币，诞生 10 分钟后，第一批 50 个比特币生成了，此时的货币总量就是 50。随后，比特币约以每 10 分钟 50 个的速度增长，当总量达到 1 050 万（2 100 万的 50%）时，赏金减半，为 25 个，当总量达到 1 575 万（新产出 525 万，1 050 的 50%）时，赏金再减半，为 12.5 个。

6.2.5 区块链六层模型之合约层

合约层是区块链可编程特性的基础，封装了各类脚本、算法和智能合约，包含了图灵完备（可以在区块链上独立部署自己的合约程序）和非图灵完备的编程语言，各自负责不同功能机制。

1. 脚本代码

区块链中的脚本代码，分为输入脚本和输出脚本，输入脚本在区块链中扮演验证交易所有者、交易花费等功能；输出脚本则是在交易产生时对交易进行锁定和签名。如此一来，输入脚本和输出脚本相互配合，保证了区块链系统中每笔交易的归属、去向和唯一花费等。

在区块链中，脚本系统是个比较抽象的概念，也是很重要的部分。可以说，区块链系统之所以能形成一个有价值的网络，依靠的就是脚本系统，它就像一个发动机，驱动着区块链系统不断进行各种数据的收发。此外，脚本系统使区块链实现了各种各样的业务功能，本来只是通过区块链来记账，而通过脚本系统，大家可以使用区块链来记录各种各样的数据，如订单、众筹账户、物流信息、供应链信息等，这些数据一旦可以记录到区块链上，区块链的优点就能够充分发挥出来。

2. 算法机制

算法机制（algorithm mechanism）是指解题方案的准确和完整描述，是一系列解决问题的清晰指令，算法代表着用系统的方法解决问题的策略机制，合约层中加入的算法机制，控制了区块链中加密算法、合约算法、共识算法的执行动作，使区块链的运行按照预先设定的范围和规则来执行，确保整个运行过程是一个有机体。

3. 智能合约

智能合约（smart contract）至少可以追溯到 1995 年，是由尼克·萨博（Nick Szabo）提出来的，他给出的定义是：智能合约是一套以数字形式定义的承诺，包括合约参与方以及在上面执行这些承诺的协议。智能合约可以拆解为三个部分来理解。

（1）承诺。承诺指的是合约参与方同意的（经常是相互的）权利和义务，这些承诺定义了合约的本质和目的。以销售合约为例，卖家承诺发送货物，买家则承诺支付合理货款。

（2）数字形式。数字形式意味着合约必须写入计算机可读的代码中。因为只要参与双方达成协定，有智能合约建立的权利和义务，必须在一台计算机或者计算机网络中执行。

（3）协议。协议是技术实现，以此为基础，合约承诺被实现，两者合约承诺实现被记录下来，选择哪个协议取决于许多因素，其中最重要的因素是在运行期间，被交易资产的本质。

以销售合约为例，假设参与方同意货款以某种数字货币支付，选择的协议很明显将会是该数字货币的协议，在此协议上，智能合约必须运行在某种区块链所规定的协议中，并且该智能合约一定是数字化的承诺。

6.2.6　区块链六层模型之应用层

1. 可编程货币

可编程货币是以数字形式表示的加密数字货币，也称为代币或者 token，其不同于电子货币，是一种价值的数据表现形式，通过数据交易发挥交易媒介、价值存储等功能。但它不是任何国家和地区的法定货币，没有政府的公信力和权威作为背书，只能通过使用者之间的协议来发挥上述功能。

可编程货币是一种具有灵活性的数字货币，整体的发行、分配、验证等环节都依靠算法来保证。区块链构建了一个全新的数字支付系统，在这个系统中，人们可以进行无障碍的数字货币交易或跨国支付。由于区块链具有去中心化、不可篡改、可信任等特性，它能够保障交易的安全性和可靠性，这会对已有的货币体系产生较大影响。区块链 1.0 开启了货币的全新起点，但构建全球统一的区块链网络还有很长的路要走。

2. 可编程金融

基于区块链的可编程特点，人们尝试将智能合约添加到区块链系统当中，形成可编程金融，拓展了区块链在泛金融领域的众多应用。如果说可编程货币是为了实现货币交易的去中心化，那么可编程金融就能实现整个金融市场的去中心化。区块链的应用范围从货币领域扩展到具有合约功能的其他领域，交易的内容包括房产契约、知识产权、权益及债务凭证等。同时，以太币、合约币、彩色币等的出现，也预示着区块链技术正逐步成为驱动金融行业发展的强大引擎。

与虚拟货币的技术支撑平台不同，区块链 2.0 的核心理念是把区块链作为一个可编程的分布式信用基础设施，用以支撑智能合约的应用。图灵完备的智能合约标志着可编程金融的出现，预示着我们可以按照自己的需求设定链上的规则应用。

3. 可编程社会

区块链 3.0 阶段，也就是可编程社会阶段。这一阶段，区块链的应用将超越金融领域，拓展到身份认证、审计、仲裁、投标等社会治理领域和工业、文化、科学、艺术等领域，区块链技术提供了一种通用技术和全球范围内的解决方案，即不再通过第三方建立信用和共享信息资源，从而提高整个领域的运行效率和水平。

随着 5G 技术的不断成熟，区块链中网络带宽的上限问题亦能解决，区块链技术能将所有人和设备连接到一个全球性的网络中，科学地配置全球资源，实现价值的全球流动，推动整个社会发展进入智能互联新时代。

在过去的几个世纪里，人类已经见证了历次技术革命，如工业革命、石油革命等。这些革命显著降低了交易成本、创造了新的沟通方式并改变了基础设施架构，最终实现了新的技术范式。新技术逐步渗透于经济、社会和生活复杂的动态过程中，也为人类社会及其经济组织的运行方式带来了颠覆性变化。

从历史的角度来看，自治组织边界的变动不仅会改变其内部的连接结构，也会改变外部的连接状态，有目的的互动行为会促使组织自发地向更高级的形式演进，从而改变整个社会组织的连接结构和监管方式。区块链带来的交易成本节约和信任重构，既提高了社会管理效率，也完善了社会治理方式，区块链也许最终会带领人们走向更加公正、有秩序和安全的分布式自治社会（decentralized autonomous society，DAS）。

6.3　联盟链实验：Hyperledger-Fabric 联盟链运行环境构建

6.3.1　Hyperledger-Fabric 的基本概念

本节介绍 Hyperledger-Fabric 的基本概念，包括 Peer 节点、Orderer 排序节点、Client 客户端等。

1. Peer 节点

在 Hyperledger-Fabric 网络中，Peer 节点指提供交易背书、交易验证、提交账本等服务功能的逻辑节点，包括 Endorser 背书节点、Committer 记账节点等，通常采用进程实例（或线程、goroutine 等）与功能模块的实现方式，运行在物理服务器、Docker 容器等环境中以此提供服务。因此，不同功能角色的 Peer 节点可以同时运行在同一个物理节点、虚拟机或容器中。其中，对性能有严格要求的生产环境应将 Peer 节点部署在物理节点上，开发测试环境可以考虑虚拟机或容器环境，以方便开发调试与测试。

类似于 P2P 网络，Fabric 中每个 Peer 节点的功能和地位都是对等的，它们之间通过服务分工协作以响应来自 Fabric 客户端的交易请求消息，并共同维护 Fabric 分布式账本的数据一致性。目前，Fabric 提供了如下两种功能角色的 Peer 节点。

1）背书节点

背书节点负责接收来自客户端的签名提案消息请求，检查消息后模拟执行交易提案，并对模拟执行结果签名背书，即使用私钥对请求提案、状态变更（读写集）等签名，表示 Endorser 背书节点认为此次交易是合法有效的，然后将签名背书信息等打包成提案响应消息回复给客户端。

2）记账节点

记账节点负责检查交易消息结构的完整性与合法性、调用 VSCC 验证交易背书策略、执行 MVCC 检查读写集冲突等，标记交易的有效性并提交账本，更新本地账本数据库与文件，包括区块数据文件、隐私数据库、区块索引数据库、状态数据库、历史数据库等。

2. Orderer 排序节点

Orderer 排序节点同样属于逻辑节点，负责管理系统通道与应用通道，维护通道账本与配置，提供 Broadcast 交易广播服务、Orderer 共识排序服务、Deliver 区块分发服务等。

通常，排序节点通过交易广播服务接口接收与处理交易消息请求（普通交易消息与配置交易消息），过滤检查后提交共识组件进行排序，并添加到本地待处理的缓存交易消息列表，按照约定的交易出块规则（如配置出块时间、配置出块字节数限制、通道配置消息单独出块等）切割打包成新区块，再保存到本地账本的区块数据文件中。对于配置交易消息，排序节点还负责创建新的应用通道或更新通道配置。同时，排序节点通过区块分发服务接口接收与处理区块请求消息，从本地账本中获取请求范围内的区块数据回复给请求节点。因此，排序节点在整个 Fabric 系统中属于核心功能模块，其处理交易排序达成共识的性能将直接影响到整个 Fabric 系统的出块效率。

另外，排序节点支持独立的多通道管理，包括系统通道与应用通道，可以保持各通道内节点的账本数据彼此隔离，账本数据只会同步给加入通道的合法 Peer 节点，从而确保数据的隐私性与安全性。

3. 客户端

客户端是用户与 Fabric 网络组件发送请求进行交互的接口，包括如下两种。

1）Fabric-CA 客户端

Fabric-CA 客户端负责节点注册登记，包括登记注册用户信息、获取注册证书与私钥信息等。

2）Fabric 客户端

Fabric 客户端负责网络配置与节点管理，包括初始化与更新配置、启动和停止节点等。同时，还负责通道管理（创建、更新、查询等）与链码生命周期管理（安装、实例化、调用、升级等），能够通过 Peer 节点服务客户端发送消息给 Endorser 节点与 Orderer 节点请求处理，包括交易背书、创建通道、更新通道配置、交易排序、请求区块数据等。

目前，Fabric 客户端包括 CLI（命令行）客户端和多种语言 SDK（软件开发工具包）客户端，如 Node.js、Go、Java、Python 等，负责与其他服务节点进行交互，提供配置操作、通道操作、链码操作、节点操作、日志操作等相关 API（应用程序接口），支持开发丰富的应用程序。

4. CA 节点

CA（certificate authority）节点类似于证书机构，提供用户身份注册服务，基于数字证书与标准的 PKI（公钥基础设施）服务管理 Fabric 网络中的成员身份信息，管理证书生命周期如创建、撤销、认证等操作，以及身份鉴别与权限控制功能，包括身份证书、交易证书等。目前，Fabric 中的身份证书符合 X.509 标准规范，并且基于 ECDSA（椭圆曲线数字签名算法）生成公钥与私钥。

通常情况下，任何合法的成员实体都需要在接入网络前获取认证签署的身份证书等，而不需要在运行过程中一直访问 CA 节点。因此，Fabric-CA 节点是相对独立的组件，不会在网络运行时影响到其他流程和节点的状态。

5. Gossip 消息协议

Gossip 消息协议（流言算法）自 20 世纪 70 年代提出，到现在已经有 50 多年的历史，该算法简单、高效，具有良好的可扩展性和鲁棒性，被广泛应用于分布式定位、数据库复制等领域，如分布式系统 Cassandra 用于实现集群失败检测与负载均衡。Gossip 消息协议规定，节点采用随机选择近邻节点的方式进行路由并交换信息，近邻节点重复这一过程将其传播给没有数据的节点，直到所有节点收到数据为止。这种方式可以有效避免拥塞和路径失效问题，同时拥有节点数对数量级的较低时间复杂度，常见的数据传输模式包括 push 模式（主动推方式）、pull 模式（主动拉方式）和 push/pull 模式（推拉结合方式）。

Fabric 中的 Gossip 消息模块可以提供 Gossip 消息协议服务，负责在应用通道

中的组织 [通常对应于一个 MSP（成员关系服务提供者）对象] 内探测节点成员、在节点间分发区块数据以及同步状态等，用于管理新加入的通道节点，发送成员关系请求消息获知其他节点信息，在组织内分发数据（区块数据与隐私数据）与同步状态，同时，使用反熵算法周期性地从其他节点拉取本地缺失的数据（区块数据与隐私数据），以确保组织内所有节点上账本数据的一致性。

6. 共识

共识算法通常是指参识节点对一段时间内发生的一批交易状态达成一致观点的计算方法，并按照规则将这些交易打包成区块，以保证同一个通道上所有的节点账本最终具有相同的状态，至少要保证参识节点在以下几个方面的一致性观点。

1）基本属性

区块的基本属性，如区块号。

2）排列顺序

区块内交易对象的排列顺序，如按照接收交易的先后时间排序。

3）交易数量

区块内交易的数量，受限于出块时间配置、区块字节数限制、通道配置交易单独出块等规则。

4）交易规则

交易合法性与有效性规则，如验证系统链码（Validation System Chaincode，VSCC）验证交易背书策略、多版本并发控制（Multi-Version Concurrency Control，MVCC）检查交易数据读写集版本冲突等。

5）容错规则

容忍恶意节点数据或故障节点数据的规则，如 PBFT（实用拜占庭容错）算法。

因此，Hyperledger-Fabric 达成共识的过程包含在交易背书、交易排序、交易验证等阶段。

（1）交易背书。背书节点负责检查签名提案消息并模拟执行，对模拟结果读写集等添加签名，表示予以背书支持。客户端只有收集到满足条件数量的背书信息之后，才允许构造交易请求提交给排序节点，同时会在交易验证阶段检查这些背书信息是否满足指定的背书策略，以确保交易背书的合法性。

（2）交易排序。目前，排序节点支持两类共识组件，包括 Solo 类型（用于单节点测试）与 Kafka 类型（基于 Kafka 集群）。这两类共识组件都是先利用 Golang

通道、Kafka 集群等对接收到的合法消息（符合通道处理要求）进行排序，对交易顺序等达成一致，再添加到缓存交易消息列表中，并按照约定的交易出块规则切割打包构造新区块，以保证全局一致的区块顺序、区块内交易顺序与交易数量等。另外，Fabric0.6 中测试的 SBFT（拜占庭容错）共识组件则是参识节点先将交易分割打包到区块中，经过 SBFT 共识算法确定区块顺序的一致性以达成共识，最后写入账本。

（3）交易验证。记账节点负责验证排序后的交易数据，包括检查交易结构格式的正确性、调用 VSCC 链码验证交易背书签名是否满足预设指定的背书策略、执行 MVCC 检查交易数据读写集的版本冲突等，标记交易的有效性，并提交到区块数据文件中，建立索引，更新到区块索引数据库。

7. 成员关系服务提供者

成员关系服务提供者是 Fabric 中提供身份验证的实体抽象概念，基于 X.509 标准的身份证书实现对不同资源实体（成员、节点、组织、联盟等）进行认证等权限管理操作，同时提供数字签名算法与身份验证算法。

Fabric 中属于同一个 MSP 组件内的成员都拥有共同信任的根证书，支持共享敏感数据。一个组织或联盟都可以对应一个层级化的 MSP 实例，通常一个 MSP 对象负责一个组织或联盟对象。MSP 对象包括 MSP 名称 ID（身份标识）、信任的根证书、中间证书列表、管理员身份证书、组织单元列表、CRL（证书撤销列表）等。

8. 组织与联盟

组织表示多个成员的集合，通常拥有共同信任的根证书（根 CA 证书或中间 CA 证书）。组织下的所有成员被认为拥有同一个组织身份。目前，存在普通成员角色和管理员角色两类组织成员，后者具有修改组织配置的权限。组织对象通常包括组织名称、组织所属 MSP 名称（MSPID）、MSP 对象、锚节点列表等信息。

联盟表示相互合作的多个组织集合，使用相同的排序服务，拥有相同的通道创建策略（ALL、MAJORITY 或 ANY），其中，MAJORITY 策略要求联盟内必须有超过一半的成员同意才能创建新通道。

9. 交易和区块

交易是 Fabric 的核心概念，通常是指通过调用链码（智能合约）改变账本状态数据的一次操作。对账本状态的变更是用交易结果读写集来描述的，将交易集合经过排序节点排序后按规则打包到区块中。目前，Hyperledger-Fabric 包括普通交易消息、配置交易消息等，其中，普通交易消息封装了变更账本状态的执行交易结果，需要经过排序后打包成区块，配置交易消息则用于创建新的应用通道或更新通道配置，通常在排序后单独打包成区块，同时，将最新配置区块号更新到最新的区块元数据中以便于索引查找。

区块是指一段时间内发生的交易集合，经排序后按规则打包并添加签名、哈希值、时间戳与其他元数据所构成的数据结构，而区块链就是以区块为基础按照时间顺序连接构成的链状数据结构。Fabric 中的区块结构（Block 类型）包括区块头 Header、交易数据集合 Data 以及区块元数据 Metadata 三个部分。其中，区块头 Header 封装了区块号、前一个区块的哈希值、当前区块的哈希值，交易数据集合 Data 封装了打包的交易集合。

区块元数据 Metadata 封装了如下 4 个元数据索引项，包括：区块签名；最新配置区块的区块号；最新交易过滤器，封装了交易数据集合 Data 中所有交易对应的交易验证码，标识其交易的有效性；Orderer 配置信息（Block Meta data Index_ORDERER），如 Kafka 共识组件的初始化参数。

通常情况下，Orderer 节点根据交易出块规则（出块时间限制、区块字节数限制、配置交易单独出块等）来确定是否将收到的一批交易消息排序切割打包成区块。

10. 链码

链码或链上代码就是 Hyperledger-Fabric 中的智能合约，分为系统链码和用户链码。通常情况下，链码要经过安装和实例化（部署）步骤之后才能正常调用，同时，必须实现 Chain code 类型接口的 Init 方法与 Invoke 方法。

系统链码在节点启动或初始化新链结构（节点加入通道、节点启动恢复等）时完成部署，用于支持配置管理、背书签名、链码生命周期管理等系统功能，并运行在 goroutine 中，目前支持如下五类系统链码。

1）配置系统链码

配置系统链码，负责管理系统配置，支持的命令包括 Join Chain 节点加入应用通道、Get Config Block 获取通道配置区块、Update Config Block 更新通道配置区块、Get Channels 获取节点加入的通道列表等。

2）背书管理系统链码

背书管理系统链码，负责对模拟执行结果背书签名，并创建提案响应消息，同时管理背书策略。

3）生命周期系统链码

生命周期系统链码，负责管理用户链码的生命周期，如打包、安装、实例化（部署）、升级、调用、查询等链码操作。

4）查询系统链码

查询系统链码，负责查询账本和区块链信息，支持的命令包括 Get Chain Info 获取区块链信息、Get Block By Number 获取指定区块号的区块数据、Get Block By Hash 获取指定区块头哈希值的区块数据、Get Transaction By ID 获取指定交易 ID 的交易数据、Get Block By TxID 获取指定交易 TxID 的区块数据等。

5）验证系统链码

验证系统链码，负责对交易数据进行验证，并检查签名背书信息是否满足预定的背书策略。用户链码是用户编写的智能合约代码，通常运行在 Docker 容器中，支持打包、安装、实例化（部署）、升级、调用等链码操作。

11. 通道与链

通道是 Fabric 的核心概念，通常是指排序节点管理的彼此隔离的原子广播渠道，提供隔离 Peer 节点信息的重要机制。链或链结构包含关联通道上的账本区块及其交易数据、通道配置、链码信息等，并将账本上的区块链接起来构成线性数据结构。

Peer 节点在加入应用通道时会主动创建关联通道的链结构对象，以管理本地节点上该通道的账本、配置、链码信息等，接收保存来自 Orderer 节点或其他节点的通道账本数据。通常，由通道组织 Leader 主节点负责从 Orderer 节点请求获取通道账本的区块数据，并分发到组织内的其他节点。另外，隐私数据（明文）也会在通道上组织内授权的节点间传播。因此，通道上的数据只会发送给加入通道的合法组织成员，从而隔离未经授权的数据访问，保护数据隐私性。

目前，Fabric 上的通道分为应用通道和系统通道，具体如下。

1）应用通道

应用通道保存 Application 配置（组织信息等）等，为上层应用程序处理交易提供隔离机制，在指定通道的组织成员间共享账本数据。客户端向 Orderer 节点发送通道配置交易消息创建应用通道，并生成该通道的创世区块，同时还可以提交新的通道配置交易消息以更新通道配置。另外，应用通道账本上还保存了应用通道的创世区块、配置区块（更新通道配置）与普通交易区块。

2）系统通道

系统通道保存 Orderer 配置（共识组件类型、服务地址、出块规则、通道数量等）等，基于系统通道配置与应用通道配置交易消息创建新的应用通道，并将其注册到 Orderer 节点的多通道注册管理器 Registrar 对象上，同时，启动通道共识组件链对象，从而能够正常处理应用通道上的交易消息请求。另外，系统通道账本上还保存了系统通道的创世区块、所有应用通道的创世区块及其更新的配置区块。

注意，Fabric 创建或更新应用通道时必须指定通道配置交易文件。

12. 账本

Fabric 账本提供了多个数据库与文件用于存储账本数据，且每个通道都拥有物理或逻辑上独立的账本对象，具体如下。

状态数据库记录最新的世界状态，即状态变更结果，保存有效交易的公共数据、隐私数据哈希值与隐私数据，支持 Level DB 与 Couch DB 数据库。

6.3.2　Hyperledger-Fabric 的架构

1. Hyperledger-Fabric 系统逻辑架构

Hyperledger-Fabric 逻辑架构示意图如图 6-10 所示。从应用层视角来看，Hyperledger-Fabric 为开发人员提供了 CLI 命令行终端、事件模块、客户端 SDK、链码 API 等接口，为上层应用提供了身份管理、账本管理、交易管理、智能合约管理等区块链服务，具体如下。

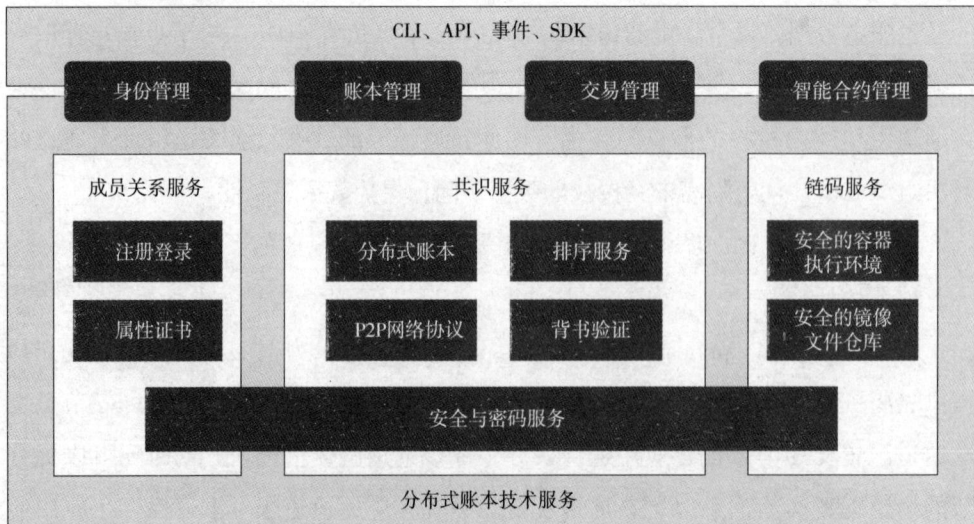

图 6-10　Hyperledger-Fabric 逻辑架构示意图

1）身份管理

获取用户注册证书及其私钥，用于身份验证、消息签名与验签等。

2）账本管理

提供多种方式查询与保存账本数据，如查询指定区块号的区块数据。

3）交易管理

构造并发送签名提案消息请求背书，检查合法后请求交易排序，并打包成区块，验证交易后提交账本。

4）智能合约管理

基于链码 API 编写智能合约程序，安装链码并实例化（部署）后，通过调用链码请求执行更改状态的操作。

从底层视角看，Hyperledger-Fabric 提供了成员关系服务、共识服务、链码服务、安全与密码服务，具体如下。

1）成员关系服务

Fabric-CA 节点提供成员登录注册服务，接收申请并授权新用户证书与私钥等，对身份证书生命周期进行管理。MSP 组件基于身份证书实现对成员等资源实体进行认证等权限管理操作，同一个 MSP 组件对象内的成员拥有共同信任的根证书。

2）共识服务

通过 Endorser 背书节点模拟执行提案消息，请求对模拟执行结果等签名进行背书，再提交到 Orderer 节点共识组件（Solo、Kafka 等）对交易进行排序并打包出块，然后交由 Committer 记账节点验证交易并提交账本。同时，基于 Gossip 消息协议提供 P2P 网络通信机制，实现高效数据分发与状态同步，确保节点账本的一致性。

3）链码服务

基于 Docker 容器提供隔离运行环境执行链码，支持多种语言开发的链码程序（智能合约），具有良好的可扩展性，同时，提供完善的镜像文件仓库管理机制，支持快速环境部署与测试。

4）安全与密码服务

将安全与密码服务封装为 BCCSP（区块链密码服务提供者）组件，提供生成密钥、消息签名与验签、加密与解密、获取哈希函数等服务功能，具有可插拔组件特性，能够扩展定制的密码安全服务算法（如国密等）。

2. Hyperledger-Fabric 系统运行时的架构

Hyperledger-Fabric 系统运行时的架构示意图如图 6-11 所示。

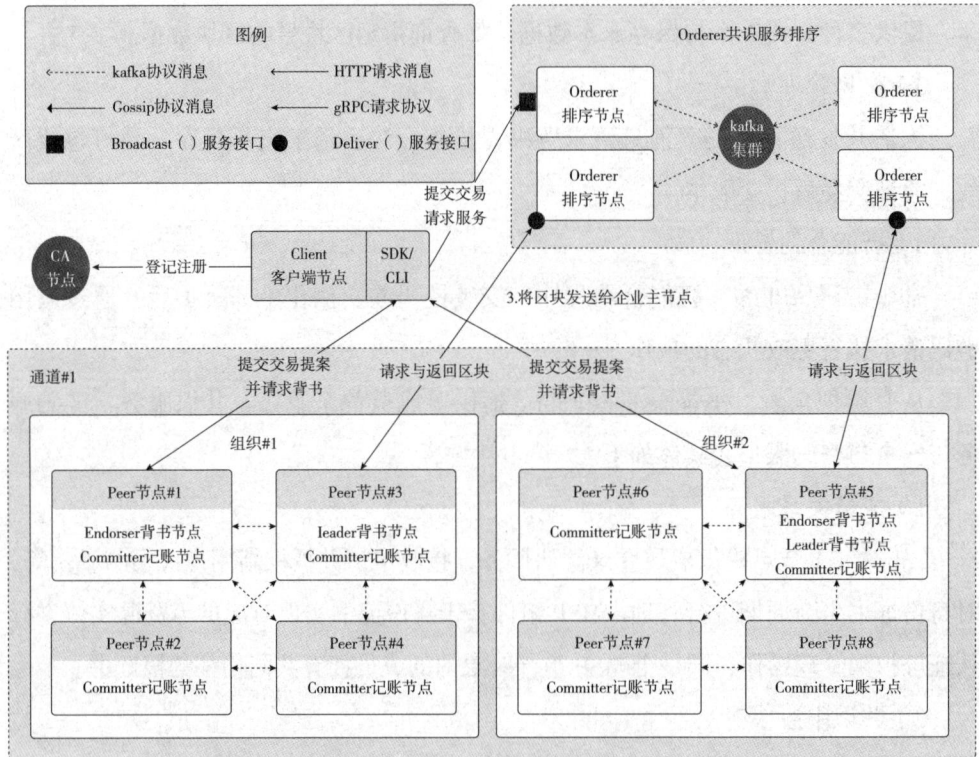

图 6-11 Hyperledger-Fabric 系统运行时的架构示意图

1）CA 节点

CA 节点部署 Fabric-CA 等可选组件，基于 RESTful 接口提供用户注册、证书颁发等用户管理与证书服务。用户可以通过客户端登记信息，注册合法用户并登录，申请获取合法的身份证书与私钥，交由 MSP 组件验证与管理用户实体身份。另外，用户也可以通过其他第三方合法的 CA 工具实现颁发证书等服务功能。

2）Client 客户端节点

Client 客户端节点部署用户应用程序或 CLI 命令行终端，需要登记注册用户（或其他合法途径）获取合法的证书与私钥，并执行用户程序或命令，首先发送消息到背书节点请求背书，当收集到足够多的背书结果后，将背书信息、模拟执行结果等封装为普通交易消息，通过交易广播服务接口发送给排序节点请求排序，生成区块后广播到通道中的所有 Peer 节点上。对于配置交易消息，还需要创建新的应用通道或者更新通道配置。另外，客户端节点还可以通过区块分发服务接口从排序节点请求获取指定通道的区块数据。

3）Peer 节点

Peer 节点包括背书节点、记账节点等，可以运行在同一个物理服务器节点上。

背书节点负责启动链码容器用于模拟执行签名提案，并对模拟执行结果读写集、交易提案等进行签名背书，表示认可交易提案模拟执行结果。通常，默认静态指定背书节点为当前操作的 Peer 节点（如命令行模式），或者设置参数列表动态指定背书节点。

同一个通道上的所有 Peer 节点默认都是该通道组织上的记账节点，维护本节点上该通道的账本数据，负责对交易进行验证，调用系统链码检查背书信息是否满足实例化时指定的背书策略，再执行 MVCC 检查以标记交易的有效性，并提交本地账本。

另外，Leader 主节点代表组织（通常对应于一个 MSP 组件）通过区块分发服务接口与排序节点建立 gRPC（远程过程调用）通信连接，请求指定通道的账本区块数据。如果接收完毕账本当前已有的区块数据，则阻塞等待直到提交新区块。同时，Leader 主节点通过 Gossip 消息协议将接收的区块数据分发到组织内的其他节点，以达到广播交易的目的。同时，通道组织内的 Peer 节点基于反熵算法同步缺失的数据（区块数据与隐私数据），及时更新组织内的所有节点账本，以确保数据的一致性。

4）Orderer 排序节点

目前，Hyperledger-Fabric 中的 Orderer 排序节点提供了基于单个节点的排序服务或基于多个节点（集群）的排序服务（Kafka 类型）。

6.3.3　构建基础环境实验之创建联盟

进入区块链供应链金融教学平台，单击"进入课程"按钮，则可以进入区块链供应链金融教学平台实验选择界面。

在区块链供应链金融教学平台实验选择界面中，选择"五、联盟链商业环境搭建"，单击"开始学习"按钮，则可以进入本次联盟链商业环境搭建的实验界面。

在联盟链商业环境搭建的实验界面，展开"任务列表"菜单，单击"三、构建底层基础环境实验"，系统弹出内容为"请先完成小组下任务步骤分配，分配成功以后，方可学习"的提示框，单击"确定"则进入分配任务界面。

依次单击"分配给小组成员"下拉列表，将"任务一、创建联盟－中国首钢""任务二、创建CA－中国首钢""任务三、创建排序服务－中国首钢""任务四、创建组织节点－中国首钢""任务五、创建业务通道－中国首钢"这五个任务分配给对应的小组成员，选择好后，单击"分配"按钮，完成任务分配，此处以五个任务都分配给编者1为例进行后续操作。接着，系统弹出内容为"分配任务完成，请完成业务实训"的提示框，单击"确定"按钮。

单击"创建联盟－中国首钢"进行本次实验，本实验围绕创建联盟进行全面解析，涉及联盟链创建导入与创建，通过"导入学习＋实验操作"的方式让学生进行整体的学习，加深学生对创建联盟链的掌握和理解。

1. 联盟链创建导入

界面中单击"联盟链创建导入"，进行本次实验。

1）联盟链的适用场景有哪些？

适用于机构间的交易、结算或清算等 B2B 场景。

2）公有链、私有链、联盟链的区别有哪些？

公有链适用于对可信度、安全性有很高要求，而对交易速度要求不高的场景。私有链或联盟链更适合对隐私保护、交易速度和内部监管等具有很高要求的应用。

3）如何创建联盟链？

将联盟组件拖到画布指定区域，即可搭建成功。

2. 创建联盟链

界面中单击"创建联盟链"按钮，学习关于联盟链的知识，并进行答题。

1）任务描述

联盟是多个企业组成的集合，多个企业共同加入一个联盟后需要遵守联盟中的规则，共同维护联盟的利益，在进行企业上链之前，需要创建一个联盟，然后将企业添加进来。

2）操作步骤

（1）打开下方组件库，将组件库中的联盟组件拖入环境画布中，单击"添加"按钮，完成对联盟组件的创建。

（2）单击画布中的联盟组件，单击"联盟配置"按钮，在右侧滑出框中进行组件配置，内容如表 6-3 所示。

表 6-3　联盟组件配置内容

配置项	填写内容（建议）	说明
联盟名称	联盟	联盟名称，可自定义
联盟描述	本课程中的唯一联盟	联盟的描述，可自定义
联盟链中的成员	显示所有组织名称	在后续创建企业后，将会显示所有的企业名称，当前任务中没有显示是因为还没有企业加入本联盟中

（3）单击"执行配置"按钮，运行成功后单击右上角"完成"按钮，进入下一项实训任务。

6.3.4　构建基础环境实验之创建 CA

在界面中单击"创建 CA- 中国首钢"，进行本次实验。本实验围绕创建 CA 进行全面解析，涉及 CA Server 配置导入与创建、CA Client 和 CA 管理员配置导入与创建、创建中间 CA、创建 CA 数据库等相关知识点，通过"导入学习 + 实验操作"的方式让学生进行整体的学习，加深学生对创建 CA 的理解。

1. CA Server 配置导入

单击界面中的"CA Server 配置导入"，本任务为进行 CA Server 配置的学习，逐步单击"下一步"按钮，学习相关知识，并回答问题。

1）如何对 CA Server 进行配置？

将组件库中的 CA Server 组件拖入环境画布中，单击"添加"按钮，完成对 CA Server 的创建。

2）怎样对 Fabric-CA Server 进行基本配置？

单击创建的 CA Server，打开 Fabric-CA Server 基本配置，在右侧滑出框中进行基本配置。配置完成后，单击"生成"按钮，下方将自动生成运行命令行，依次单击命令行后方的"运行命令"即可。

3）配置过程中的注意事项有哪些？

配置过程中的注意事项如表 6-4 所示。

表 6-4　配置过程中的注意事项

下载路径	安装状态
系统默认路径	自动安装
CA 文件下载的默认路径，不建议修改	将下载的安装包自动放到指定的文件夹目录中

4）Fabric-CA Server 如何进行初始化设置?

Fabric-CA Server 的初始化设置如表 6-5 所示。

表 6-5 Fabric-CA Server 的初始化设置

配置项	填写内容（建议）	说明
初始化路径	系统默认路径	初始化过程中生成的配置文件的存储位置
初始化状态	命令初始化	无

5）Fabric-CA Server 怎样进行启动设置?

Fabric-CA Server 的启动设置如表 6-6 所示。

表 6-6 Fabric-CA Server 的启动设置

步骤	配置项	填写内容（建议）	说明
启动 Ca 服务	启动路径	系统默认路径	配置文件的存储位置
	启动状态	命令启动	无
TLS 配置	是否启动 TSL（安全传输协议）	是	启用 TSL 后，再进行消息传输的时候需要进行身份验证的证书和前面的私钥
	TSL 证书文件	系统默认路径	若上一个配置同意使用 TLS 协议，则需要选择路径用于存储证书文件
	TSL 秘钥文件	系统默认路径	若上一个配置同意使用 TLS 协议，则需要选择路径用于存储证书文件
	是否进行身份验证	clientcent	noclientcert：不进行身份验证 certfiles：进行客户端身份验证时，信任的证书文件列表

2. 创建 CA Server

单击界面中的"创建 CA Server"，创建 CA 客户端，主要用于对后续的加入联盟链的组织进行审核。请分别完成下列任务，完成 CA 的创建，并对基础信息进行配置。

Fabric-CA Server 的基本配置方法如下。

（1）进入创建 CA Server 界面后，打开下方组件库，将组件库中的 CA Server 组件拖入环境画布中，单击"添加"按钮，根据上文学习内容填写信息，完成对 CA Server 的创建。

（2）单击画布中的 CA Server，打开 Fabric-CA Server 基本配置，在右侧滑出框中进行组件配置，配置内容如表 6-7 所示。

表 6-7　Fabric-CA Server 基本配置

配置项	填写内容（建议）	说明
CA Server ID	Fabric CA Root Server	CA 的唯一标识，后续我们可以通过本标识辨识 CA Server
组件名称	会计联盟 Root CA Server	组件的名称，可以自定义名称
组件描述	这是本次课程使用的区块链商业环境中的根 CA，后续加入本联盟的组织需要通过根 CA 的认证	组件描述，可以自定义内容名称
下载路径	系统默认路径	CA 文件下载的默认路径，不建议修改
安装状态	自动安装	将下载的安装包自动放到指定文件夹目录中

配置完成后，单击"生成"按钮，下方将自动生成运行命令行，依次单击命令行后方的"运行命令"即可。

（3）单击画布中的 CA Server，打开初始化 Fabric-CA Server 服务，在右侧滑出框中进行组件配置，配置内容如表 6-8 所示。

表 6-8　Fabric-CA Server 组件配置

配置项	填写内容（建议）	说明
初始化路径	系统默认路径	初始化过程中生成的配置文件的存储位置
初始化状态	命令初始化	无
账户名称	admin	设置 CA 管理员的登录账户，可以自定义
账户密码	admin123	设置 CA 管理员的登录密码，可以自定义

配置完成后，单击"生成"按钮，下方将自动生成运行命令行，依次单击命令行后方的"运行命令"即可。

（4）单击画布中的 CA Server，打开 Fabric-CA Server 启动设置，在右侧滑出框中进行组件配置，配置内容见表 6-4。

3. CA Client 配置导入

单击界面中的"CA Client 配置导入"，本任务为进行 CA Client 配置的学习，逐步单击"下一步"按钮，学习相关知识，并回答问题。

1）如何对 CA Client 进行配置？

将组件库中的 CA Client 组件拖入环境画布中，单击"添加"按钮，完成对 CA Client 的创建。

2）怎样对基础信息进行配置？

单击创建的 CA Client，打开基础信息配置，在右侧滑出框中进行基本配置。

配置完成后，单击"生成"按钮，下方将自动生成运行命令行，依次单击命令行后方的"运行命令"即可。

3）配置过程中有哪些注意事项？

配置过程中的注意事项如表 6-9 所示。

表 6-9   配置过程中的注意事项

步骤	配置项	填写内容（建议）	说明
基本信息	组件 ID	默认值：Fabric-CA Client	组件的唯一标识，不建议修改
	组件名称	Fabric-CA Client	组件的名称，可自定义
	组件描述	Fabric-CA 客户端，用于审核加入联盟的组织	组件的描述，可自定义
安装客户端	安装包下载路径	系统默认路径	客户端文件的存储地址
	安装状态	自动安装	无

4）认证管理员需要填写哪些内容？

认证管理员需要填写的内容如表 6-10 所示。

4. 创建 CA Client 和 CA 管理员

单击界面中的"创建 CA Client 和 CA 管理员"，进入创建 CA Client 和 CA 管理员界面。

表 6-10   认证管理员需要填写的内容

步骤	配置项	填写内容（建议）	说明
身份信息设置	CA Server ID	下拉框：Fabric-CA Server	创建联盟 CA Server 任务中配置的 CA Server 内容
	账户名称	自动带出	下拉框选择后自动带出
	账户密码	自动带出	下拉框选择后自动带出
认证管理员信息	身份类型	下拉框	admin
	加密算法	SHA2	默认值
	加密长度	256	默认值

具体操作步骤如下。

1）基础信息配置

（1）进入创建中间 CA Client 和 CA 管理员界面后，打开下方组件库，将组件库中的 CA Client 组件拖入环境画布中，单击"添加"按钮，根据上文学习的内容填写信息，完成对 CA Client 组件的创建。

（2）单击画布中的 CA Client 组件，单击基础信息配置，在右侧滑出框中进行组件配置。配置内容见表 6-7。单击"运行命令"，运行成功后，将在环境画布中生成一个 CA 管理员组件，单击 CA 管理员，打开登录界面，输入账号密码，登陆成功后能够看到 CA 管理员界面，至此联盟链基础环境构建成功，单击"完成"按钮，进入下一项实训任务。

2）认证管理员

单击画布中的 CA Client 组件，单击认证管理员，在右侧滑出框中进行组件配置。配置内容见表 6-8。

5. 创建中间 CA

中间 CA 是能够代替根 CA 进行授权的机构，就像现实企业中的某个企业的代理商一样，通过中间 CA 授权的组织也能够加入联盟链中。单击"创建中间 CA"，进入创建中间 CA 界面。

具体操作步骤如下。

1）配置中间 CA 数量

（1）进入创建中间 CA 界面后，打开下方组件库，将组件库中的 I CA Server 组件拖入环境画布中，单击"添加"按钮，根据上文学习的内容填写信息，完成对 I CA Server 组件的创建。

（2）单击画布中的 I CA Server 组件，打开配置中间 CA 数量，在右侧滑出框中进行组件配置，内容如表 6-11 所示。

表 6-11　配置中间 CA 内容

配置项	填写内容（建议）	说明
CA Server ID	下拉框	创建联盟 CA Server 任务中配置的 CA Server 内容
CA Server 账户	自动带出	创建联盟 CA Server 任务中，初始化 Fabric-CA Server 配置时设置的账户
CA Server 密码	自动带出	创建联盟 CA Server 任务中，初始化 Fabric-CA Serve 服务配置时设置的账户密码
配置 I CA 的数量	下拉框	设置联盟链中中间 CA 的数量，可以任意选择

单击"生成",生成如表 6-12 所示的参数信息。

表 6-12　参数信息

参数	说明
–b	本参数后面跟着 Fabric–CA Server 的账户名和密码
–ca count	后面跟中间 CA 的数量

单击命令后面的"运行命令"按钮,完成本配置项的配置,进入下一个配置项。

2)ICA 基础信息配置

这里出现的 CA 数量就是前面创建的中间 CA,为创建的所有 ICA 设置一个名称,单击"生成",生成如表 6-13 所示的命令。

表 6-13　ICA 基础信息配置

参数	说明
–b	本参数后面跟着 Fabric–CA Server 的账户名和密码
–ca files	后面跟各个 ICA 的路径,配置几个 ICA 就有几个路径信息

单击"运行命令",运行完成后,单击"完成"按钮,进入下一项实训任务。

6. 创建 CA 数据库

CA 数据库记录着很多关于证书的数据,是不可缺少的部分之一。单击界面中的"创建 CA 数据库",进入创建 CA 数据库界面。

CA Server 数据库基础信息配置方法如下。

(1)进入创建 CA 数据库后,打开下方组件库,将组件库中的 CA 数据库组件拖入环境画布中,单击"添加"按钮,根据上文学习内容填写信息,完成对 CA 数据库的创建。

(2)单击画布中的 CA 数据库,打开 CA Server 数据库基础信息配置,在右侧滑出框中进行组件配置,配置内容如表 6-14 所示。

配置完成后,单击"执行配置"。

7. 配置 LDAP

轻型目录访问协议(LDAP)是一个"开放的、中立的"工业标准的应用协议,通过 IP 协议提供访问控制和维护分布式信息的目录信息。单击"创建 CA 数据库",进入创建 CA 数据库界面。

表 6-14　CA Server 数据库基础信息配置

配置项	填写内容（建议）	说明
数据库 ID	默认值：CA Sever	ID 是唯一的，用于识别组件
数据库名称	Root CA 数据库	组件的名称，可以自定义名称
数据库描述	用于存储 CA 机构向组织颁发的证书	当前数据的描述，可以自定义内容
数据库类型	Sqlite	Sqlite：一个轻量级别数据库。PostgreSql：一种特性非常齐全的自由软件的对象 - 关系型数据库管理系。Mysql：最流行的关系型数据库管理系统之一
数据库文件存储路径	系统默认路径	数据库文件的存储地址
CA Server 服务器	下拉框	这里就是在创建联盟 CA Server 任务中的 CA Server ID，如果当前下拉框中没有数据，需要检查创建联盟 CA Server 任务中所有的配置项是否运行成功
端口号	自定义四位数字	端口号是用于传输数据的出入口，不能重复
CA 数据库账户	SqlUser	登录 CA 数据库的账户，该账户对本组件进行直接管理，有最高权限，可以自定义，字符 + 数字的组合
CA 数据库密码	SqlUser123	登录 CA 数据库账户的密码，可以自定义，字符 + 数字的组合

具体操作步骤如下。

进入配置 LDAP 的界面后，打开下方组件库，将组件库中的 LDAP 组件拖入环境画布中，单击"添加"按钮，根据上文学习内容填写信息，完成 LDAP 的创建并对基础信息进行配置。

6.3.5　构建基础环境实验之创建排序服务

本实验围绕创建排序服务进行全面解析，涉及共识机制导入与创建、排序节点导入与创建、创建数据传播与接收方法，通过"导入学习 + 实验操作"的方式让学生整体地学习，加强学生对创建排序服务相关知识点的理解。排序服务在超级账本 Fabric 网络中起到十分核心的作用，所有交易在发送给 Committer 进行验证接受之前，需要先经过排序服务进行全局排序。请分别完成下列任务，解锁排序服务。单击平台界面中的"创建排序服务 - 中国首钢"。

1. 共识机制导入

单击界面中的"共识机制导入"，进行共识机制的学习，逐步单击"下一步"按钮，学习相关知识，并回答问题。

1）如何创建共识机制？

创建共识机制见表 6-15。

表 6-15   创建共识机制

步骤	配置项	填写内容（建议）	说明
基本信息配置	Kafka ID	默认值	ID 应保持唯一性，通用配置
	共识机制名称	自定义名称	通用配置
	启动开关	always	该共识机制是否开启，若是"always"，则该共识机制总是生效

2）创建过程中需注意什么？

2. 创建共识机制

单击界面中的"创建共识机制"，进行创建。

具体操作步骤如下。

将组件库中的 Kafka 组件拖入环境画布中，单击"添加"按钮，完成对 Kafka 组件的创建。

3. 排序节点导入

Orderer 排序节点的服务模块关系与架构示意图如图 6-12 所示。

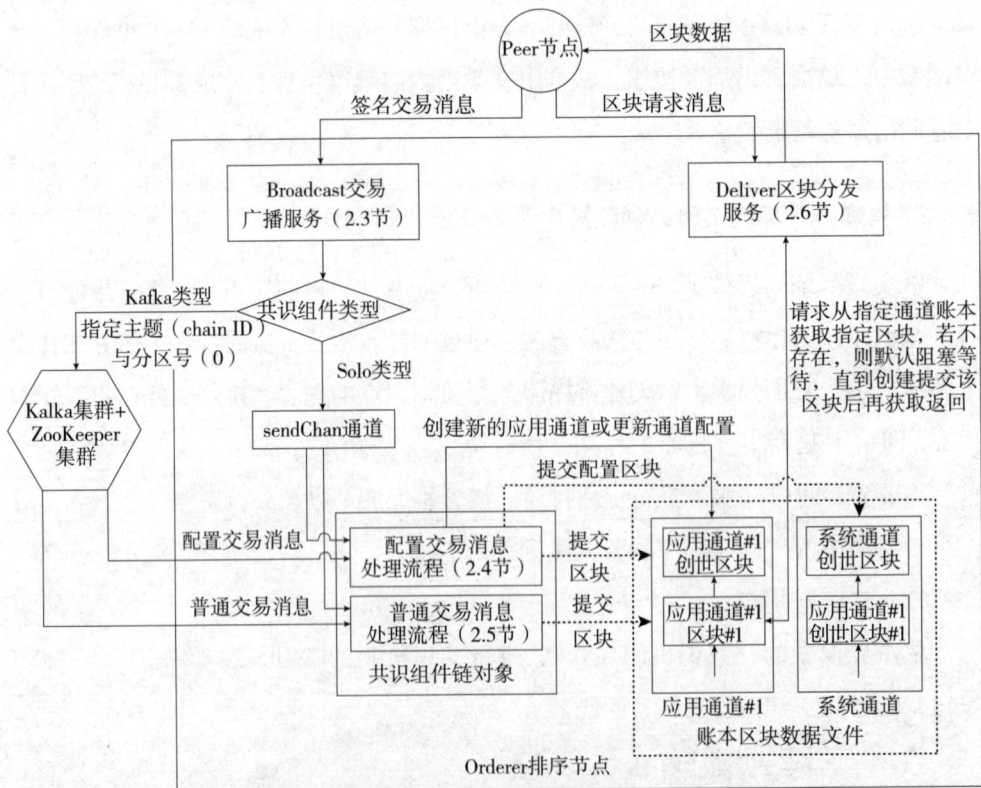

图 6-12   Orderer 排序节点的服务模块关系与架构示意图

1）如何创建排序节点？

（1）将组件库中的排序服务组件拖入环境画布中，单击"添加"按钮，完成对排序服务组件的创建。

（2）单击画布中的排序服务组件，单击节点身份信息配置，在右侧滑出框中进行组件配置（表 6-16）。

表 6-16　创建排序节点

步骤	配置项	填写内容（建议）	说明
节点基本信息配置	节点 ID	默认值	ID 要具有唯一性，通用配置
	节点名称	排序服务	自定义名称，可以修改
	监听端口	四位数字	不重复即可
	下拉框选择	下拉框中就是创建联盟 CA Server 任务中的 CA Server	
CA Server ID	CA Server 账户	自动带出	
	CA Server 密码	自动带出	
	证书存储地址	任意选择一个存储地址	MSP 配置默认路径，验证成功后将会发放证书，证书的放置位置路径

2）创建过程中需要注意什么？

3）节点怎样进行启动配置？

节点启动配置如表 6-17 所示。

表 6-17　节点启动配置

步骤	配置项	填写内容（建议）	说明
加密配置	节点 ID	默认设置，不可更改	ID 具有唯一性
	加密方式	SW（软件实现）	密码库机制等，可以为 SW 或 PKCS11（软件安全模块）
	Hash 算法	默认设置，不可更改，即"SHA2"	哈希算法类型
	加密长度	默认设置，不可更改，即"256"	
	是否启用安全传输协议	true	
安全传输协议配置	安全传输协议私钥文件	选择任意路径	用于存储私钥文件的地址
	安全证书协议证书文件	选择任意路径	用于存储证书文件的地址
	安全传输协议根证书文件	选择任意路径	用于存储根证书文件的地址
	是否启用客户端验证	true	选择"true"，标识每次传输信息时，需要客户端验证传输安全性

4）节点怎样选择共识机制？

共识机制如表 6-18 所示。

表 6-18　共识机制

步骤	配置项	填写内容（建议）	说明
共识机制	下拉选择项，前面我们配置了几个 Kafka 组件，这里将会显示几个选择项	在本系统中，kafka 是公用的组件，即一对多关系，似乎我们在本系统中设置一个 kafka 就可以了。但是在真实的联盟链中，为了防止 down 机情况的发生，我们至少需要设置 4 个 kafka 组件	ID 具有唯一性

4. 创建排序节点

单击图中的"创建排序节点"，进行创建。

具体操作步骤如下。

打开下方组件库，将组件库中的排序服务组件拖入环境画布中，单击"添加"按钮，根据上文学习内容填写信息，完成对排序服务组件的创建。

5. 创建数据传播与接收方法

Hyperledger-Fabric 提供了 Broadcast 交易广播接口，接受客户端提交的签名交易消息请求，交由共识组件链对象对交易进行排序与执行通道管理，按照交易出块规则切割打包，构造新区块并提交账本，请拖动对应组件到画布中，完成数据传播与接收方法的创建并对基础信息进行配置。

单击图中的"创建数据传播与接收方法"，进行创建数据传播与接收。

具体操作步骤如下。

打开下方组件库，将组件库中的 Broadcast 组件和 Dliver 组件拖入环境画布中，单击"添加"按钮，完成对 Broadcast 组件和 Dliver 组件的创建。

6.3.6　构建基础环境实验之创建组织节点

本任务围绕创建组织节点进行全面解析，涉及组织创建、组织节点导入与创建、添加部门、创建数据传播协议，通过导入学习＋实验操作的方式让学生整体地学习，加强学生对创建组织节点相关知识点的理解。单击平台界面中的"创建组织节点 - 中国首钢"。

1. 组织创建、组织节点导入

单击"组织创建、组织节点导入"，进入组织创建、组织节点导入界面。本任务为组织创建、组织节点的学习，逐步单击"下一步"按钮，学习相关知识，并回答问题。

1）如何创建组织？

（1）单击画布中的 + 号，添加组织。

（2）填写组织信息。

2）创建过程中需注意什么？

组织 / 机构类型：选择需要创建的组织的类型，在采购业务中建议优先创建制造企业，后续业务中按照业务要求进行创建。

3）组织中的节点是什么？

节点指的是区块链网络中的计算机，用于参与区块链上数据的记录与共享，任务中创建的节点需要依据组织的组织架构创建，组织中的每个岗位创建一个节点，节点名称以岗位名称命名。

4）如何创建组织节点？

（1）单击"添加 Peer"按钮，创建组织节点。

（2）填写节点信息。

节点类型包括主节点、背书节点、记账节点、锚节点。

5）各个节点类型的作用是什么？

（1）主节点。组织与排序服务通信的代表，一般由选举产生，一个组织只有一个。

（2）锚节点。类似于灯塔，主要用于让联盟链通道中的其他节点发现自己组织中的节点，每个组织在一个通道内有且只能有一个锚节点。

（3）记账节点。普通节点，用于验证与存储链上数据。

（4）背书节点。用于给上链的数据提供背书签名。

一个节点可以同时是四种类型的节点。

2. 创建组织

单击"创建组织"按钮，进入创建组织界面。

1）任务描述

Fabric 中的组织在现实世界中可以是一个公司、一个企业或者一个协会。在 Fabric 中，组织是承担数据信用责任的区块链系统参与方。

2）操作步骤

（1）打开下方组件库，将组件库中的组织组件拖入环境画布中，单击"添加"按钮，根据所学内容填入信息，完成对组织组件的创建。

（2）单击画布中的组织组件，单击组织基础信息配置，在右侧滑出框中进行组件配置，在本任务中我们只需要创建制造企业即可。

组织基础信息配置如表 6-19 所示。

表 6-19　组织基础信息配置

配置项	填写内容（建议）	说明
ID	默认值：org1	组件的唯一标识，不建议修改，1 表示联盟中的第一家组织，随着组织的增加数字将增加
组织 / 机构类型	下拉框	选择需要创建的组织的类型，在采购业务中建议优先创建制造企业，后续业务中按照业务要求进行创建
企业资质	资质已绑定	
组织 / 机构名称	下拉框	当前组织类型下所包含的组织名称，在采购业务中建议优先创建北京润美制造有限公司，后续业务中按照业务要求进行创建
组织 / 机构部门	系统默认数据	

单击"执行配置"按钮，运行成功后，进行下一个配置项。

3. 创建组织节点

单击"创建组织节点"按钮，进入创建组织节点界面。

1）任务描述

节点功能模块在 Hyperledger-Fabric 架构中提供了用户与系统交互接口，支持 Node. js 子命令，用于启动 Peer 节点功能服务器提供服务，请拖动节点组件到画布中，完成节点的创建并对基础信息进行配置。前面我们已经创建好了制造企业，通过这个任务，我们依据制造企业的岗位来创建节点。

注意：一个岗位需要创建一个节点，制造企业部门岗位如表 6-20 所示。

表 6-20　制造企业部门岗位

部门	岗位名称
企业管理部	总经理
人力资源部	人力资源部经理、人力资源助理
销售部	销售部经理、销售部财务、销售专员
仓储部	仓管员
采购部	采购部经理、采购部财务、采购员
生产部	生产部经理、车间管理员、生产计划员
财务部	财务部经理、出纳、成本会计、财务会计、合约会计、溯源会计

在联盟链中创建组织节点需要经过以下步骤。

（1）节点基本信息配置。

（2）节点加入组织配置。

（3）节点获取身份证书配置。

（4）节点启动配置。

（5）节点加入通道配置。

本任务只需要进行节点基本信息配置、节点加入组织配置与节点获取身份证书配置三项的配置，待 CA 管理员进行审核通过后，进行节点启动配置、配置锚节点，在构建联盟链商业业务环境实训章节中构建业务通道后进行节点接入通道配置。

2）操作步骤

（1）节点基本信息配置。打开下方组件库，将组件库中的节点组件拖入环境画布中，单击"添加"按钮，分别创造财务部、仓储部、销售部、采购部、生产部五个节点，节点类型自选，最后完成节点组件的创建。

单击画布中的节点组件，单击节点基本信息配置，在右侧滑出框中进行组件配置，配置内容如表 6–21 所示。

表 6–21 节点基本信息配置

配置项	填写内容（建议）	说明
节点（ID）	系统默认值：无须配置	节点的唯一标识
节点名称	岗位名称	节点名称可以自定义，建议使用岗位名称，如：总经理
端口、链码 / 事件监听端口	自定义四位数字，同一节点的三个端口可以重复，不同节点的端口不可以重复	
所属组织、所属组织 ID、组织 MSP	系统默认值，无须配置	

单击"执行配置"按钮，在环境画布中看到自己创建的节点名称发生变化，证明执行成功后，进入下一配置项。

（2）节点加入组织配置。单击画布中的组织组件，单击节点加入组织配置，在右侧滑出框中进行组件配置，配置内容如表 6–22 所示。

表 6-22 节点加入组织配置

配置项	填写内容（建议）	说明
在组织中加入节点配置	节点类型	这里是设置当前节点的节点类型，建议节点类型如下：总经理涵盖四种节点，其他岗位节点均为记账节点

单击"运行命令"按钮，运行成功后，在节点加入组织进度中能够看到签名的列表，表示运行成功。（注：在节点审核通过之前这个列表是空的）

节点加入组织后，需要通过组织管理员的身份，单击环境画布中的组织管理员，单击左侧列表中的审核节点 Peer 加入组织，看到申请加入本组织的节点列表，单击通过身份，加入组织配置选项里的节点加入组织进度中后可以查看组织签名。

组织管理员审核通过后，能够进行节点的第三项配置——节点获取身份证书配置。

（3）本实验的不同组织节点如下。

北京华贸钢铁有限公司：财务部、仓储部、销售部、采购部。

北京万联商贸有限公司：财务部、仓储部、销售部、采购部。

北京建筑股份有限公司：财务部、生产部、销售部、采购部、仓储部。

中国银行股份有限公司：对公业务部、合规审核部、信贷评审部、金融科技部。

中国首钢集团：财务部、仓储部、销售部、采购部、生产部。

4. 添加部门

单击"添加部门"按钮，进入添加部门界面。

1）任务描述

部门是添加节点的具体人员，创建完组织及组织节点后，再对不同节点添加部门。前面我们已经创建了财务部、仓储部、销售部、采购部、生产部五个节点，请拖动人员组件到画布中，完成人员的添加。

2）操作步骤

打开下方组件库，将组件库中的人员组件拖入各部门环境画布中添加用户，单击"添加"按钮，分别创造五个部门的节点用户，最后完成对节点组件的创建。

5. 创建数据传播协议

Gossip 消息模块为 Peer 节点提供了安全、可靠可扩展的 P2P 数据分发协议，用于广播数据与同步状态数据，以确保通道内所有 Peer 节点上账上数据一致，请拖动 Gossip 组件到画布中，完成 Gossip 的创建。

单击"创建数据传播协议"按钮，进入创建数据传播协议界面。

1）任务描述

Gossip Protocol 属于网络层。利用一种随机的方式将信息散播到整个网络中。正如 Gossip 本身的含义一样，Gossip 协议的工作流程即类似于绯闻的传播，或者流行病的传播。Gossip 消息模块为 Peer 节点提供了安全、可靠可扩展的 P2P 数据分发协议，用于广播数据与同步状态数据，以确保通道内所有 Peer 节点上账上数据一致。同时，周期性地同步更新节点存活信息、节点成员关系信息、节点身份信息、数据信息、leader 主节点选举信息等，及时清理过期无效的消息与更新节点信息相关列表，确保 Peer 节点上信息的时效性。Gossip 消息协议能够保证数据转发全网的成功率，能够有效避免网络拥堵与路径失效问题，同时采用签名与验签等安全机制以防止转发拜占庭节点的伪造消息。

2）操作步骤

基础信息配置如下。

（1）打开下方组件库，将组件库中的 Gossip 组件拖入环境画布中，单击"添加"按钮，在组织下的节点项目栏中勾选五个部门，单击"添加 Gossip"按钮，完成对 Gossip 组件的创建。

（2）单击画布中的 Gossip 组件，单击基础信息配置，在右侧滑出框中进行组件配置。

Gossip 基础信息配置如表 6-23 所示。

表 6-23　Gossip 基础信息配置

步骤	配置项	填写内容（建议）	说明
基本信息配置	Gossip ID	默认值	为每一个协议标注唯一的 ID，通用配置
	所属组织	当前协议应用的组织	每一个 Gossip 关联一个组织，是一一对应的关系
	应用节点	选择该组织中的所有节点	选择该组织下的节点，作为传播信息的对象，表示未来节点通过协议传输消息

6.3.7　构建基础环境实验之创建业务通道

本任务围绕创建业务通道进行全面解析，涉及业务通道及链码的导入及创建、组织节点设置、创建账本等相关知识点，通过导入学习 + 实验操作的方式让学生体验创建业务通道全部流程。

单击平台界面中的"创建业务通道 – 中国首钢"。

1. 业务通道、系统链码导入

单击"业务通道、系统链码导入"按钮，进入业务通道、系统链码界面。

本任务为业务通道、系统链码的学习，逐步单击"下一步"按钮，学习相关知识，并回答问题。

1）如何创建通道？

（1）单击画布中的 + 号，添加通道。

（2）填写通道信息，单击创建通道完成业务通道搭建。

2）系统链码是什么？

链码是使用 go 语言编写的应用代码。被部署在 Fabric 网络节点上，运行在 Docker 容器中，并通过 gRPC 协议与相应的 Peer 节点进行交互，以操作分布式账本中的数据。

3）如何创建系统链码？

（1）将组件库中的 CSCC、LSCC、QSCC、ESCC、VSCC 组件依次拖入环境画布中，单击"添加"按钮，完成对系统链码的创建。

（2）单击画布中的系统链码组件，单击链码基本信息，在右侧滑出框中进行组件配置。

4）CSCC 如何进行组件内容配置？

CSCC 组件内容配置如表 6-24 所示。

表 6-24　CSCC 组件内容配置

配置项	填写内容（建议）	说明
链码基本信息	系统定义名称，不可修改	任何 ID 都应该保持唯一性，通用配置
链码名称	用户来定义链码名称，建议使用记忆方便的名称	结合业务
链码描述	用户来定义链码描述	任何 ID 都应该保持唯一性，通用配置
选择通道	下拉框选择，内容是从已有通道中选择	从建好的通道中选择其中一个
是否启用 CSCC	下拉框选择，内容是从已有通道中选择：yes	链码开关，建议打开，不然虽然建立联系，但功能不能生效使用
是否允许跨通道调用	下拉选择框，内容是从已有通道中选择：true	在本系统中，CSCC 可以关联多个通道，若选择"true"，则该 CSCC 可选择多个通道，实现多用

5）LSCC 如何进行组件内容配置？

LSCC 组件内容配置如表 6-25 所示。

表 6-25　LSCC 组件内容配置

配置项	填写内容（建议）	说明
链码名称	用户来定义链码名称，建议使用记忆方便的名称	
链码描述	用户来定义链码描述	
选择通道	下拉框选择，内容是从已有通道中选择	从建好的通道中选择其中一个
是否启用 LSCC	下拉框选择，内容是从已有通道中选择：yes	是否使用该链码，如果选择"yes"，本通道将会关联 CSCC 链码
是否允许跨通道调用	下拉选择框，内容是从已有通道中选择：true	

6）QSCC 如何进行组件内容配置？

QSCC 组件内容配置如表 6-26 所示。

表 6-26　QSCC 组件内容配置

配置项	填写内容（建议）	说明
链码名称	用户来定义链码名称，建议使用记忆方便的名称	结合业务命名
链码描述	用户来定义链码描述	
选择通道	下拉框选择，内容是从已有通道中选择	从建好的通道中选择其中一个
是否启用 QSCC	下拉框选择，内容是从已有通道中选择：yes	链码开关，建议打开，不然虽然建立联系，但功能不能生效使用
是否允许跨通道调用	下拉选择框，内容是从已有通道中选择：true	在本系统中，QSCC 可以关联多个通道，若选择"true"，则该 CSCC 可选择多个通道，实现多用
操作	单击"执行配置"按钮，上面配置的信息将会生效	

7）ESCC 如何进行组件内容配置？

ESCC 组件内容配置如表 6-27 所示。

表 6-27　ESCC 组件内容配置

配置项	填写内容（建议）	说明
链码名称	用户来定义链码名称，建议使用记忆方便的名称	通用配置
链码描述	用户来定义链码描述	根据业务内容定义
选择通道	下拉框选择，内容是从已有通道中选择	从建好的通道中选择其中一个
是否启用 ESCC	下拉框选择，内容是从已有通道中选择：yes	链码开关，建议打开，不然虽然建立联系，但功能不能生效使用
操作	单击"执行配置"按钮，上面配置的信息将会生效	

8）VSCC 如何进行组件内容配置？

VSCC 组件内容配置如表 6–28 所示。

表 6–28　VSCC 组件内容配置

配置项	填写内容（建议）	说明
链码名称	用户来定义链码名称，建议使用记忆方便的名称	通用配置
链码描述	用户来定义链码描述	根据业务内容定义
选择通道	下拉框选择，内容是从已有通道中选择	从建好的通道中选择其中一个
是否启用 VSCC	下拉框选择，内容是从已有通道中选择：yes	是否使用该链码，如果选择"yes"，本通道将会关联 VSCC 链码
操作	单击"执行配置"按钮，上面配置的信息将会生效	

2. 创建通道

单击"创建通道"按钮，进入创建通道界面。

（1）任务描述。通道是 Fabric 中非常重要的概念，它实质是由排序节点划分和管理的私有原子广播通道，目的是对通道的信息进行隔离，请拖动对应组件到画布中，完成数据传播与接收方法的创建并对基础信息进行配置。

（2）操作步骤。单击"+号"按钮，添加通道，填写通道信息，创建通道。

单击创建通道完成业务通道搭建。

3. 创建系统链码

单击"创建系统链码"按钮，进入创建系统链码界面。

（1）任务描述。系统链码运行是为了支持联盟链管理的一系列操作，使联盟链能进行基本的组件操作，请拖动对应链码组件到画布中，完成系统链码的创建并对基础信息进行配置。

（2）操作步骤。将组件库中的 CSCC、LSCC、QSCC、ESCC、VSCC 组件依次拖入环境画布中，单击"添加"按钮，完成对系统链码的创建。

4. 组织节点加入通道

单击"组织节点加入通道"按钮，进入组织节点加入通道界面。将 Peer 节点加入指定的应用通道，通过请求默认的 Endorser 背书节点执行 CSCC 系统链码，单击"关联组织节点"按钮，勾选对应节点加入对应通道中。

（1）任务描述。组织节点已经全部创建完成，现在需要根据业务类型进行判断，分析当前业务中需要哪些组织节点，并将组织节点加入当前业务通道中。

（2）操作步骤。单击"关联组织节点 +"按钮，查看通道组织下的节点。

进入通道下的组织节点界面后，单击"添加 Peer"按钮，完成组织节点加入通道。

这里需要将与当前业务相关的组织节点加入业务通道中。单击画布中的节点组件，单击节点加入通道配置，在右侧滑出框中进行组件配置，配置内容如表 6-29 所示。

表 6-29　节点加入通道配置

步骤	配置项	填写内容（建议）	说明
节点加入	加入通道	选择业务通道	这里的通道名称是自定义创建的
通道配置	选择通道创世区块文件	系统默认文件，无须选择	系统默认文件，无须选择
	系统链码	下拉选择框，显示通道所有关联通道的链码	设置校验项，若选择"CSCC"，则选择链码正确。若通道选择多个，这里的所有选项集是多个通道的并集，无重复

5. 通道排序节点设置

单击"通道接续点设置"按钮，进入通道接续点设置界面。

Orderer 排序节点负责通道创建、通道配置更新等操作，处理客户端提交的交易消息请求，对交易进行排序并按照规则打包成新区块，提交账本并维护通道账本数据，为全网节点提供交易广播服务、Orderer 共识排序服务、Deliver 区块分发服务等。

具体操作步骤如下。

单击图中的知链 order 下的"+"按钮，进入通道排序节点设置界面。

单击"添加 order"按钮，完成通道排序节点设置。

6. 账本、世界状态导入

单击"账本、世界状态导入"按钮，本任务为账本、世界状态的学习，逐步单击"下一步"按钮，学习相关知识，并回答问题。

1）如何创建账本？

（1）将组件库中的区块链账本组件拖入环境画布中，单击"添加"按钮，完成对区块链账本组件的创建。

（2）单击画布中的账本组件，单击创建账本基本信息配置，在右侧滑出框中进行组件配置。

2）账本的内容如何配置？

账本的内容配置如表 6-30 所示。

表 6-30　账本的内容配置

步骤	填写内容（建议）	说明
账本 ID	默认内容，不可修改	ID 要保持唯一性，通用配置
名称	通道名称 + 区块链，如：采购通道区块链	可自定义名称
选择通道	选择一个通道	选择通道后，本区块链将存储对应通道的数据

3）世界状态是什么？

世界状态保存了账本数据的当前值，可以频繁更改，便于应用程序直接访问，本质是一个 KV 数据库。世界状态代表了所有账本状态当前的值。程序通常需要某个账本的当前状态值，并且总是很容易就能获取到。你不需要遍历整个区块链去计算账本当前的状态的值（余额），可以直接从世界状态获取。

4）如何创建世界状态？

（1）将组件库中的世界状态数据库组件拖入环境画布中，单击"添加"按钮，完成对世界状态数据库组件的创建。

（2）单击画布中的世界状态数据库组件，单击世界状态数据库配置，在右侧滑出框中进行组件配置。

5）世界状态的内容如何配置？

世界状态的内容配置如表 6-31 所示。

表 6-31　世界状态的内容配置

步骤	配置项	填写内容（建议）	说明
公共数据库配置	世界状态 ID	默认内容，不可修改	ID 要保持唯一性
	名称	业务通道 + 世界状态，如：采购通道世界状态	可自定义名称
选择通道	选择一个通道	选择通道后，本世界状态将存储对应通道的数据	
私有数据库配置	只有指定节点访问	true	表示世界状态隐私数据库中的数据只有指定人员才能够查看

7. 创建账本

单击"创建账本"按钮，进入创建账本界面。

（1）任务描述。超级账本项目为透明、公开、去中心化的企业级分布式账本技术提供开源参考实现，并推动区块链和分布式账本相关协议、规范和标准的发展，请拖动区块链数据库组件到画布中，完成区块链数据库的创建。

（2）操作步骤。将组件库中的区块链账本组件拖入环境画布中，单击"添加"按钮，完成对区块链账本组件的创建。

8. 创造世界状态

单击"创造世界状态"按钮，进入创造世界状态界面。

（1）任务描述。所有节点从同一个创世状态开始，依次运行达成共识的区块内的交易，驱动各个节点的状态按照相同操作序列（增加，删除，修改）不断变化。实现所有节点在执行完相同编号区块内的交易后，状态完全一致，请拖动世界状态数据库组件到画布中，完成世界状态数据库的创建。

（2）操作步骤。将组件库中的世界状态数据库组件拖入环境画布中，单击"添加"按钮，完成对世界状态数据库组件的创建。

6.4 本章小结

由于区块链的技术特性与供应链金融业务的创新具有较强适配性，因此本章单独介绍区块链技术，为后续的区块链供应链金融学习打下基础。本章首先介绍了区块链的概念、分类以及发展历程；进而基于六层模型，详细剖析了区块链的原理以及其所呈现出的技术特征，其中对数据区块、时间戳、Merkle 树、加密算法、工作量证明机制、智能合约等区块链技术涉及的专业术语进行了简单明了的讲解；最后，本章通过一个基于 Hyperledger–Fabric 技术的联盟链构建实验，让学生直观地了解、体会区块链的技术原理以及运行机制。

 即测即练

🔍 复习思考题

1. 如何理解公有链、私有链、联盟链之间的区别？

2. 公有链、私有链、联盟链的特点是什么？

3. 如何理解区块链 1.0 和区块链 2.0？它们的用途有哪些？

4. 什么是区块链 3.0？它的用途有哪些？

5. 如何理解对称加密和非对称加密之间的区别？

6. 什么是时间戳？它的作用有哪些？

7. 什么是 Merkle？它有哪些特点？

8. 什么是 P2P 网络？它有哪些价值？

🔍 参考文献

[1]　王元地，李粒，胡谍. 区块链研究综述 [J]. 中国矿业大学学报（社会科学版），2018，20（3）：74-86.

[2]　付保川，徐小舒，赵升，等. 区块链技术及其应用综述 [J]. 苏州科技大学学报（自然科学版），2020，37（3）：1-7，14.

[3]　郭上铜，王瑞锦，张凤荔. 区块链技术原理与应用综述 [J]. 计算机科学，2021，48（2）：271-281.

[4]　代闯闯，栾海晶，杨雪莹，等. 区块链技术研究综述 [J]. 计算机科学，2021，48（2）：500-508.

[5]　王启河. 区块链技术研究综述 [J]. 现代信息科技，2022，6（8）：66-71.

第7章 区块链驱动的供应链金融创新

学习目标

1. 掌握数字票据、资产证券化的内涵。

2. 熟悉区块链与供应链金融的适配性、数字票据与传统票据的差异、区块链风险控制特点。

3. 了解数字票据和供应链金融 ABS 的意义。

思政目标

1. 通过数字票据与传统票据对比，理解传统票据带来的风险和违规操作。

2. 通过区块链融入供应链金融 ABS 的讲解，培养学生的创新意识。

3. 通过利用区块链技术控制供应链金融风险的学习，培养学生的职业道德和风险意识。

思维导图

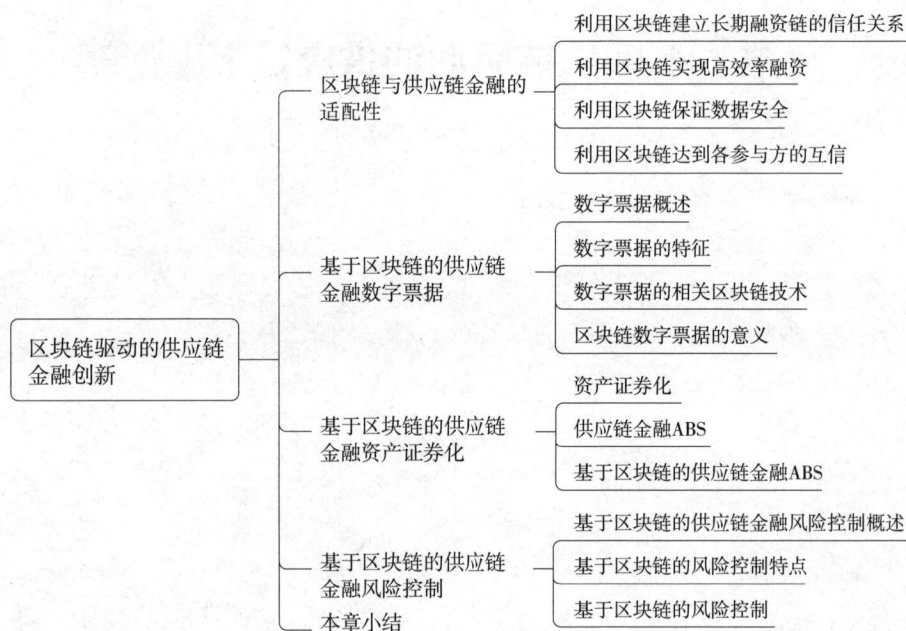

区块链驱动的供应链金融创新
- 区块链与供应链金融的适配性
  - 利用区块链建立长期融资链的信任关系
  - 利用区块链实现高效率融资
  - 利用区块链保证数据安全
  - 利用区块链达到各参与方的互信
- 基于区块链的供应链金融数字票据
  - 数字票据概述
  - 数字票据的特征
  - 数字票据的相关区块链技术
  - 区块链数字票据的意义
- 基于区块链的供应链金融资产证券化
  - 资产证券化
  - 供应链金融ABS
  - 基于区块链的供应链金融ABS
- 基于区块链的供应链金融风险控制
  - 基于区块链的供应链金融风险控制概述
  - 基于区块链的风险控制特点
  - 基于区块链的风险控制
- 本章小结

导入案例

针对供应链金融中出现的中小企业融资难融资效率低、核心企业信用难以贯穿整个链条等问题,浙商银行在2017年8月16日推出了业内首款基于区块链技术的应收账款链平台。该平台的推出对企业有着很高的应用价值:首先,企业账面的应收账款转化成了区块链应收账款,可以用于对外偿付和融资;其次,企业可以用临时性资金买入、卖出自己签发承兑的应收账款,以获得持有期间的收入和利差;最后,企业通过减少账面应收账款的方式对外偿付,可以降低负债率。通过区块链技术解决供应链金融中应收账款融资的真实性确认、快速流转等问题。基于该平台区块链技术的使用,保证了交易数据的安全,改变了传统应收账款依赖纸质或电子数据的情况,最大限度地保证了应收账款信息安全。截至2020年末,浙商银行的民营企业贷款余额6 631.96亿元,国标小微企业贷款余额2 539.75亿元。平台化服务模式已支持客户达6.25万户,融资余额6 784.6亿元。

思考题:

1. 供应链金融在应用的过程中存在哪些问题?

2. 浙商银行如何通过区块链技术解决供应链金融的问题?

7.1　区块链与供应链金融的适配性

供应链金融一般情况下为间接金融，是涉及买卖双方企业、银行、平台、物流公司等多方参与的财富管理过程，这其中可能会跨国家、跨地区、跨行业，各方是否能够协作，直接影响供应链金融是否能够实施。因此，这其中的每一方在供应链融资中都以法律为行为指导，依法办事；同时，应根据合同对每一方的"责、权、利"作出明确的界定，依合同办事；此外，为了保证日后争议问题的妥善处理，需要记录每一方的信息。金融服务借助独特的供应链结构，结合动产质押，构建出比传统信贷更为复杂、多样化的资产交易场景，信用的构造更为精密与立体化。

供应链上下游间环环相扣，任何一环出现问题都会引发其他环节波动。在信息流从终端客户向原始供应商传递时，由于缺乏信息共享，信息在传递过程中很容易被扭曲，引发不必要的问题。供应链是商流、物流、信息流、资金流合一的网链体系，"四流"相互牵动，与供应链紧密连接，需要进行统一的计划、组织、协调与控制。由于供应链的特征，需要多元主体间进行无缝、实时、动态的业务数据协同，通过有计划的协调控制让"四流"达成统一，以满足终端市场需求。

鉴于上面提到的关于供应链技术的问题，尽管各相关机构都在积极推进供应链的数字升级，但依然面临如下挑战：①信息交互成本高。企业之间通过对接实现信息数据在供应链上下游企业之间共享，但企业之间商业隐私的保护，使得数据共享不够通畅。②全链可追溯能力弱。数字升级后的供应链依然无法保证链条里的任何一方共享的信息是真实可靠的。③是否合规难保证。供应链生产加工流程尚不够透明，商品来源、主体资质也并未被要求清楚地告知消费者，导致国内的供应链很难做到合规性监管。④动态适应性差。目前供应链中不同主体间交易仍以纸质单证为主，数据传导可能会存在误差和人为作假的情况，如果出现突发事件，很难快速识别并调整。⑤业务效率低。由于上下游企业之间数字化交互程度不高，更多地需要通过人工方式进行，需要耗费大量时间。

区块链技术的特性与供应链金融的特性具有天然的匹配性。区块链应用于供应链金融，既可以提升融资的便利性，又能够降低融资成本。供应链金融是通过上下游供应链结构不断形成价值和传递价值，而区块链则是依据供应链结构，在所有参与人共同见证和监督下对价值交易过程进行连续的记账。区块链技术的应用能够促进供应链金融产生良好的交易秩序。

区块链本质上解决的是隐私安全保护、信息可溯性、交易合规性、数据真实性和流程处理效率问题，在供应链场景中具有极强的应用价值：①通过隐私保护机制，区块链可以解决数据隐私和数据共享价值间的矛盾，消除供应链各方在数据共享中的问题。②通过链式数据的不可篡改性，保障全链信息数据真实可溯。这些信息数据包括供应链状态信息和相关企业资质信息等，也确保了企业和交易的合规性。③通过电子存证化处理，解决传统纸质单据易丢失、易篡改问题，增强了行业互信。④通过无纸化交易，结合基于智能合约的自动交易处理，将进一步提升企业之间的交互协同效率。

7.1.1　利用区块链建立长期融资链的信任关系

随着供应链金融参与交易节点的类型和数量剧增，各节点关系越来越复杂。在供应链金融中，融资链越来越长，单笔融资的数量增大。第三方信用处理这类交易的成本越来越高且效率低下。区块链依据参与节点的结构来布置分布式账本，数据无须单一的中心化机构来统一维护；共识达成的协议具有不可篡改性，节点不可能按照有利于自己的原则来操控数据。因此，区块链建立点对点的关系，将简化供应链金融越来越复杂的业务模式，为供应链金融的优化升级提供强信任关系的保证。

为了说明区块链技术的信任关系，请看下面这个例子：A、B两个养羊的农民打赌一个月后羊肉的市场价格，A认为会上涨，B认为会下降，约定赌金100元。为了避免一个月后有人赌输了赖账，他们找到不参与打赌的C担任公证人，从A和B两人各收取100元做赌金。如果一个月后羊肉市场价格上涨，200元归A；如果一个月后羊肉市场价格下降，200元归B。A、B二人由于担心对方赖账选择找C做公证人，结果一个月后C早已带着200元钱跑了。在这个例子中，为了解决A、B、C之间互不信任的问题，可以用区块链技术写一个智能合约，A和B各自打100元钱进入智能合约账户，这个200元的账户不被任何人控制，只被数字和代码控制，当时间到了一个月之后，羊肉价格出来，这个合约就会被自动执行。

7.1.2　利用区块链实现高效率融资

1. 通过区块链技术降低交易成本

目前，企业与企业、企业与个人之间的信息不对称，导致在交易过程中信用成本较高、交易效率较低。区块链技术的应用：首先，改变了传统信用模式，不再依赖第三方实现信任过程，直接通过区块链信息中的数据即可了解信息；其次，通过实现实时结算、简化结算流程、降低交易成本，企业获得实实在在的好处；最后，区块链技术加密、不被篡改的特点，可以极大限度地减少交易错误、降低成本。

2. 通过区块链技术破解中小企业融资难题

中小企业在发展的过程中，融资难始终是制约其发展的主要因素，虽然国家出台了各种扶持政策，包括在 2021 年 9 月 3 日设立北京交易所，为服务创新型中小企业提供专门的融资渠道，但是依然有不少企业难以达到北京交易所上市条件，如何尽快摆脱经营中缺乏资金的困境是大多中小企业面临的首要问题。随着大数据技术的应用，区块链技术可能会彻底解决中小企业的融资问题。区块链技术在原有供应链技术的基础上，通过将买卖双方和物流的信息数据化，实现供应链各个环节数据的真实、公开、透明。同时，金融机构也可以通过区块链记录的数据减少风控授信的工作量，化解了金融机构面对小微企业无处征信、不敢贷款的难题，最终实现买卖双方、第三方物流以及金融机构的高效合作，解决中小企业融资难题。

3. 通过区块链技术完善信用体系

金融机构传统的信用评估数据较为片面，区块链技术的发展为信用体系的优化提供了技术支持。首先，区块链技术可以无限地使用和分享信息数据，能够实现信用评价、合约定价的自动化运行，从而降低征信及管理成本。其次，区块链系统既能覆盖传统信息收集模式下的数据，又能扩展到互联网环境下那些主要将资金放在互联网金融平台的客户。再次，区块链系统的可信任代码技术通过动态编程增加了信用创新的空间。最后，区块链技术使银行与实体企业进一步合作，达到产融深度结合，信用资源将会被更加合理地发掘与利用。

4. 通过区块链技术改善融资的地域局限

传统金融体系一般是"中心化"发展，信用成本相对较高，很多偏远地区金融机构很少甚至没有，金融服务无法到达偏远地区的每个人，远距离交易时，交易双方的信用情况等很难了解。区块链技术的广泛应用，将会逐步形成全球性的信用体系，进而解决远距离交易时的信用问题，最终实现不同地区、不同国家之间的交易信任关系。即使是偏远、欠发达地区，依然可以通过大数据包含在区块链的信用体系内。通过信任关系的改变，改善传统融资的地域局限性，形成跨地区、跨国家之间的融资环境，从而提高融资效率。

7.1.3　利用区块链保证数据安全

漫画家彼得·斯坦因曾经用一幅漫画总结了目前网络上严重信任问题："互联网上，没有人知道你是一条狗。"原本互联网加快了信息的流动，却让信息变得不可控制。交易双方难以辨别信息的真实性，即使是经过第三方辨别后存储的客户信息也存在被篡改的可能性。而区块链技术的出现解决了数据信息的问题。区块链技术的原理确保数据具有不可篡改性，由于去中心化的分布式结构，想要修改某个数据块，需要至少 51% 的节点同意，这很难达成。所有数据从最初的采集、交易到后面的流通都有区块链的记录，保证了数据安全、合规。因而解决了原本供应链金融中的订单流程各方信息不对称、交易缺乏可视性、单证伪造篡改的问题。

7.1.4　利用区块链达到各参与方的互信

为实现去中心化特性，区块链加入共识算法。共识算法，可以看作一种协议，参与各方均按照协议进行计算时，可以看到各方计算结果是一致的。如果有某一方不遵守协议出现错误的计算结果，其计算结果会被其他人拒绝。只有出现参与的大多方都一致的计算结果才能被记入区块链中。

加入共识算法的去中心化的特征，为区块链带来了三大好处：①容错力，相比传统中心化管理方式，区块链依赖的是链上每个节点，而所有节点一起出现问题的概率几乎为零。因此避免了传统中心式管理的问题，一旦中心数据出错，整个系统都会出现崩溃的情况。②抗攻击力，区块链网络所有节点的权利与义务相同，系统中的数据其实是由全网节点共同维护的。如果想要攻击区块链，则需要具备 51% 以上的算力，而不是单单攻击中心数据库即能完成的。③防合谋，去中心化的系统中，参与者各自分布自有数据节点，某几个参与者很难以牺牲其他参与者为代价，合谋使自己从中获利。

因此，区块链的去中心化信任机制，实际上是将交易双方之间以及与第三方物流或金融机构之间的"双向信任""单向信任"或"多向信任"转变为一种不添加任何人为因素的"机械代码式信任"。这种"机械代码式信任"将传统信任机制转为非第三方担保的代码程序规则。

7.2　基于区块链的供应链金融数字票据

7.2.1　数字票据概述

1. 数字票据的内涵

数字票据并不是某种新产生的实物票据，也不是单纯的虚拟信息流。它是在符合现有的票据属性、法规和市场的基础上，用区块链技术开发出的一种全新的票据形式。它既具备电子票据的功能和优点，在技术架构上又和电子票据有本质的区别。数字票据因为加入区块链技术，成为一种更安全、更智能、更便捷、更具前景的票据形态。

区块链技术的成功证明了可编程数字货币的可行性，随着该技术的扩展，加上金融领域亟须解决总分重复记账、安全攻击和信任关系等一系列问题，区块链在金融领域有广泛的应用空间，数字票据的应用也可以成为其在金融领域应用的突破口。未来，随着该项技术的进一步完善，区块链可以扩展应用至社会上其他有去中心化、公证和防伪等需求的领域中。

在比较数字票据与电子票据之前，先讨论数字货币与电子货币的差异。电子货币是一种虚拟化货币，具有支付清算的作用，需要中心化的服务器记录。以支付宝为例，存储在支付宝中的电子货币，是实物货币的替代，只要通过支付宝来支付，相关数据都会记录在支付宝的中心服务器上。支付宝在这里扮演第三方的角色，支付的电子货币功能、流转方向等也是不可控的。然而基于区块链技术的数字货币，由于分布式的记账规则，不需要中心机构或第三方的认证，即可实现点对点的转账，同时还能保证数据的安全，实现更高级别的智能化。

与电子票据相比，数字票据具有以下几个优势。

（1）数字票据不需要中心服务器以及中心级应用。①数字票据省去了中心系统的开发成本。②数字票据降低了电子票据模式下的后期系统维护成本和升级成本。③数字票据去中心化的特征，降低了电子票据模式下中心化引起的风险。分布式数据库不会因为一个或几个节点错误影响整个系统，具有强大的容错功能，不会出现我们常见的电子票据模式下的服务器崩溃的情况，还能防止"黑客"的控制。④数字票据降低了电子票据中心化模式下反复记录数据、保存数据的成本。在区块链技术下，不同参与者记录的数据既是分账本又是总账本。

（2）数字票据本身具有的完整性、透明性和可验证性，使任何交易都可以被追踪和查询。而且，由于去中心化，这些数据并不只是保存在某一个服务器上或由某一方单独控制。①通过各个参与者的交易行为数据的记录，形成对各个交易者的信用评估体系，一方面降低了违约风险；另一方面又为建立良好的信用环境打下了基础。②随时可以对区块链内数据调取，对票据的流转过程能够进行很好的控制。即使交易结束，依然能够调取数据，可以有效控制交易中的风险，减少法律纠纷。

（3）智能合约这个特征使数字票据在整个交易中具备限制性和可控制性。①数字票据的交易中控制方式更加多样。以票据代持为例，在交易开始就可以将约定买回的日期写入智能合约，到期后将会自动完成赎回买断。②智能合约可以控制违约。智能合约通过代码实现，具有较强的控制性，可以避免交易执行中的违约情况。

2. 数字票据与传统票据的差异

1）数字票据遵守传统票据的部分规则

（1）在传统票据中，当特定情形出现后才会产生票据行为，然而，当法律规定的内容得以满足，不管是否有特定情形，均认为票据行为合法有效。这里的特定情形指债权债务交易关系，我们可以看出满足内容填列完整、签章准确即可认定票据的合法性。在数字票据中，可将各类约束条款以代码形式直接录入智能合约中，进而达到约束融资的目的。

（2）在收到票据行为人下达的指示及有智能合约中规定的事项发生时，票据行为才允许产生。多项票据行为可能会集中于一份数字票据中，但是由于其收到的指示及与智能合约中相匹配的条文存在差异，各个票据行为是根据不同的指示和条文要求分别实施的，因此各个行为之间不存在相关性。传统票据需要填列完整、签章齐全、以书面形式呈现才会具有法律效力，而数字票据则是填列完整后，私钥结合公钥电子签名，才能进入下一环节。

（3）数字票据虽然在信息载体和流转方式等方面发生了改变，但是依然和传统票据背书转让一样，只能依靠流通过程来实现自身价值。

2）数字票据在传统票据行为规则的基础上做了一些变通

（1）在传统票据中，通过在票据上书写委托收款或质押字样的方法进行非转让背书。而数字票据环境下，票据信息的载体发生改变，只需要提前将其以代码形式录入智能合约中，然后将各相关方信息以及票据的状态录入相应的信息栏中即可完成。当有结算业务产生时，交易双方可利用区块链技术在任意地点、任意时间内实现资金的直接划拨。

（2）在票据成立的规则方面，传统票据和数字票据也有一些差异。传统票据的信息依靠纸质媒介，数字票据的信息依靠电子媒介，但是也依然具备纸质媒介的功能，为票据的认证、流通、储存提供便利。在签章方式方面，传统签章环境下，当发生特定的票据行为时，需要按照统一标准在纸质媒介上书写已经规定好的字眼。而其签章过程中，不需要其他方进行认证，主要采用对痕迹、字迹进行鉴定和比较的方式对其真伪性进行审核。电子签名环境下，利用数据恢复及加密处理技术以达到与传统签章相同的作用，而且只有获得与区块链实现对接的全部机构或部门认同的电子签名才是合格、有效的。当票据需要支付时，传统票据是通过转让其载体的方式来实现的，数字票据则通过代码附着在电子信息中来达到支付的目的。

（3）从票据是否具有可逆性来分析。在传统票据环境下，只有在法律规定填列的内容填列完毕，签章准确且完整，票据已经由被背书人收取三个环节都完成后，转让背书行为才可以视为成立。不存在所谓的撤销行为，不具备可逆性。对数字票据而言，只有经与区块链实现对接的各个部门全部认证通过后，其转让背书行为才可视为有效，但是由于各部门的确认周期存在差异，无法同时进行认证，因此在该背书行为通过各个部门认证之前，背书人可以撤销其下达的确认指令，可以说数字票据的背书行为具有一定的可逆性。

3）数字票据与传统票据在行为规则上的冲突

（1）票据行为有效性的差异。传统票据中，只要交易中的某一方根据法律要求在票据上书写规定的字样，我们就将票据行为视为有效。而在数字票据中，只有在区块链环境下交易各方都达成一致，并得到各个部门或第三方机构的认证，票据才具有合法性。同时，还可以在数字票据中加密，通过密码算法才可以获取信息。

（2）相关的票据法律与规则上的差异。我国与背书行为相关的法律制度中规定：只有将规定必须填列的内容填列完整后的背书才具有合法有效性，而被背书人姓名就属于规定必须填列的内容范畴，这一行为在很长一段时间内不被法律认可。然而，由于空白背书日常使用较为便利，在实际经营过程中应用较为广泛。为防范票据风险，我国在 2011 年对相关法律进行了相应调整，指出空白背书行为只能在特定的区域内使用。但是这一规定已经无法满足商业发展的需要。数字票据在使用过程中可以将有关空白背书的限制条例以数字代码的形式录入智能合约中，直接对其进行约束。从数据票据发展的角度来看，法律针对数字票据的限制应做适当调整与改革。另外，数字票据中不存在期后背书情况，从技术角度来看，可以将期后背书的禁止条款录入智能合约中对其约束；从日常使用角度来看，由于被背书人可以及时了解票据状态，也不存在期后背书现象。票据法中规定期后背书不具有合法性。

（3）在票据代理关系方面存在的冲突。我国票据市场发展迅速，目前央行主推的电子票据、票据交易所以及数字票据都在逐步落地。其交易平台还未向个人普及，只向企业、金融机构等主体开放，而在票据交易过程中，企业或金融机构通常会委派员工在交易平台上发布信息或者进行电子签名，但是数字票据中并未明确指出这部分员工的代理人身份。根据我国现行票据法的规定，只有将代理的情况如实地在票据中列入，且具有完整、准确的签章的情况下，才可成立有效的票据代理关系。因此，数字票据在使用过程中并没有产生票据代理关系。

（4）关于伪造票据。传统票据中伪造票据一般是冒充其他人的身份或重新捏造一个身份进行签章。而数字票据的签章是采用私钥与公钥相匹配的方式进行，与传统票据相比，虽具有一定安全性，但依然存在伪造的情况。数字票据环境下一般通过企业员工超出授权范围、没有收到授权或窃取私钥的方式进行伪造。上述伪造方式其实是修改电子信息的过程，与伪造传统票据的方式存在较大的差异。

7.2.2　数字票据的特征

1. 高安全性

通过 7.2.1 节的内容可以发现，传统票据的安全性较差，相对来说，数字票据具有更高的安全性。数字票据基于区块链技术，根据区块链分布式账本的特点将安全性问题解决。①在整个链条中，数字票据从出票开始的每一个行为都会在所有节点得到确认和记录，避免了传统票据中可能被篡改、遗失的情况。②基于区块链去中心化的特点，票据在每个节点的复制并不依赖中心处理器，避免了电子票据中由于中心处理器被"黑客"攻击导致数据被篡改、丢失的情况。③数字票据公钥与私钥相结合的签名的方式，避免了某一交易方篡改交易的可能性。

但数字票据也因区块链技术而不可避免地存在一些法律问题。我国尚未建立完善的与区块链及数字票据相关的法律法规，缺乏对相关违法犯罪行为的防范与管控措施，难以形成对相关不法举措的有效震慑与约束，易诱发一系列违法犯罪行为。同时，区块链技术的匿名性和去中心化的特点，加大了追根溯源、追职问责的难度。因此，数字票据的高安全性是需要以健全的法律法规作为保障的。

2. 高效交易

数字票据只要在联网的条件下即可交易，改变了传统票据中纸质媒介需要接触才可以交易的情况，提高了交易的效率。同时，由于数字票据在区块链上的公开性，可以随时对交易方进行审计，加快了传统票据中交易双方身份的确认、票据真实性的验证等环节，提高了整个票据市场的运行效率。

区块链技术正在助力数字票据的高效交易。例如央行在区块链底层实现了一种改良版 PBFT 算法作为默认的共识算法，即在半同步网络模型下保证安全性与可终止性，用户在提交交易之后，只需等待约 3 秒便可以收到交易打包入块的反馈，确认交易不会再被取消，3 秒左右的交易时延可以满足以票据交易为代表的大部分金融服务场景的需求。

3. 便利监督

通过在区块链中设置具有监管功能的特殊节点，比普通用户具有更高的权限，可以监管整个交易过程，对票据行为进行监管，同时，结合区块链技术智能合约的编程监管，提高了数字票据的监管效率。隐私保护机制采用零知识证明技术同时实现了全网共识与交易金额私密，但监管方需要借助对隐私数据的看穿机制来实现监管。①将用户的身份密钥与隐私保护密钥分开，身份密钥用来做交易签名和身份证明，隐私密钥用来对交易金额进行加密保护。②用户将隐私保护公钥公开，并与监管方的隐私保护公钥进行非交互式密钥共享算法计算，得到新的隐私保护密钥并公开其公钥。当两个参与方之间进行隐私保护交易时，双方利用对方的新隐私保护公钥再做一次非交互式密钥共享算法计算，得到本次交易的临时隐私保护密钥，并用其作为金额保护密钥。同样，监管方也可以通过两次非交互式密钥共享算法计算所有的隐私保护交易所使用的临时密钥，因此可以对区块链上的所有交易进行穿透式监管。第三方无法获得非交互式密钥共享算法计算的密钥，因此无法获得隐私保护的交易信息。

在数字票据的监管中，监管主体已经不限于政府部门、行业监管机构，交易的参与方、交易平台以及第三方机构都可以进行监管，既降低了政府的监管成本，又提升了监管的效率。区块链技术的应用使得数字票据的监管模式既有传统的命令控制式，又有自我约束、行业监管这些手段进行补充。多重手段的应用将会使监管更加有效。

4. 全链授信

由于数字票据分布式记账的功能，可以适应复杂的票据拆分转让业务。《民法典》中有"背书应当连续""背书不得附条件""背书附有条件的，所附条件不具有汇票上的约束力"的规定，数字票据既可以遵守传统票据的这些相关规定，又可以对票据进行拆分，弥补了传统票据不能拆分的不足。这种技术可以使供应链金融达到全链授信。

7.2.3 数字票据的相关区块链技术

目前区块链的平台建设还处于发展阶段，这里主要从底层平台、数字钱包、跨链技术几个方面介绍。

1. 底层平台

从第 6 章的介绍可知，目前的区块链底层平台主要有公有链、私有链、联盟链、许可链这几种较为主流的模式。

许多人认为私有链私人企业使用较多，用户总是依赖第三方机构——管理区块链的公司。有些人会认为私有链不是区块链，只属于分布式账本技术。而其他人则认为私有链能给许多金融企业提供公有链无法提供的解决问题的方案，如一些规章制度：医疗保险可携行和责任法案（HIPAA）、反洗钱（AML）和了解你的客户（KYC）制度。

公有链、私有链、联盟链、许可链究竟哪种更有优势，一直是大家争论的问题。CHEX 首席执行官 Eugene Lopin 说："私有链与传统的数据库基本没有差别，私有链与美化了的数据库意义是一样的。但是其好处在于，如果开始将公共节点加入其中，会有更多节点。开放的区块链是拥有一个可信任账本的最佳方法。

去中心化的范围越大，也越利于该技术的采用。"然而，Ledger 首席执行官 Eric Larchevêque 却认为，抗审查的公有链有潜力颠覆社会，而私有链只是银行后台的一个成本效率工具。但 Yours. Network 创始人 Ryan Charles 说："私有链可以有效地解决传统金融机构的效率、安全和欺诈问题，但是这种改变是日积月累的。私有链并不会颠覆金融系统。可是，公有链有潜力通过软件取代传统金融机构的大多数功能，从根本上改变金融体系的运作方式。"

其实，公有链、私有链、联盟链以及许可链都是区块链技术的一个细分，而技术仅仅是一种工具，往往根据应用场景的不同来选择不同的工具。

2. 数字钱包

数字钱包是一种数字存储方式，主要功能是存储对应的数字资产，这其中包含了钱包地址的创建、数字加密资产的转账、钱包相关地址的历史交易查询。从形式上类似于网络银行的账户：通过私人密钥打开"钱包"；当要将"钱"转出或转入，则需要输入卡号和密码。只是数字钱包里的"钱"不是我们平常使用的货币，而是以太币等数字货币。钱包地址类似于银行卡号，每个人可以拥有多个银行卡，也就是可以拥有多个钱包地址。一个钱包地址对应一个私钥，通过私钥可以推算出公钥，通过公钥可以算出钱包地址。

根据不同的标准，可以对数字钱包做不同的分类。

1）根据是否掌握私钥分类

私钥代表了资产的所有权以及支配权，只要掌握了私钥，就掌握了数字资产，根据是否掌握私钥，可以将数字钱包分为中心化钱包和去中心化钱包。如果私钥上传到服务提供商的服务器里就叫中心化钱包，显然私钥是在服务商这里，例如在中心化平台进行交易，数字资产其实是存储在交易平台的数字钱包里，转账速度很快，理论上交易平台可以转走用户的资产。一旦中心化平台出现问题，损失将会非常惨重。相反，如果私钥由用户掌握，就是去中心化数字钱包，目前多数数字钱包都是去中心化的。

我们的数字资产，既可以存储在平台，这样更方便进行交易，也可以存储在去中心化数字钱包里，自己管理私钥，理论上会更加安全，但是如果个人私钥丢失，就意味着资产的丢失。

2）根据私钥存储是否联网分类

根据私钥存储是否联网，可以将数字钱包分为冷钱包和热钱包。冷钱包没有联网，安全性相对更高。常见的冷钱包有纸钱包、脑钱包、硬件钱包、离线手机钱包等，只要没有联网的数字钱包都可以被称为冷钱包。纸钱包就是把私钥抄写在纸上，再删除。这是一种较为常见的方式。脑钱包通常是记忆助记词或者通过在线脑钱包生成工具来生成特定方便记忆的"脑钱包密码"。脑口令越长、越复杂就越安全，却不容易记住。因此，用户会倾向使用具有实际意义的信息作为输入，可这恰恰给黑客留下了空间。硬件钱包是指将私钥单独存储在硬件设备中，需要注意的是，这个设备是与互联网隔离的。硬件钱包采用离线存储，设备又在自己手里，用户掌握了数字资产的绝对控制权。相比脑钱包来说，这种方式使黑客无法轻易拿到私钥。热钱包是保持联网的在线钱包，平时用的大多数手机钱包其实都属于热钱包。

3）根据存储的完整性分类

根据存储的完整性，可以将数字钱包分为全节点钱包和轻节点钱包。全节点钱包是指同步保存了区块链上所有数据的钱包。全节点钱包往往能够很快地验证交易，可以实现完全的去中心化，但是需要较大的存储空间。轻节点钱包则是仅同步与自己相关的数据，从而只实现了部分去中心化。

3. 跨链技术

随着区块链技术的发展，区块链之间的互通性极大地限制了区块链的发展，区块链的链与链之间存在高度异构化，并且每一个单独的区块链网络都是一个相对独立的网络，数据信息不能做到互通互联。想使不同的区块链网络之间协作，难度非常大，这将会极大地限制区块链技术的应用。跨链技术作为不同区块链之间的桥梁可以改变这个问题。跨链技术是将同构或异构的区块链系统连接起来，实现资产、数据的操作。目前跨链技术有五种主流机制，分别为公证人机制（notary schemes）、哈希锁定（hash-locking）、侧链技术、分布式私钥控制（distributed private key control）、"公证人机制 + 侧链"混合技术。

1）公证人机制

2012 年，瑞波实验室提出了 interledger 协议，目的是实现不同区块链之间的协同和沟通，通过协议来打破区块链"信息孤岛"的局面，实现信息在不同区块链之间、整个互联网内的自由流通。该协议适用于所有记账系统，能够包容所有记账系统的差异性。

interledger 协议的原理是使两个不同的记账系统通过第三方"连接器"或"验

证器"自由地传输货币。记账系统无须信任"连接器",因为该协议采用密码算法用连接器为这两个记账系统创建资金托管,当所有参与方对交易达成共识时,便可相互交易。该协议移除了交易参与者所需的信任,连接器不会丢失或窃取资金,这意味着,这种交易无须得到法律合同的保护和过多的审核,大大降低了门槛。同时,只有参与其中的记账系统才可以跟踪交易,交易的详情可隐藏起来,"验证器"通过加密算法来运行,因此不会直接看到交易的详情。理论上,该协议可以兼容任何在线记账系统,从而使银行之间可以无须中央银行或代理银行就可直接交易。

公证人机制便是基于 interledger 协议创造的一种技术框。它类似于一种中介机制,两个区块链本身是不能直接进行操作的,这个时候引入公证人机制这两个区块链共同信任的第三方作为中介,负责跨链消息的验证以及转发。

公证人机制一般包含:①单签名公证人机制,也叫中心化公证人机制,一般由某个单一指定的独立节点或者机构充当,它同时承担了数据收集、交易确认、验证的任务。单签名公证人机制处理交易的速度非常快,兼容性强,技术架构相对简单,但需要注意中心节点的安全性问题。②多签名公证人机制。通过多位公证人在各自账本上共同签名达成共识后才能完成交易。需要注意的是,这些签名公证人的每一个节点都拥有一个密钥,只有达到一定数量或比例时,跨链交易才能被确认。这里的公证人是指一群机构组成的联盟,由联盟控制跨链资金的转移。这种方式相较于单签名模式的安全性更高,若出现少数几个公证人被攻击是不会影响整个系统运行的。③分布式签名公证人机制。与上面提到的多重签名公证人机制不同,它采用了多方计算(multi-party computation)的设计,安全性更高。其原理是将秘钥拆分成多个碎片分发给随机抽取的公证人。需要注意的是,即使所有公证人将碎片拼凑在一起也无法得知完整的密钥,只允许一定比例的公证人共同签名后才能拼出完整的秘钥,从而完成更加去中心化的"数据收集验证"过程。

公证人机制主要是充当中介方的角色,类似支付宝,解决的是"先付款还是先发货"的安全问题,解决思路就是由淘宝担任第三方担保和仲裁的角色。公证人机制是双向跨链,可以实现跨链资产交换及转移,利用智能合约在链与链间比较容易操作,缺点是容易产生中心化。

2)哈希锁定

哈希锁定,全称是哈希时间锁定合约(hash time lock contract)。哈希锁定模式就是在智能合约的基础上，交易双方先锁定资产，然后在有限的时间内输入正确哈希值的原值，即可完成交易。这种模式可以快速确认小额支付。

哈希锁定起源于闪电网络，闪电网络是一种小额快速支付手段，哈希锁定其实是将闪电网络的关键技术——哈希时间锁应用到了跨链。在哈希时间锁定机制中，如果超出了规定时间，锁定在系统中的代币将会被收回。在整个过程中，不同区块链之间不用再相互了解，加速了交易。即使交易失败，哈希锁定也不会收取额外的手续费。交易双方若在区块链上预先设有支付通道，就可以多次、高频、双向地实现快速确认的微支付；双方若无直接的点对点支付通道，只要网络中存在一条连通双方、由多个支付通道构成的支付路径，闪电网络也可以利用这条支付路径实现资金在双方之间的可靠转移。闪电网络并不试图解决单次支付的问题，其假设是单次支付的金额足够小，即使一方违约，另一方的损失也非常小，风险可以承受。

3）侧链技术

侧链就像是一个个桥梁，将不同的区块链互相连接在一起，以实现区块链的扩展。侧链完全独立于区块链，但是这两个账本之间能够"互相操作"，实现交互。2014年10月，亚当团队正式发布了侧链白皮书。2015年6月，blockstream宣布将为其侧链项目发布一个开源代码库和测试环境。侧链白皮书中提出了"楔入式侧链"技术，该项技术可以实现不同区块链间资产的互相转移。侧链是一个独立的系统，技术与理念上的创新不受主链的限制，即使出现创新失败或者受到恶意攻击，也只有侧链会受到损害。

侧链技术的优点：①代码和数据独立，不增加主链的负担，避免数据过度膨胀。侧链有独立的区块链，有独立的受托人或者说见证人，同时也有独立的节点网络，就是说一个侧链产生的区块只会在所有安装了该侧链的节点之间进行广播。独立性既是优点，也是缺点。开发者完成了dapp的开发之后，还需要寻找足够的节点对它进行运行维护，来保证其安全性。②侧链的灵活性。经过上面的分析，侧链的架构独立但需要考虑运维，但是这种架构依然有其必要性，侧链架构中用户的选择更灵活。可以根据dapp的重要性来设定运行所需的节点，这和以太坊全都需要所有节点来运行相比，更加灵活。

侧链虽然实现了区块链的扩展，但是依然存在一些缺陷。

（1）侧链较为复杂，这主要体现在网络、资产和功能三个方面。网络层面，为了支持不同区块链之间的相互转移，必须设置可被后期重组证明宣布失效的交易脚本。资产层面，一条链可以支持多个资产，还都要标记该资产的来源链。因此无论是网络层面还是资产层面侧链都需要复杂的技术支持。功能方面，由于要支持各种链的交易，功能上的兼容性需要更加复杂。

（2）欺骗性转账。攻击者可以制造一个比发送链的竞赛期时间长的重组，在发送链撤销该半侧的转账前，将币在侧链间完全转移。这样，接收链上币的数目与发送链上可赎回的锁定输出的数量将会不对等。当攻击者将币转移回初始链，将会增加他的币数，导致其他用户受损。

（3）挖矿中心化的风险。引入带有矿工费的侧链可能会给矿工资源带来压力，存在区块链系统（挖矿）中心化的风险。由于矿工们的报酬主要来自区块补贴及交易费，出于经济利益的考虑，他们会根据难度变化和市场价值变动，切换到价值上差不多的不同区块链，并提供多方成员动态签名。矿工们可以将其所工作的任何区块链子集上的验证和交易选择委派出去。由于选择委托机构能使矿工免除几乎所有对额外资源的需求，或者能为仍处于验证过程的区块链提交工作。然而，这种委派会导致区块链上验证和交易选择的中心化。不过，矿工们也可以选择不为仍处于验证过程的区块链工作，用自愿放弃一些报酬来提高验证过程的去中心化。

（4）软分叉风险。比特币系统中，软分叉是对比特币协议的一个补充，通过在设计上严格缩减合法交易或区块的集合来实现向后兼容。软分叉的实现只需挖矿算力中的绝大多数参与即可，不需要所有的完全节点参与。不过，对于软分叉出来的功能，除非所有完全节点都升级，否则参与者的安全性仅是 SPV 级。软分叉已经被使用过很多次，用于部署新功能和修复比特币系统中的安全问题。双向楔入仅有 SPV 安全性，对矿工诚实性的短期依赖度高于比特币系统。如果双方系统的所有完全节点都相互检查，并用一个软分叉规则要求相互的合法性，可以降低风险。

以 BTC-Relay 为例介绍侧链技术，consensys 于 2016 年发布 BTC-Relay，被认为是区块链上的第一个侧链。BTC-Relay 把以太坊网络与比特币网络通过使用以太坊的智能合约连接起来，用户可以在以太坊上验证比特币交易。通过以太坊智能合约创建一种小型版本的比特币区块链，但智能合约仍需比特币的网络数据，较难实现去中心化。

在介绍侧链技术的同时，再来介绍一下中继链技术。中继链又名中继器，通过构造一个第三方公有链和跨链消息传递协议，连接区块链网络中的其他链。其实，从某种意义上说，就是在两个链中加入一个具有特定数据结构的通道，使得两个链进行跨链数据交互，这个通道就称为中继链。接下来以 polkadot 为例介绍中继技术。polkadot 是由原以太坊主要核心开发者推出的公有链。polkadot 计划将私有链/联盟链与公有链的共识网络连接。既保证私有链/联盟链原有的数据隐私和许可使用的特性，又连接了多个区块链。polkadot 通过中继技术将原有链上的代币转入类似多重签名控制的原链地址中，对其进行暂时锁定，在中继链上的交易结果将由这些签名人投票决定其是否生效。它还引入钓鱼人角色对交易进行举报监督。通过 polkadot 可以将以太币等都链接到 polkadot 上，实现跨链通信。

4）分布式私钥控制

分布式私钥控制是通过私钥生成与控制技术，把加密货币资产映射到基于区块链协议的内置资产模板的链上，根据跨链交易信息部署新的智能合约，创建出新的加密货币资产。分布式私钥就是把一个区块链里面的私钥拆分成 N 份之后，再分给 N 个参与者，参与者每个人拥有一部分私钥，只有集齐了其中的 K（$K \leqslant N$）个私钥之后，才能恢复出这个完整的私钥，才能够对这个私钥上面对应的资产进行解锁。

原有加密资产被转移到跨链上时，跨链节点会在已有合约中为用户发放等值代币，为了原有链上的资产在跨链上仍然可以交易，原有链资产在跨链上进行分布式控制权管理的操作有锁定和解锁两种。锁定和解锁是对于链上资产的互逆操作。锁定就是对所有通过密钥控制的数字资产实现分布式控制权管理和资产映射的过程，需要委托去中心化的网络掌管用户的私钥，用户自己掌握跨链上那部分代理资产的私钥。解锁就是利用以及掌握的分布式私钥对于锁定的代币进行解锁操作，使代币由原来的不可操作状态变成现在的可转移、可操作状态。

以 fusion（一个跨链、跨组织、跨数据源的加密金融平台）为例，假如用户要锁定其资产，首先要向 fusion 提交请求，从而生成一个可以锁定资产的私钥、地址。把这个地址发送给用户，用户就可以在网络里面把资产转移到锁定的地址上面去。锁定这个地址和对应的私钥，其实是由 fusion 这个网络里面的多个用户，或者说是多个节点持有的，某几个节点是没办法去动用这里面的资产的。只有在上面通过智能合约，达成了共识之后，他们都认为这个资产是可以解锁的，他们就会把各自的私钥片段贡献出来，集齐 K 个数量（$K \leqslant N$），就能够把这个私钥完整恢复，继而解锁对应资产。

5）"公证人机制 + 侧链"混合技术

侧链技术可以实现高效通信，而公证人机制又可以实现资产跨链。比如可以将区块链 A 的区块头部信息写入区块链 B 的区块里，区块链 A 与区块链 B 使用一样的共识验证方法，实现两条链之间的通信。通过公证人模式，使用受信任的分布式节点向一条链记录证明另一条链上发生的交易通信实现资产跨链交互。简单理解就是区块链 A 和区块链 B 使用共同信任的分布式节点充当公证人，区块链 A 和区块链 B 就可以间接信任，完成资产交换。这种技术支持跨链资产交互、跨链合约、资产抵押，通过分布式节点避免中心化的控制。但是侧链技术存在一定的难度，节点的分布式部署不能完全去中心化。

以 Ether Universe 为例，作为世界首个基于第三代区块链平台 http: //eos.io 构建的跨链服务平台，采用"公证人机制 + 侧链"混合技术。它通过第三方"连接器"和"验证器"连接以太坊网络、EOS 网络、其他网络，而分布式节点起到了连接器的作用。记账系统无须信任连接器，一旦所有参与方交易达成共识，便可交易。只有参与其中的记账系统才可以跟踪交易，交易的详情可以隐藏，不会直接看到交易的详情。Ether Universe 在全球布置 48 个节点，并联接受实时用户交易所产生的快照，并进行数据的同步与认证。理论上，一秒可以承受百万笔实时交易并产生相应的交易快照，在交易确认后，执行相应的交易指令集。所有交易都是买方进行交易授权的，交互都是上链记录，由于交易快照经过多节点确认，保证了交易信息的不可篡改。任何单一或者多个节点被"黑客"攻破，只要多数节点正常工作，仍能完成交易认证，保障交易顺畅进行。同时，节点即时认证技术也完成了不同链上的跨链资产交易以及不同链上的资产确认问题与安全问题。

7.2.4　区块链数字票据的意义

1. 从银行角度分析数字票据的意义

（1）数字票据会冲击现有银行体系。①针对银行经营模式的影响。线下网点的现金业务将逐步减少甚至消失，客户到店率也会逐步降低。线下网点的人员、规模、数量会逐步收缩。数字钱包可能会逐步替代银行账户，在提升支付结算效率的同时，也会冲击银行传统的支付结算业务。②对传统盈利模式的影响。数字票据以数字资产的方式进行存储、交易，信息不易篡改，因此安全性更强。而且其分布式结构可以降低系统中心化带来的运营和操作风险；消除中介的介入，不需要特定的实物票据或中心系统进行控制验证，解决了人为舞弊行为导致违规操作的行业痛点。此外，通过时间戳完整反映票据从产生到消亡的过程，所有市场参与者可以看到资金流向和交易记录，无论是大票还是零散的小票，无论是银行票还是中小企业汇票，真实反映票据权利转移的全过程，从而可以有效防范传统票据市场"一票多卖""打款背书不同步"等问题。在数字票据的冲击下，虽然银行的监管等会更加便利，但现有票据业务将会受到很大的挤压。

（2）数字票据会加快银行数字转型。①提升信用风险管控水平。区块链技术的数据不可篡改性、信息的可追溯性，将会改变银企信息不对称的情况、提高审贷效率。即使企业出现经营问题，银行也可以及时发现，并采取措施降低违约风险，进而提升银行对信贷风险的把控能力。②利于银行发展跨境业务。现有的国际结算系统主要是 SWIFT 系统，该系统工作时间较长，审批流程及机构烦冗，费用也相对较高。相比之下，数字票据低成本、高效率、更安全的跨境支付方式将加速国内商业银行国际业务的发展。③利于商业银行建设数字生态体系。随着数字票据的应用，为商业银行精细客户画像、定制个性化智能服务、打造极致的客户体验提供了数据，大数据、区块链、云计算、AI 等数字技术既推动了货币数字化发展，更将加速商业银行数字生态体系构建。

2. 从企业角度分析数字票据的意义

下面从数字票据应用的不同环节分析数字票据的意义。

（1）承兑环节。随着区块链技术的应用，实现了非中心化的出票过程，避免了企业的风险，加快了交易的过程。同时，也省去了传统模式下企业需要到开户行开立网银的烦琐步骤，一旦企业网银出现安全问题，会带来很大的安全隐患。

（2）流转环节。数字票据在流转过程中与传统票据不同，避免了原来中心化信息流转，实现了买卖双方企业之间的点对点交易。同时，通过区块链智能合约以及可追溯性，避免了流转过程中的道德风险、操作风险和信用风险，这对交易双方而言都更加便捷，且规范了市场。

（3）托收环节。由于票据的到期日在承兑时已写入代码，所以过程控制会在到期时由持票人向承兑行自动发出托收申请，待托收完成后只需按照一定的规则，由第三方完成信息的记录并生成数据区块。价值交换直接完成，如果直接与资金清算挂钩，则不存在托收逾期的问题；通过代码的控制，在托收时不能进行其他操作，从而确保了账实相符，避免了交易中的某一方无法按期交易的风险。

随着数字票据的健全发展，企业的融资成本会逐步降低，企业资金周转效率会进一步提升。但是也会加强对企业征信系统的监管，需要企业加强信用管理，特别是中小微企业，从而更好地体现数字票据的作用。

7.3　基于区块链的供应链金融资产证券化

7.3.1　资产证券化

1. 资产证券化的内涵

资产证券化是指以基础资产未来所产生的现金流为偿付支持，通过结构化设计进行信用增级，在此基础上发行资产支持证券（asset-backed securities，ABS）的过程。它的实质是出售未来可以回收的现金流，获得融资收入。债权、未来的收益权甚至租金等，只要是在未来能够产生现金流量的权利，理论上都可以进行资产证券化融资。

广义的资产证券化是指某一资产或资产组合采取证券资产这一价值形态的资产运营方式，它包括实体资产证券化、信贷资产证券化、证券资产证券化以及现金资产证券化。实体资产证券化是以实物资产和无形资产向证券资产转换的过程。信贷资产证券化就是将一组流动性较差信贷资产，如银行的贷款、企业的应收账款，经过重组形成资产池，再配以相应的信用担保，在此基础上转化成债券型证券的过程。狭义的资产证券化指的是信贷证券化。证券资产证券化是证券资产的再证券化过程，就是将证券或证券组合作为基础资产，再以其产生的现金流或与现金流相关的变量为基础发行证券。现金资产证券化是指通过投资将现金转化成证券的过程。

我国资产证券化的发展从 2005 年开始，经历了试点、停滞、复苏和常态化四个阶段。2005 年，央行和银监会联合发布了《信贷资产证券化试点管理办法》，随后，国家开发银行和中国建设银行成为首批试点。2007 年，浦发银行、中国工商银行、浙商银行、兴业银行等机构成为第二批试点，但由于 2008 年金融危机，本来正在发展的资产证券化处于停滞状态。2012 年开始，监管当局政策放开，我国资产证券化重启，2012年9月，国家开发银行发行了101.66亿元的信贷资产支持债券。2014年开始进入加速发展时期，降杠杆和提高对实体经济的支持效率成为这个阶段的重要目标。2016年开始进入规划发展期，2016—2018年发行规模增速维持在36%以上，2016—2019年产品年末存量规模增速在35%以上，2020—2022年受疫情影响稍有回落。

2. 资产证券化的类别

根据证券化的基础资产不同，可将资产证券化分为不动产证券化、应收账款证券化、信贷资产证券化、未来收益证券化（高速公路收费）、债券组合证券化等。本书主要介绍不动产证券化、应收账款证券化两种常见类型。

1）不动产证券化

从物理形态分析，不动产证券化是将价值较高、难以移动的不动产转换为面额较小、流通便利的证券；从法律角度分析，不动产证券化是将不动产物权转换为可以流通的小额债权或股权；从经济学意义分析，不动产证券化则是将固定资本转换为流动资本。这里需要明确的是不动产的范围，主要包括土地、建筑物和添附于土地和建筑物上的定着物等。不动产证券化的主要特征是权利的集合性、权利的流通性、主体的特殊性、现金流支持的可靠性以及破产隔离制度。

2）应收账款证券化

应收账款证券化的实质是融资者将被证券化的金融资产的未来现金流量收益权转让给投资者，而金融资产的所有权可以转让，也可以不转让。应收账款证券化的优势主要体现在融资费用更低、融资服务更专业、管理成本更低、交易成本更少。

根据监管部门的不同，可将资产证券化分为证监会监管的企业资产证券化、原银保监会监管的信贷资产证券化以及交易商协会下的资产支持票据（ABN）。

1）企业资产证券化

企业ABS的发起人一般是非金融企业或者是小额贷款金融租赁公司等。其基础资产一般可能有信托受益权、融资租赁、应收账款和其他类型贷款等。发行方式一般是非公开，交易场所一般是证券交易所、证券业协会机构间报价与转让系统、证券公司柜台市场。审核方式采用核准制，登记的托管机构一般是中国证券登记结算有限责任公司或中证机构间报价系统股份有限公司。信用评级采用对专项计划受益凭证进行初始评级和跟踪评级结合的双评级制度。

2）信贷资产证券化

信贷 ABS 的发起人银行业金融机构，基础资产一般是不良贷款、住房抵押贷款、企业贷款、个人消费贷、信托受益权和信用卡贷款等。发行方式一般是公开或非公开，交易场所是全国银行间债券市场。审核的方式采用审核制，登记的托管机构是中央国债登记结算有限公司。信用评级需要双评级，如果是定向发行，可以免于信用评级需要。

3）交易商协会下的资产支持票据

交易商协会下的资产支持票据发起人一般是非金融公司，基础资产是应收账款、融资租赁、保理融资、收益权。发行方式为公开或非公开，公开发行一般是面向银行间市场所有投资人，非公开发行则是面向特定机构投资者。ABN 的交易场所是在全国银行间债券市场，与信贷 ABS 相同。审核的方式采用注册制，登记的托管机构是银行间市场清算股份有限公司。信用评级方面，如果是公开发行需要双评级，而非公开发行则是由发行人与定向投资人协商确定。

此外，资产证券化还有如下两种分类：根据资产证券化发起人、发行人和投资者所属地域不同，可以分为境内资产证券化和离岸资产证券化；根据证券化产品的金融属性不同，可以分为股权型证券化、债券型证券化和混合型证券化。

3. 资产证券化的一般流程

资产证券化的流程一般分为九步。

1）确定基础资产并组建资产池

资产证券化的发起人（即资金的需求方）根据自身融资需求确定要实施证券化的资产，也可以将多种相似资产进行剥离、整合组建成资产池。

2）设立特别目的载体

特别目的载体是专门为资产证券化设立的一个特别法律实体，是没有破产风险的。其作为证券的发行机构，并保证其能够实现和发起人之间的破产隔离。这里的破产隔离可以从两方面理解：首先，SPV 本身不易破产；其次，发起人将基础资产转移给 SPV，需满足真实出售的要求，实现了破产隔离。SPV 设立的形式有特别目的的信托、特别目的的公司以及合伙有限。证券化的一个重要原则是保持税收中性，意味着证券化本身不会带来更多的税收负担。

3）资产转移

发起人将其欲证券化的资产或资产池转让给 SPV，且转让必须构成真实出售。

真实出售的目的是实现破产隔离，这里的真实出售应该做到如下两个方面：首先，基础资产必须完全转移到 SPV 手中，既保证了发起人的债权人对已转移的基础资产没有追索权，也保证了债权人对发起人的其他资产没有追索权；其次，这些资产应该从发起人的资产负债表剔除，使资产证券化成为一种表外融资方式。根据 SPV 收到资产的现金流后是否对其重新安排，可以将 SPV 分成过手架构和支付架构。过手架构中，SPV 收到现金流扣除必要的服务费之后，转付给投资者，现金流形式未发生改变；支付架构中，SPV 将收到的现金流重新规划分配给不同类型的证券（到期日、本金收回顺序、现金流性质均可能不同）。

4）信用增级

发起人或者第三方机构对已转让给 SPV 的资产或资产池进行信用增级，提高信用级别。信用增级既可以在信用质量、偿付时间上满足投资者，又可以在会计、监管和融资目标等方面满足发行人。信用增级一般分为内部信用增级和外部信用增级两种。内部信用增级的方式一般有划分优先 / 次级结构、建立超额利差账户、开立信用证、进行超额抵押等，外部信用增级则主要通过担保来实现。

5）进行信用评级

由中立的信用评级机构对 SPV 拟发行的资产支持证券进行信用评级。需要注意的是，这个信用评级通常需要进行初评与发行评级两次。初评是为了达到所需要的信用级别必须进行的信用增级水平。初评之后，评级机构才会进行正式的发行评级，并向投资者公布最终评级结果。信用评级机构通过审查各种合同和文件的合法性及有效性，给出评级结果。信用等级越高，表明证券的风险越低，从而使发行证券筹集资金的成本越低。

6）发售证券

SPV 将经过第五步信用评级的资产支持证券交给证券承销商，采取公开发售或私募的方式发行。这些证券一般主要由机构投资者（如保险公司、投资基金和银行机构等）来购买。

7）向发起人支付资产购买价款

SPV 将从证券承销商那里获得发行现金收入，按事先约定的价格向发起人支付购买基础资产的价款，注意要先向各专业机构支付相关费用。

8）管理资产池

SPV 聘请服务商管理资产池，一般情况下，发起人会担任服务商，这是因为发起人既熟悉基础资产的情况，又与每个债务人建立了联系，还具备技术和人力管理基础资产。服务商也可以是独立于发起人的第三方，那么发起人需要将与基础资产相关的全部文件移交给新服务商。

9）清偿证券

SPV 将委托受托人按时、足额地向投资者偿付本息。利息通常是定期支付的，而本金的偿还日期及顺序就要因基础资产和所发行证券的偿还安排的不同而有异了。若证券全部被偿付完毕后资产池还有剩余现金流，将被返还给交易发起人，资产证券化交易的全部过程也随即结束。

7.3.2　供应链金融 ABS

1. 供应链金融 ABS 概述

在供应链的发展中，产业链上的中小企业对核心企业依赖性较强，往往议价能力较弱。处于上游的中小企业往往采取赊销的模式，存在大量应收账款。而处于下游的核心企业一方面会延长应付账款结算，另一方面还会借助信用证或承兑汇票付款。于是，越来越多的中小企业通过应收账款融资盘活资金。截至 2015年末，我国规模以上工业企业应收账款净额已由 2005 年的不到 3 万亿元增加到了11.72 万亿元。为了盘活工业企业存量资产和推动企业的融资机制创新，2016 年2 月 16 日，央行、银监会、证监会等八部委联合发布《关于金融支持工业稳增长调结构增效益的若干意见》，强调稳步推进资产证券化发展的指导思路，并指出要加快推进应收账款证券化等企业资产证券化业务发展。

目前，供应链金融的发展情况是围绕核心企业信用反向延伸的供应链金融资产证券化，是在以供应商为核心的应收账款资产证券化基础上开展的供应链融资创新模式，它是在上游供应商应收账款能够准时到手的前提下进行的，它们主要是为了实现核心企业在应收账期和现金流上能够进行有效的管理。供应链上的企业通过资产证券化降低供应链两端的综合融资成本，优化企业报表，平衡供应链上下游企业之间的利益，还能够促进闭环产业链的良性发展。

2. 供应链金融 ABS 的不同模式

供应链金融资产证券化基于产业链的特点和融资人的信用水平，目前国内主要有四种形式：①基于央企、国企、上市公司等优质主体的应收账款资产证券化。②以互联网电商平台为主导的保理债权资产证券化。③基于核心企业的反向保理资产证券化。④基于信用证、保函、保贴的贸融类应收账款资产证券化。

1）应收账款资产证券化

2014 年 12 月，五矿发展股份有限公司发行了国内首单贸易类应收账款资产支持专项计划。专项计划基础资产为五矿发展下属全资子公司、中国五矿深圳进出口有限责任公司据与买受人签订的销售合同等文件，安排并履行相关义务后产生的对买受人的应收账款债权。通过签署《应收账款转让协议》，五矿发展受让基础资产成为专项计划的原始权益人。此外，本次专项计划还引入五矿发展母公司提供差额支付承诺和引入中国出口信用保险有限公司进行增信。

应收账款资产证券化的交易流程分为六步：①设立专项计划，认购人与管理人签订《认购协议》，将认购资金以专项资产管理的方式委托管理人管理。②购买基础资产，管理人用专项计划资金向原始权益人购买基础资产，要根据《基础资产买卖协议》执行。③基础资产服务，专项计划设立后资产服务机构负责基础资产对应应收账款的回收和催收，以及违约资产的处置。④现金流监管，监管银行根据《监管协议》监督资产服务机构在回收款转付日将基础资产产生的现金流转入专项计划账户，由托管人托管。⑤基础资产的循环购买，由于应收账款期限较短，专项计划一般采用循环购买的机制。在循环购买期内，管理人有权在循环购买日向原始权益人持续买入符合合格标准的新增基础资产。⑥专项计划收益分配，管理人根据约定向托管人发出分配指令，托管人将相应资金划拨至登记托管机构的指定账户。

应收账款资产证券化的特征主要是期限较短、无利息收入、可能存在价值摊薄、无抵质押物担保、不同类型应收账款之间同质性不高、入池资金数量较为灵活。一般是为行业的龙头等大型企业发行，原始权益人的主体信用评价较高。

2）保理债权资产证券化

保理债权资产证券化主要分为以保理公司为实际融资人和互联网电商主导的互联网供应链金融 ABS 两种形式。保理公司通过保理债权资产证券化规避监管指标、加速资产流转。以附追索权的明保理为主，并需要对付款义务人进行确权，对应收账款回款合同进行变更以防范资金混同风险。以互联网电商平台为主导的供应链金融 ABS，通过电商平台交叉分析处理各类信息、资金、物流数据，一方面降低了供应商的融资成本，另一方面也拓宽了供应商的融资渠道。

同于发起人（增信方）拥有极高主体信用的应收账款资产证券化产品，保理债权资产证券化通常会有比较高的资产超额抵押来增信,如摩山保理四期资产支持专项计划要求:基础资产所附质押物价值将动态保持在对资产池未偿本金的125%,且资产池的资金和未偿本金将动态保持在资产支持证券未偿本金余额的110%,即综合超额覆盖倍数为 1.38 倍。

2015 年 5 月,由恒泰证券作为计划管理人的"摩山保理一期资产支持专项计划"成功发行,并于 7 月 21 日在上海证券交易所挂牌转让。摩山保理一期是第一款以保理融资债权为基础资产的资产证券化产品。

3)以核心企业开展的"1+N"反向保理资产证券化

这里的"1"指供应链上的核心企业,"N"为该核心企业的不同上游供应商。"1+N"反向保理资产证券化一般会通过无追索权保理来提高供应商的配合度。与供应链资产证券化不同的是,项目中采用了出具《付款确认书》将母公司列为共同付款人(对应付账款逐笔确权)、提供差额支付承诺等方式,使得供应商的应收账款更好地体现母公司信用。

在银行日常的信贷工作中,由于国内信用体系基础设施的缺失,中小微企业的尽调难度较大。反向保理资产证券化引入核心企业的主体信用数据,核心企业通过其与供应商的海量数据,建立供应商动态准入制度,从而加强供应链风险防范。供应链核心企业的经营和风控能力水平相对较高,对整个行业景气度和应付账款规模预判较为准确、应付账款规模巨大,供应商准入制度的建立保证了基础资产具有较高的同质性。

房地产企业的杠杆率较高,负债端压力较大,以房地产企业为代表的核心企业发行供应链反向保理 ABS 较多。2017 年,仅万科一家的供应链金融 ABS 发行量就达到 199.6 亿元,碧桂园次之,其发行量为 176.97 亿元,这两家发行的供应链保理 ABS 产品总额在同类型 ABS 中占比超过 9 成。

核心企业作为最终付款人,使得"1+N"反向保理资产证券化的类信用债属性更加浓厚,分层结构上,多采用平层发行或仅设置较低比例的次级。只有以真实的贸易背景和应收账款数据为基础,反向保理资产证券化才能真正有利于中小企业降低融资成本,提高供应链稳定性。防止核心企业和上游供应商串谋欺诈是保证"1+N"反向保理 ABS 发展的重要前提。

4)"N+N+N"供应链资产证券化

"N+N+N"供应链资产证券化是在"1+N"资产证券化的基础上的一种探索。

这种模式同时包含 N 家核心债务人、N 家供应商、N 家原始权益人、N 种基础资产类型、N 种增信方式等，将各个供应商与不同核心企业的应收账款整体打包证券化发行，来增强基础资产的信用。该模式的特点可以从以下几个方面来分析。

（1）基础资产类型多样。"$N+N+N$" 模式供应链资产证券化业务的基础资产类型很多，并根据不同维度可区分为不同类别。首先，基于供应商是否承担基础资产对应的应收账款的信用风险，可划分为有追索权资产及无追索权资产。其次，基于是否以商业汇票作为应收账款结算方式，基础资产可区分为票据结算资产及非票据结算资产。最后，基于是否以电子凭证为表征，基础资产可区分为电子化资产及非电子化资产。

（2）资产组合模式灵活。为了适应不同模式的资产组合，"$N+N+N$" 模式供应链 ABS 的交易架构一般较为开放，既可以开展以单一核心企业为重要债务人的供应链反向保理 ABS 业务，也可以开展以单一核心企业为基础交易债权人的应收账款 ABS 业务，还可以对不同供应商对应的多个核心企业的多笔资产形成的集合资产包进行资产证券化发行。

（3）原始权益人不特定。为通过不同保理商集合众多供应商的资产形成基础资产池，"$N+N+N$" 模式供应链资产证券化产品一般可在储架申报阶段选择多家备选保理商作为原始权益人，在每期产品具体发行时再根据当期入池资产情况具体确定保理商。此外，由于保理商需承担入池资产审核以及相应资产的后续资产服务工作，因此储架申报时交易文件一般会在"公司注册资本、实际保理业务开展年限、是否具备符合业务规模的数字化信息处理系统、业务人员规模、业务经营是否符合《中国银保监会办公厅关于加强商业保理企业监督管理的通知》（银保监办发〔2019〕205 号）的相关要求"等方面对保理商设置一定的准入标准，符合准入标准的保理商可经由管理人履行交易所的期后变更程序后成为新增保理商，从而参与"$N+N+N$"模式储架产品的后续发行。

（4）增信方式多样。增信方式有很多种：首先，可以在基础资产层面视基础资产类型的不同设置债务加入、保证担保、票据承兑、票据保证等；其次，可以在专项计划层面由核心企业或第三方担保公司提供差额补足。根据每一期基础资产的实际情况在这两种增信方式中选择。

5）贸融类资产证券化

贸融类资产证券化是指以票据作为结算工具，通过信用证、银行保函、保贴等手段联合银行信用的应收账款债权资产证券化产品,如平安橙鑫 e、民生瑞盈通融元等。根据计划管理人的委托,银行通常还会担当专项计划的资产服务机构,为专项计划提供基础资产筛选、资金归集、作为名义质权人等服务。

此外,在此结构中,银行通过和底层多个债权人签订《代理服务协议》,以代理原始权益人的身份可以批次进行基础资产的转让;由于银行基础资产充足,此类产品多采用"储架发行"模式,进一步提高操作效率;但由于资产端和资金端利差过小,大多数银行开展此类业务的动力不足,仅仅处于业务模式探索阶段。

3. 供应链金融 ABS 的意义

与传统融资渠道相比,供应链金融 ABS 以核心企业为依托,帮助上游企业拓宽融资渠道,与原来融资过分依赖传统银行不同,中小企业可以有效回笼资金,对中小企业盘活应收账款资产、解决中小企业融资难题有重要意义。

1)创新服务助推中小微企业发展

通过借助核心企业信用向上下游延伸,化解中小企业融资难、融资贵,供应链 ABS 项目募集资金通过保理机构定向支付给核心企业的供应商,每期发行几乎都为遍布全国的几百家中小微供应商提供应收账款融资服务,且其中部分企业为不发达地区企业,有效地降低了供应商的融资成本、提高了操作效率。依靠应收账款开展证券化,在发展直接融资市场的同时,依托直接融资市场广泛的投资人、产品更好的流动性、投资者更低的资本计提(银行购买时仅按 20% 计提),进一步降低中小企业的融资成本。其中,多个供应链项目中的中小微企业应收账款的融资费用,从年化 8% ~ 20% 降至 4% ~ 6%,并且监管支持的储架发行机制,一次备案,分批发行,极大地提高了效率,缩短了资金占用周期,提高了融资效率。同时,所有手续资料通过网络传输给保理公司在线审核即可,无须花费额外成本进行往返奔波。

2)实现多方共赢

除中小微企业实现低成本融资外,行业核心企业在与其供应商合作更为紧密的同时,也通过协商付款期限等形式,进一步优化企业的资金管理和资金安排,使其更有积极性地开展此项业务,相关中介机构也从中获益。供应链金融 ABS 实现了中小微企业、行业核心企业、保理商、投资人、证券公司等机构的多方共赢。

3）改善企业融资资本结构

传统融资渠道通过增加贷款或发行债券，增大了企业的财务杠杆。资产证券化在会计处理上是两项资产类账务的增减变化，并不影响财务杠杆。此外，由于供应链金融 ABS 资产转移与破产隔离的特点，还避免了债权融资里随着财务风险提升带来的破产风险。

4. 供应链金融 ABS 的风险

1）应收账款 ABS 的风险

（1）信用风险。信用风险指由于债务人付款推迟导致发行人不能支付证券本息。普通贸易类应收账款资产支持证券的基础资产债务人资质分化较大，无抵质押和保证担保增信、且行业集中度高，信用风险相对较大。

（2）赎回风险。发行人可能会在到期日之前赎回全部或部分证券，如果未来市场利率低于息票率，发行人可能会赎回证券，那么投资者可能会面临再投资风险。

（3）降值风险，在应收账款回收过程中，一些非违约因素可能会导致价值的降低。这些非违约因素可能有退货、打折、与之前的应收账款冲销等。零售业和计算机行业由于对消费倾向以及技术进步较为敏感，降值的可能性更大。

（4）确权风险。在很多企业实际发生的业务中，要想取得关于应收账款业务的基础合同、收发货凭证、发票等并不容易，特别是涉及一些大型机构时，由于其内部流程复杂，诸如确认协议等很难获得。还存在应收账款本身存在虚构的可能，如债务人已经偿还应收账款，但报表没有冲抵等情况。

2）保理债权 ABS 的风险

（1）信用风险。这里将从三个方面来讨论信用风险。

①从债务人角度来分析，无论在何种保理业务形式下，债务人是否能如期履行付款义务，都是保理证券化产品按期兑付的根本保障。应关注债务人的主体长期信用水平以及该贸易合同项下商品的盈利能力。

②从债权人的角度来分析，债务人履行付款义务的前提，是债权人已经完全适当履行其在基础交易合同项下的义务且不存在商业纠纷；若各债权人未履行或未完全履行基础交易合同项下的义务或履行义务有瑕疵，将会导致债务人可能向专项计划主张商业纠纷抗辩权而不履行付款义务的风险。

③从原始权益人角度来分析，对于保理资产证券化这类特殊品种，在基础资

产的形成过程中不可避免地受到保理公司主体信用水平的影响。同时，原始权益人通常会提供基础资产的筛选、债权管理、债权催收等服务，如果原始权益人没有能力或者不适当履行其应尽义务，可能导致无法按预期收益率向持有人足额兑付投资收益。

（2）与基础资产相关的风险。基础资产本身的质量高低影响资产未来产生的现金流是否稳定，若基础交易合同存在争议或瑕疵，造成 SPV 受让的债权有缺陷，会影响到期偿付。另外，还存在基础资产范畴界定不明的问题。由于券商对保理预付账款性质的误解，可能将保理预付账款作为应收账款转让的"对价"。融资型保理中，保理公司会在应收账款到期日前向卖方支付一部分价款帮助其融资，待收到买方汇款后扣除预付账款、利息及管理费后，再将余款返还卖方。券商可能会误认为基础资产时有附带返还余款的义务。

3）以核心企业开展的"1+N"反向保理 ABS 的风险

（1）核心企业可能存在过度融资问题。少部分房地产企业在发起反向保理 ABS 的同时，仍然以不动产项目抵押办理贷款融资。同时，预售资金也需要定向支付施工款和材料款，房地产开发商可以通过反向保理支付工程款解活预售监管资金，也就增加了单一项目的融资额度。可能存在资金并未用于项目开发的情况，增加了挪用资金的风险。

（2）房地产周期性较强，导致资金兑付较为集中。前面介绍过反向保理 ABS 多为房地产企业，房地产行业具有较强的周期性，当行业整体下滑时，会出现开发商反向保理 ABS 兑付压力，甚至会出现系统性兑付压力。

（3）基础资产真实性的问题。房地产开发商和上游供应商可能出现合谋作假、套取资金的情况，不排除上述情况中开发商和供应商为关联企业。因此，更需要对基础资产中的底层资产进行穿透核查，还要审核作为底层资产的贸易 / 服务合同的真实性。

7.3.3　基于区块链的供应链金融 ABS

1. 供应链金融 ABS 的业务痛点

供应链金融采用中心化的模式，基本上都是金融机构、保理公司依托一家核心企业，来为供应链上的中小企业提供服务。但是，供应链运行过程中，不同企业之间、机构与企业之间各类信息的不对称、不透明的情况，严重影响了整个供应链条的效率，导致了中小企业融资难、融资慢等问题。目前我国中小微企业规模正在逐步扩大，如何解决融资难、融资贵，是中小微企业发展的首要问题。

通过资产证券化，可以盘活供应链金融资产，降低供应链两端的融资成本，提高中小企业的融资效率。但是，由于供应链底层资产的形成到证券化这个过程所涉及的参与方较多，信息传递环节较多，且经过结构化设计后在动态资产池中动态进出，使用传统的技术手段很难进行让人信服的精准的信用评估和动态风险监测。

资产证券化具体的业务痛点体现在以下四个方面。

（1）参与方众多，协同效率较低。基础资产包的形成过程中涉及的业务量较多、参与方较多，如资产方、信用中介（如第三方征信）、资金方、SPV、行业监管等，导致各参与方协同效率较低且耗费较多人力、物力，增加了证券化的成本。

（2）系统支持较弱，数据成本较高。参与各方都有其独立的核心业务系统，从这些异构系统中抽取数据，存在获取成本高、数据不准确的问题。当前ABS较大部分风控仍停留在人工操作的层面，线上化程度不够，即使有些伙伴使用了系统，由于各方系统不统一，彼此缺乏有效的对接。

（3）人工方式的对账清算费时费力。在交易结构中，交易量大、交易频次高，各机构间信息传输的准确性问题是需要重点关注的。从底层资产的形成、交易、存续期管理到现金流归集，整个流程都需要各方共同监督。需要人工逐笔、逐条进行核对底层资产是否真实、资产存续期是否实时监控、现金流是否提前偿还、是否会出现逾期情况，产品回购、代偿条款实施的可行性，以及中介机构履约的客观性等，不排除会受到主观因素影响。

（4）资产信息管理与披露信息的质量，易出现信用问题。鉴于资产证券化产品的结构设计中，往往计划管理人会委托原始权益人作为专项计划的资产服务机构，在专项计划存续期间，提供与基础资产及其回收有关的管理服务和其他服务。因此，基础资产的回收款一般会进入融资主体自身开立的经营账户，可能存在资金混同的风险。同时，计划管理人定期编制的资产管理报告很大程度上依赖于资产服务机构提供的基础资产数据。在专项计划存续期间，监管机构和投资人无法及时、准确地了解到基础资产的相关信息，存续期监管难度较大。尽职调查以及监控过程多是人为亲办，冗余复杂耗时长，投资人及监管方对基础资产质量、披露信息的真实性等存在信任度问题。此外，由于信息不对称，信息披露存在不及时、不充分的情况，极易出现信用问题。

2. 区块链与供应链金融 ABS

供应链上需要交易双方、银行以及第三方机构多方互联互通，通过区块链技术自身的特性可以更好地助力供应链金融的发展。通过区块链的不可篡改性，可以为应收账款、票据、仓单进行确权；通过区块链减少了中间环节，可以帮助企业进行保理、贴现或质押等交易；通过区块链资产数字化，帮助企业、银行及第三方机构留下数据存证；通过区块链可追踪性，可以避免票据作假、重复质押的发生。

由于在区块链技术中没有中心化的系统，所有主体的数据根据预先设定的程序运行。中小企业可以通过区块链技术来积累信用数据解决融资难的问题；银行等机构可以通过区块链技术追溯交易信息、物流信息、仓单信息，进而评价企业真实的经营情况，提高放贷效率。区块链技术对供应链金融的驱动作用如图 7-1 所示。

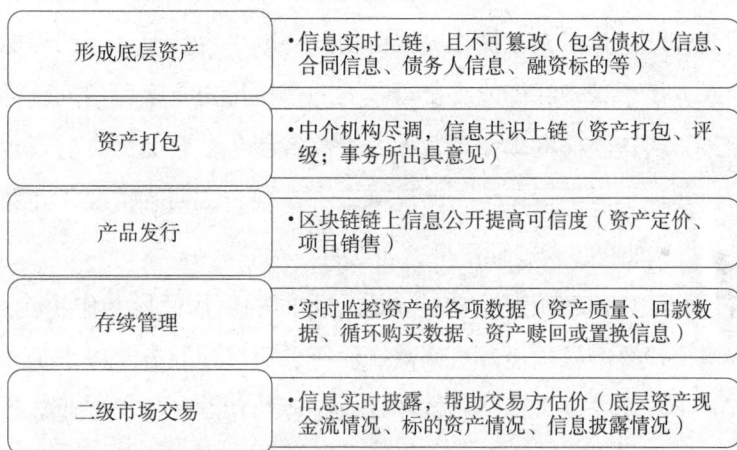

形成底层资产	·信息实时上链，且不可篡改（包含债权人信息、合同信息、债务人信息、融资标的等）
资产打包	·中介机构尽调，信息共识上链（资产打包、评级；事务所出具意见）
产品发行	·区块链链上信息公开提高可信度（资产定价、项目销售）
存续管理	·实时监控资产的各项数据（资产质量、回款数据、循环购买数据、资产赎回或置换信息）
二级市场交易	·信息实时披露，帮助交易方估价（底层资产现金流情况、标的资产情况、信息披露情况）

图 7-1　区块链技术对供应链金融的驱动作用

具体而言，区块链技术将从以下三方面为供应链金融加以赋能。

1）推动各参与方协同合作

前面我们提到供应链金融 ABS 参与方众多，系统效率较低。如何使企业、银行以及第三方机构良好协作是亟待解决的问题。区块链技术中应用分布式账本使得信息不可修改且可追踪，为各个参与方提供协作平台，大大降低了协作成本。各个主体基于链上的信息，可以实现数据交易的实时同步与实时对账。每笔资产的详情对所有主体开放，也实现了多方同时监控：计划管理人可以更翔实地进行尽职调查；评级机构可以对每笔资产的质量进行分析，更容易发现问题；资产服务机构也能够更快地了解资产的还款违约状况。

2）推动供应链金融资产数字化发展

针对供应链金融 ABS 系统支持较弱、数据成本较高的问题，区块链技术实现了资产数字化来帮助企业降低成本和提高效率。在产品结构机制设计方面，智能合约可通过条款设置，将 ABS 各流程节点如信用增级、金融资产结算清算、物理资产确权等纳入其中，经智能合约各方达成共识后入链，一旦满足条件，自动执行。一方面降低了融资成本；另一方面也提高了效率。同时，使用代币分割不可分割的资产，方便了企业根据自身的需求转让或抵押相关资产，以获得现金流的支持，为企业创造了新的财富机会。

3）方便资产管理，实现多层级信用传递

针对供应链 ABS 资产管理较为烦琐、披露信息质量不高带来的信用问题，区块链技术利用智能合约实现 ABS 关键业务流程，如基础资产现金流回收、分配等操作的自动执行，避免了人工操作失误的情况，减少各环节造假的可能。区块链技术的运用既方便了管理，又能将交易各方的信用历史真实保留。监管机构也可作为节点加入，快速获得账本完整数据，提高智能化监管能力。监管者、投资者可通过联盟链实现实时穿透监控、检测基础资产现金流回收情况，确保现金流清偿条款按约执行，使存续期管理变得更加透明。

综上所述，区块链解决了供应链金融企业间的信用问题与中小企业融资难、成本高的困境，让金融机构能够更高效、便捷、稳健地服务于中小企业客户，确保借贷资金基于真实交易，同时，依托核心企业的付款，整个产业链条上的企业都能融资，且是安全的融资。不过，尽管区块链可以在一定程度上使合作与利益透明化，但也存在着先入为主的优势，早期参与者更有利于游戏规则的制定，因此较难吸引自身供应链之外的企业。

7.4　基于区块链的供应链金融风险控制

7.4.1　基于区块链的供应链金融风险控制概述

虽然供应链金融为中小企业提供了一条较为方便、快捷的融资渠道，为核心企业、金融机构提供了新的发展路径，但是在供应链金融发展的过程中也面临着诸多风险：在质物的品种选取、市场价格以及安全性问题所带来的质物风险；由人员操作、基础流程设计，以及底层系统所带来的操作风险；由于中小企业自身管理不规范、财务不完善引起的信用风险以及核心企业自身信用问题导致的整个链条的信用风险等。

区块链技术自身公开透明可验证、不可伪造篡改以及可追溯的特点，能够提升产业链信息透明度并控制供应链金融自身存在的风险。

7.4.2　基于区块链的风险控制特点

1. 虚拟与现实的互相补充

区块链世界包含了信息技术系统、信息交互平台、不同的经济模式等，是一个虚拟的人工世界。这个虚拟世界正在弥补供应链现实世界的一些不足。

互联网无差别的信息传输，带来了信息爆炸的时代，任意删改信息、伪造信息的情况时有发生，企业的日常交易、信贷等都会造成一定的影响。区块链技术在互联网的基础上实现了价值的转移，通过"双工交互"模式的应用，虚拟系统不再可以任意删改。每笔交易的信息都会在虚拟系统原原本本地保存下来，信息也是真实可信的。区块链的虚拟系统和现实的真实系统互为补充、交互执行。

将区块链技术应用于企业这个现实世界，通过联合云计算、大数据以及企业自身的系统，来更好地发挥区块链技术的优势。区块链既在技术层面解决了企业之间价值传递的问题，同时，区块链的共识机制又能够底层开源和改变业务规则、创新业务。因此，区块链是未来整个 IT 架构和互联网转型的重要支撑。区块链将把数以万计的企业、银行及第三方机构，甚至个体全部连接在一起。由于全链所有节点交易的可视化，现实资产的每一笔交易将会印记在虚拟系统中。在虚拟系统中发生指令也将会直接作用到现实世界，这其中包含第三方机构对企业及个人的尽调、审计、各项单证等，从而更好地解决银行的授信问题，排除质物风险。

2. 通过加入政府节点加强整体信用

政府机构诸如市场监管、税务、海关、法院等掌握着企业以及个人的高质量的信用信息。但政府信息多用于内部交流，很少与外部企业资源共享。政府掌握的这部分信息资源多处于闲置状态，并没有应用于商业信用中。如果将政府节点加入区块链架构，政府的高质量信息就会被引入，进而增强系统的整体信用。此外，加入政府节点后并不会导致中心化模式的再次出现。因为政府节点与加入的其他节点是相互平等的，这里并未实施政府的控制权，而是在链上公开的环境下实施政府的行政职能。

以税务为例，少部分企业或个人会通过伪造账目、报表的方式避税，也就是我们平常所说的偷税漏税。将区块链技术引入，每个公司的每笔交易往来都记录在特定的分布式账本中，通过智能合约可以与其他公司的分布式账本验证。区块链技术的不可篡改和可追溯性，避免了偷税漏税的行为。如果出现偷税漏税，政府的处罚也会直接被记录在区块链上，相关企业及个人的信用将会被记录并无法修改，相关企业和个人日后的商业行为都会受到影响。政府对于偷税漏税的监管会由于区块链技术的应用变得更加简单。

以外贸为例，在日常贸易进出口的过程中需要物流、港口、海关、运输等多个企业及部门的协调工作。大部分的协调工作中，成本高、耗时久、透明度低的流程问题日益严重，合作管理效率有待提升。由于生产、运输、销售涉及不同国家或地区，监管较为困难，出现问题后很难快速定位问题环节，经常会出现物流方和贸易方相互指责的情况。在外贸业务中引入区块链技术，一方面可以解决中小企业融资难、银行风控难的问题；另一方面可以提高效率，实现实时的跨境交易服务。再加入各政府部门的服务、数据，既简化了进出口贸易中的流程和衔接服务，避免了操作风险，又从政府层面加强了对信用风险的控制。

7.4.3 基于区块链的风险控制

区块链是一种可生成和共享交易活动数字账簿的数据结构，其核心设计思想是系统中的每个网络节点都参与全网公开账簿记账，经多次确认进入历史的区块链记录信息将被永久记录，无法进行任何修改。这种分布式总账结构保证了所记录信息的不可篡改和可追溯特性，创造出一条去中心化、牢不可破的网络信任链。

1. 基于区块链控制信用风险

首先，区块链的去中心化使得交易系统不再依赖于中心系统，融资模式也不再局限于依靠核心大企业做担保为中小企业融资。金融机构对中小企业的信用评价也更加客观，不再依赖于核心大企业，不再是整个供应链的信用评价，因而可以更早地发现信用问题。其次，共识机制使得供应链中各个主体之间互信、互认、互通，整体降低信用风险。供应链金融信用止步于核心企业的一级供应商，链上的其他企业难以依靠核心企业信用进行背书，较难提高链上的整体竞争力。

区块链的使用使信息共享不再局限于企业内部，可以在企业之间、企业与机构之间传递。融资信息的质量得到了保证，也更加便于政府部门以及金融机构的监督与管理，从而降低整体的信用风险。

2. 基于区块链控制道德风险

首先，不可篡改避免道德风险。区块链技术采用公钥、私钥完成加密解密环节，能够更好地保护数据安全，要想更改数据，必须对超过 51% 的区块数据做修改才能被认可，极大程度上降低了篡改数据的可能。区块链任意节点不可单独被篡改，且所有试图恶意篡改的行为都可以被追溯，避免了原有供应链金融中篡改数据、交易信息等情况，使道德风险最小化。其次，智能合约避免道德风险。智能合约通过编程的形式实现在条件被触发时自动执行合约，避免了交易中的企业利用供应链金融进行恶意贷款、拒绝还贷等道德风险行为。如果发生违约情况，系统的自动执行功能会第一时间对链上的抵质押品进行处置，从而降低损失。

3. 基于区块链控制操作风险

①通过区块链智能合约技术，可将各参与企业约定好的债权关系以代码形式写入区块链合约，当达到预设条件时自动执行条款。由于区块链具有自动性和强制性，可实现按时还款和清算，省略了大量人工审核和操作，降低了人工操作成本和操作失误概率。②由于区块链的分布式特点，如果人为失误修改了某个账本或某个记录，系统后续的运营会将正确的账本同步到相应节点，这个操作失误就会被自动修正。同时，根据区块链系统去中心化的特征，即使系统上某些节点失效，依然不会影响整个系统的正常运行，避免了操作失误的情况。③由于区块链系统的可追溯性，一旦发生了操作失误，即可通过追溯历史记录修正错误。

7.5　本章小结

针对供应链金融中出现的中小企业融资难问题，本章从区块链的角度为供应链金融的发展提出解决路径。首先，从区块链与供应链金融的适配性展开分析，利用区块链可以建立长融资链的信任关系、实现高效率融资，还能保证数据的安全性、达到各参与方的互信。其次，通过对区块链数字票据的介绍使读者了解数字票据的内涵、特征及数字票据平台，认识这一更安全、更智能、更便捷的票据形态。再次，通过对资产证券化、供应链金融 ABS，以及区块链赋能下的供应链金融资产证券化的讲解，使读者了解区块链可以推动各参与方的协作、推动供应链金融资产数字化的发展、提供便捷的资产管理模式以及信用传递。最后，从风险控制的角度，总结了区块链的风控特点和区块链技术对信用风险、道德风险、操作风险的控制。

即测即练

复习思考题

1. 区块链技术在供应链场景中有哪些应用价值？

2. 数字票据与传统票据在行为规则上有哪些冲突？

3. 数字钱包有哪些分类？

4. 供应链金融 ABS 都有哪些模式？

5. 应收账款 ABS 的风险有哪些？

6. 供应链金融 ABS 的业务痛点有哪些？区块链技术将从哪些方面改进？

7. 区块链技术如何控制信用风险？

8. 举例说明如何通过加入政府节点加强整体信用。

参考文献

[1]   段伟常 . 区块链供应链金融 [M]. 北京：电子工业出版社，2018.

[2]   段伟常，梁超杰 . 供应链金融 5.0：自金融 + 区块链票据 [M]. 北京：电子工业出版社，2019.

[3]   赵华伟 . 区块链金融 [M]. 北京：清华大学出版社，2020.

[4]   张立洲 . 票据革命 [M]. 北京：中信出版社，2019.

[5]   中国债券信息网 . 2021 资产证券化发展报告 [EB/OL]. （2022–02–14）. https://www.chinabond.com.cn/cb/cn/yjfx/zzfx/nb/20220214/159663521.shtml.

[6]   金佳露 . 基于供应链金融的应收账款融资研究 [D]. 杭州：浙江工业大学，2015.

[7]   刘殿庆 . 应收账款证券化的探讨 [J]. 中国乡镇企业会计，2003（4）：40–41.

[8] 张文强 . 论实体企业应收账款资产证券化的风险与定价 [J]. 金融研究，2009（5）：198–199.

[9] 杨舸 . 一文读懂：供应链金融、供应链金融 ABS、区块链 + 供应链金融业务模式 [EB/OL].（2020–03–09）. http：//www.peaig.com/article/1386.html.

[10] 黎丽，刘流 .“N+N+N”模式供应链资产证券化法律实务解析 [EB/OL].（2021–12–07）. https：//weibo.com/ttarticle/p/show?id=2309404711832530321820.

[11] 链改先锋队 . 国际贸易“遇上”区块链，让交易变得更简单 [EB/OL].（2022–01–27）. https：//view.inews.qq.com/a/20220127A085D700.

[12] 肖旻 . 区块链驱动资产证券化的新时代 [EB/OL].（2021–06–15）. https：//www.yicai.com/news/101082299.html.

[13] 魏建国，胡恩蓓 . 基于区块链技术的 P2P 网贷平台道德风险治理 [J]. 北京邮电大学学报，2020，22（5）：39–47.

[14] 陈婷 . 区块链视角下供应链金融信用风险研究 [D]. 福州：福建师范大学，2019.

[15] 德勤 . 2021 年区块链调查报告：数字资产新时代 [R/OL].（2021–11–15）. https：//www.djyanbao.com/preview/2870928?from=search_list.

第 8 章　基于区块链的供应链金融创新实验

学习目标

1. 通过实验操作，了解区块链与供应链金融模式的结合，熟悉交易确权实验、交易真实证明实验、信用拆解实验以及合约执行实验具体操作环节。

2. 通过实验操作，深入了解区块链技术的确权、真实证明、信用拆解以及智能合约执行等特性在供应链金融中的应用。

8.1　基于加密数据的交易确权实验

8.1.1　交易确权实验介绍

区块链在资产管理领域开始显现出重要的应用价值，实现各类资产的确权、授权和交易监管的实时性。面对网络环境下难以监管与保护的无形资产，区块链基于时间戳技术和难以篡改等特点，可为线上知识产权保护提供新方法。而对于有形资产，如存证、应收账款和数字智能资产，可以在线上实现现实世界中的资产交易，如对资产的授权和使用控制、产品溯源等应用。

区块链为供应链上各参与方实现动产权利的自动确认，形成难以篡改的权利账本，解决现有权利登记、权利实现中的痛点。以应收账款权利为例，通过核心企业 ERP 系统数据上链实现实时的数字化确权，避免了现实中确权的延时性，对于提高交易的安全性和可追溯性具有重要的意义,具体如下。

(1)可以实现确权凭证信息的分布式存储和传播,有助于提升市场数据信息的安全性和可容错性。

(2)可以不借助第三方机构进行交易背书或者担保验证,而只需要信任共同的算法就可以建立互信。

(3)可以将价值交换中的摩擦边界降到最低,在实现数据透明的前提下确保交易双方匿名性、保护个人隐私。

8.1.2　交易确权实验

进入区块链供应链金融教学平台,单击"进入课程"按钮。

"进入课程"后,基于区块链的供应链金融创新实验对应平台第四模块——区块链供应链金融原理,单击"开始学习"按钮。

进入区块链供应链金融原理学习模块,在任务列表下拉处选择"4.2 区块链供应链金融应用"。

进行基于加密数据的交易确权实验,单击"确权实验"按钮即可。

1. 实验背景

在基于区块链的供应链金融业务中,N 级供应商在拿到属于自己的票据后,可以向金融机构申请融资。

银行审批供应商的融资申请,需要进行贸易真实性的审核,所以银行会向核心企业提出确权要求,确保该笔应收账款合同的真实性。只有核心企业确权后,银行才会通过风控审核。

核心企业、供应商、金融机构全部上链,能够解决传统融资业务中重复融资、萝卜章等行业问题,使核心企业确权变得简便、可行,极大地降低银行放贷风险,给行业带来革命性变革。

2. 实验介绍

本实验中共涉及以下三个实验角色:①核心企业,负责对票据的管理,包括在融资时向金融机构确权、融资到期后向金融机构还款等。②金融机构,负责对票据融资进行审核,包括要求对核心企业进行确权、对融资进行风控并放款。③二级供应商,获取区块链应收账款票据,并利用区块链应收账款票据进行融资。

3. 实验过程

进入基于加密数据的交易确权实验界面后，即可进行实验。

第一步，按照实验要求，建立实验关系。

第二步，由二级供应商向银行提出融资申请，上传融资真实性验真数据，即融资合同，之后单击"确认申请"按钮。

提示：二级供应商向银行申请融资，应签署融资合同，合同会规定本次融资的金额、利率等内容。融资合同是实际融资发生的证明，二级供应商在申请利用区块链应收账款进行融资时，应将此证明上传至区块链。

同时，实验中可根据界面右下角"基本信息"，了解此实验中核心企业、二级供应商以及银行的"全称""统一社会信用代码""公钥""私钥及钱包地址"。

平台中核心企业以中国首钢集团为例。银行以中国银行股份有限公司为例，二级供应商以大同能源有限公司为例。

单击"确认申请"按钮后，出现大同能源有限公司区块链应收账款票据，在"票据来源"处应选择"核心企业"后单击"信息加密"按钮。注意此时票据状态为"待确权"。

提示：此处信息加密的主要目的是保证数据安全。此时只有核心企业才能看到票据信息。

信息加密过程，分别采用 AES 算法使用对称密钥对票据进行加密，以及利用 RSA 算法，使用核心企业公钥对票据信息进行再次加密。其中"对称密钥"需要自行设置，其中可包括数字、字母或者其他任意字符，长度任意（后期核心企业需要使用同一个对称密钥，进行解密）。而核心企业公钥可从当前实验界面右下角"基本信息"处获得，完成对称密钥及非对称密钥加密，单击"加密"按钮后单击"确定"按钮即可完成对票据信息的加密。

此时，票据信息已从明文变为密文，单击"发送"按钮，即可将加密后的票据信息传送给中国银行股份有限公司。

第三步，中国银行股份有限公司在收到大同能源有限公司融资申请后，立即向核心企业"申请确权"。

区块链依靠分布式存储、密码学签名、哈希算法、时间戳等技术，可保证链上数据拥有不可篡改、可追溯等安全特性，因此申请确权环节需要进行协议上链过程。

提示：本步骤操作目的是将票据存入自己的区块链账本中，并发送给核心企业——中国首钢集团进行确权。

在了解实验规则后，可根据协议上链界面右下角"基本信息"内的信息，输入"来自""去向"内容框内容，单击"上链"按钮，即可完成协议上链过程。

协议上链可获得"更新账本"内容，即表示票据信息已更新至链上各成员账本，单击"确定"按钮即可。

提示：区块链技术实际上是一个分布式数据库，记账不是由个人或者某个中心化的主体来控制，而是所有节点共同维护，共同记账。区块链技术可以将核心企业的信用拆解后通过共享账本传递给整个链条上的供应商及经销商。

此时，实验进行至第四步，核心企业确权阶段。

首先，核心企业要对二级供应商加密的票据信息进行解密，单击"解密"按钮。

由于加密时使用了两种算法，进行了双重加密，因此，解密同样要经过两步。

解密第一步，非对称密钥解密，可从"基本信息"处，找到核心企业私钥，进行第一重解密。出现"解密成功"后，单击"确定"按钮即可。

提示：AES 指对称加密算法，使用 AES 对称密钥是因为对称密钥速度更快，可以节省时间。

RSA 指非对称加密算法，使用 RSA 密钥是为了确保链上数据的高度安全，只有相关机构的私钥才能解开加密信息。

解密第二步，进行对称密钥解密，此时输入之前自行设置的密钥，单击"解密"按钮，同样，出现"解密成功"后单击"确定"按钮。此时票据信息完成解密过程。

注意：对称密钥解密成功时，系统提示"对称密钥正确，票据解密成功"。若实验中忘记设置的对称密钥，可从"基本信息"处找到。

此时，核心企业成功将二级供应商加密的票据信息从密文转为明文，核心企业此时需要核对区块链应收账款票据上面的信息，其中包括兑付日期、签发方、接收方、融资金额以及二级供应商应付金额，由此确认此票据是否为本企业开具，确认后，单击"确定"按钮，如图 8-1 所示。

核心企业在核对票据结束后，可选择是否确权，如确权即可单击"确定"按钮；若核心企业不想将自身的信用进行拆解流转，此时可选择"取消"按钮，这时，实验是无法完成的。因为，本实验是核心企业自愿将本身的信用进行拆解流

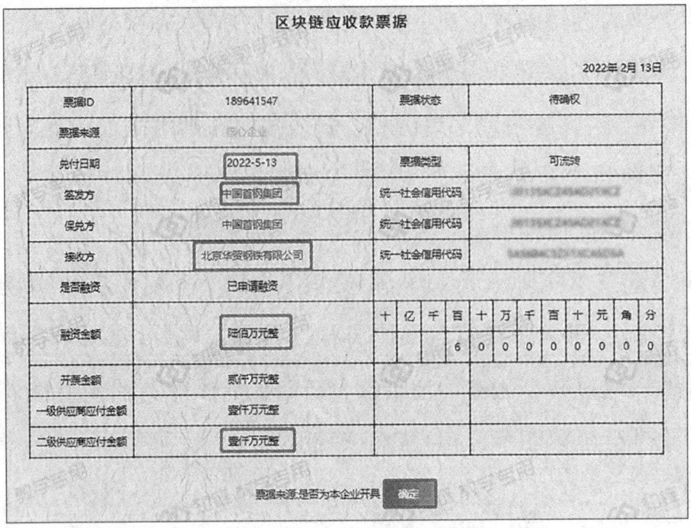

图 8-1   核对票据来源

转给一级供应商之上的供应商，因此，实验中选择"确定"按钮。

此时，平台提示"确权成功"，即表示此实验中核心企业对二级供应商的融资申请进行确权，单击"确定"按钮，即可进行实验下一步。

此时，关闭区块链应收票据界面，实验进入第五步"放款"环节。

实验中的中国银行股份有限公司在收到核心企业确权的区块链应收账款票据后，查看无误，即可单击"放款"按钮。

此时，平台提示，是否对此二级供应商的融资申请进行放款。同样，为完成此实验，中国银行股份有限公司需要选择放款，即单击"确定"按钮。

放款成功后，基于加密数据的交易确权实验即完成。单击"确定"按钮即可。

8.2   基于存证的交易真实证明实验

8.2.1   交易真实证明实验介绍

交易真实性的证明要求记录在线上的债权信息必须与真实信息保持一致，这是开展金融服务、进行风险控制的基础。供应链金融需要确保参与人、交易结果、单证等是以真实的资产交易为基础。交易真实性证明采用人工手段进行验证，存在成本高、效率低下等不足，特别是在大型企业的供应链运作中，人工验证难以实施。在当前供应链金融业务线上化的趋势下，供应链金融业务依旧面临确认交易真实性的难题，为此，在线上从交易网络中动态实时取得各类信息，进行信息的"交叉验证"来检验交易真实性，便成为供应链金融目前所需的关键技术之一。

真实的资产交易，涉及主体、合同、交易等要素，其真实性的逻辑关系解释包括三点：①主体的真实性，交易双方是真实合法的主体。②合同的真实性，即基础合同的真实、合法，如果签名、公章为伪造，则属虚假合同。③交易的真实性，发生实质上的资产交易。如果合同是真实的，但没有发生真实的交易，目的在于获取银行资金，则为虚假交易。

线下开展业务时，需要对以上三要素进行确认与验证。但签章的真实性、单证的真实性等受技术条件的限制，成为风险聚集区。通过区块链、物联网、互联网与供应链场景的结合，基于交易网络中实时动态取得的各类信息，多维度地印证数据，提高主体数据的可靠性，如采购数据与物流数据匹配、库存数据与销售数据印证核心企业数据与下游链条数据的可靠性，以降低信息不对称所造成的流程摩擦。

8.2.2　交易真实证明实验

1. 实验背景

随着互联网的发展，网络图片越来越普及，人们越来越倾向于在网上浏览电子视频作品、文学作品。但是，电子数据很容易被修改，失去真实性，也很容易被复制，数字作品容易被侵权。

区块链是一种按照时间顺序将数据区块以顺序相连的方式组合成的一种链式数据结构，并以密码学方式保证的不可篡改和不可伪造的分布式账本。

针对内容版权行业存在的盗版侵权问题，区块链技术具有不可篡改、公开透明和可追溯的特性，能够对需要数据存证和跨主体信任协作的领域产生强大的改造效果，这在内容版权领域具有天然的优势。

2. 实验介绍

本实验共涉及四个实验角色。

（1）版权人 / 原告。拥有一张摄影作品的著作权。

（2）盗版人 / 被告。同道公司，在其运营的网站中，发表了原告享有著作权的作品。

（3）区块链版权平台。第三方存证平台，提供电子数据的存证服务。

（4）互联网法院。收益原告的侵权申请，进行数据取证，并进行判决。

版权人在互联网发表了一张摄影作品，基于版权保护意识，在区块链版权平台申请版权区块链存证，拥有摄影作品的著作权。同道公司在其运营的网站中，发表了原告享有著作权的作品。于是版权人向互联网法院起诉，要求被告立即删除侵权文章并赔偿损失。

3. 实验过程

"证明实验"环节即基于存证的交易真实证明实验。

第一步，按照要求建立实验关系，根据提示分别了解版权人、区块链版权平台、盗版人及互联网法院四个角色的具体信息。

在了解各角色的具体情况后，实验进入第二步，版权人／原告在区块链版权平台进行平台注册。

版权人／原告进行个人注册需要输入用户名及密码，输入完成后，单击"下一步"按钮即可。

接下来，平台提示需要上传版权人／原告的证件即身份证正反面照片。

证件上传后，系统自动识别版权人身份证号，确认无误时，单击"注册"按钮即可完成个人注册。

个人注册完成后，系统提示"已经生成区块链钱包"，此时，单击"确定"按钮即可。

提示：

（1）区块链钱包是密钥的管理工具，只包含密钥而不是确切的某一个代币。

（2）区块链钱包用途：创建自己的钱包地址；领取空投、糖果奖励；数字资产管理；币币交易。

实验进入第三步，版权人需要对作品进行签名，单击"作品签名"按钮。

作品签名需要版权人上传作品并输入作品名称，完成后单击"下一步"按钮。

作品上传后，版权人需要进行作品签名。数字签名优势如下：

（1）防伪造。数字签名中的私钥具有唯一性，除签名者之外都不能伪造签名，防止被伪造。

（2）时间戳。数字签名时会生成创建签名时间的时间戳。

（3）防抵赖。数字签名是签名者进行签名操作的有效证据，防止签名者对其签名行为进行抵赖。

由于私钥只有自己知晓，使用私钥对图片进行数字签名，可实现身份认证。

故而，作品签名使用版权人自己的私钥。

当系统提示"数字签名成功"时，即表示作品完成签名，单击"确定"按钮即可。

在完成数字签名后，版权人会获得作品相应的数字签名（digital signature，DS），并且作品图片也会加盖数字签名时间戳，如图 8-2 所示，此时确认无误，单击"完成"按钮即可。

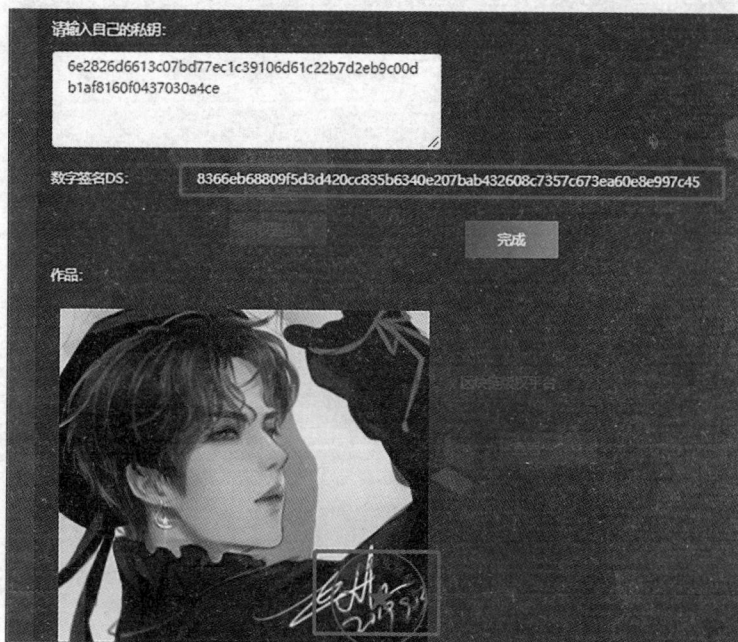

图 8-2　数字签名与数字签名时间戳

实验进入第四步，版权人需将作品上传至区块链。

1）作品 hash

此时，版权人需要选中 hash 算法"SHA256"，单击"运算"按钮即可。

哈希算法的优势表现在，hash 是一种区块链底层技术，原始文件的任何微小变化都会得到完全不同的 hash 值，从而帮助我们确认文件的完整性、一致性。

在获得系统"生成数字摘要成功"提示时，即表示 hash 运算完成，单击"确定"按钮即可。

此时，版权人获得相关作品的数字摘要 H，如图 8-3 所示，单击"发送"按钮，将作品数字摘要 H 上链。

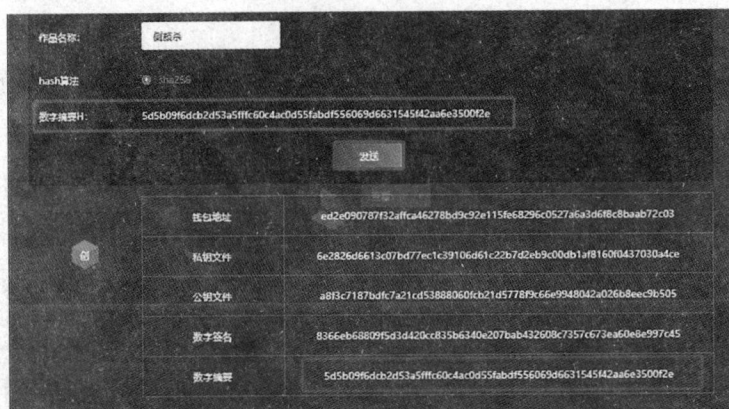

图 8-3　数字摘要 H 上链

2）作品上链

上链优势为：区块链依靠分布式存储、密码学签名、哈希算法、时间戳等技术，可保证链上数据具有不可篡改、可追溯等安全特性。

作品上传，此时需要从区块中将钱包地址及数字摘要复制粘贴到相应内容框中，单击"上链"按钮，即可完成作品上链环节。

当系统提示"上链成功"时，单击"确定"按钮，表示完成作品上链。

3）获取证书

作品上链成功后，版权人会获得作品相关的区块链版权证书，证书内容包括存证内容、所在区块、存证标识以及存证时间。此时，确认无误，单击"完成"按钮即可，如图 8-4 所示。

利用区块链版权证书来证明著作权，成本较低，并且方便快捷。区块链的分布式结构，使得原创作者的版权一旦记录在区块链中就不可逆转。

此时，实验进入第五步，版权人利用区块链侵权监控平台进行侵权行为的监测，即"侵权鉴别"环节。

一个月后，版权人 / 原告在侵权监控平台进行检索，查看是否有侵权现象，单击"网络爬虫"按钮。

图 8-4　区块链版权证书

获得网络爬取结果，如图 8-5 所示，此时出现"在'同道网站'，检测到图片信息。网址如下：https：//www.so.com/s"反馈，单击"去申诉"按钮。

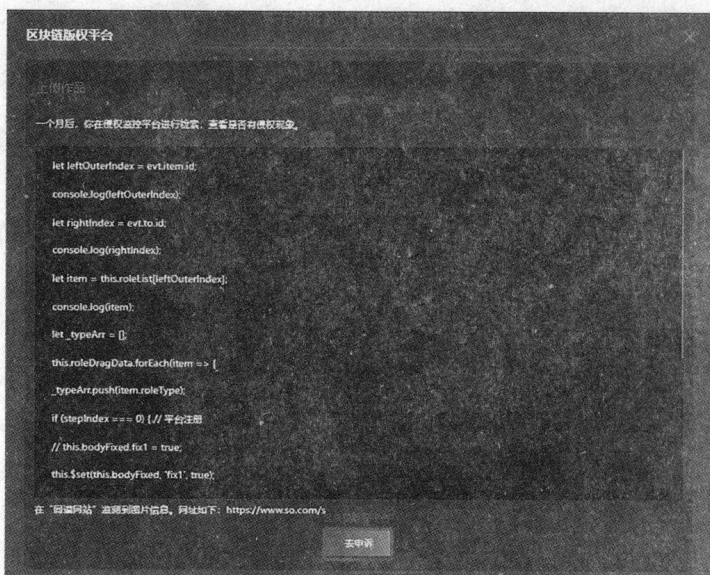

图 8-5　网络爬虫爬取结果显示界面

申诉阶段，版权人需要向区块链版权平台提供侵权网站域名、文件原件、申请人数字签名、文件数字摘要、区块交易 hash 以及申请人公钥，其中，侵权网站域名与文件原件已经由平台自动提交，其他材料可从当前实验界面区块内容中找到，如图 8-6、图 8-7 所示，输入完成单击"上传"按钮即可。

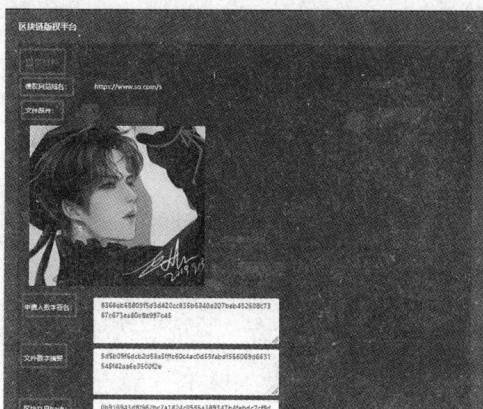

图 8-6　侵权申诉提供材料 1

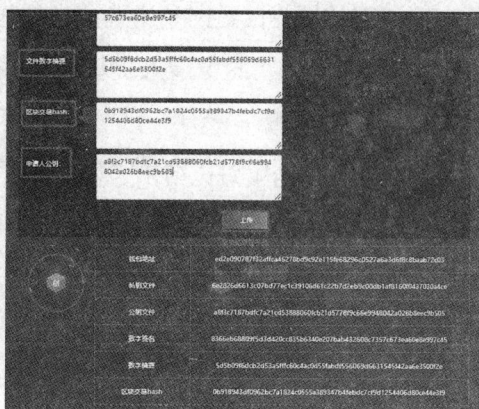

图 8-7　侵权申诉提供材料 2

材料上传成功后，系统会提示"版权人为何需要提交以上材料？"同学们可以自行思考缘由，也可通过以下实验步骤寻找到答案。单击"确定"按钮即可。

此时，实验进入第六步，版权人／原告向互联网法院申请版权维权，单击"审查"按钮。

在区块链版权平台中，互联网法院审查第一步需要进行区块认证，在区块链浏览器内容框中输入区块交易 hash。区块交易 hash 可从实验界面下方区块内容中找到，输入完成，单击"查找"按钮即可。

此时，系统提示版权人维权区块内容在区块链平台是存在的，此时单击"确定"按钮即可。

此时系统给出要求版权人／原告上传交易 hash 的目的，即为了证明区块链中存在该区块。

区块认证成功后，系统给出当前区块的高度，此时，区块高度为 39，此时单击"下一步"按钮即可。

提示：

（1）区块高度是区块链接在主链的个数，也就是连接在区块链上的块数。

（2）区块高度是区块的标识符。

区块高度是指该区块在区块链中的位置。虽然一个单一的区块总是会有一个明确的、固定的区块高度，但反过来却并不成立，一个区块高度并不总是识别一个单一的区块。两个或两个以上的区块可能有相同的区块高度，在区块链里争夺同一位置。

审查第二步为 hash 对比，单击"运算"按钮即可。

hash 对比即将同道网站中检测到的作品通过"hash 算法——SHA256"获得数字摘要，记为 H1，同申请人提供的数字摘要 H 进行对比，如图 8-8 所示，单击"对比"按钮。

系统会快速给出对比结果，显示"对比成功"。

此后系统给出要求版权人／原告上传文件原件以及数字摘要的目的。

互联网法院进行审查第三步，验证数字签名，此时，可从区块链内容中找到申请人公钥，对私钥加密的数字签名进行解密，输入后，单击"验证"按钮。

系统通过数字签名验证，给出"签名验证成功"结果，单击"确定"按钮即可。

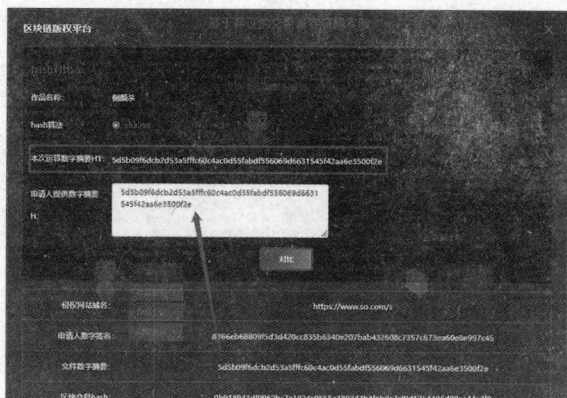

图 8-8　hash 对比

此时系统给出要求申请人上传公钥以及数字签名的目的，单击"确定"按钮即可。

互联网法院进行审查第四步，对比时间戳。此时需要输入侵权网站域名，完成后单击"提取时间"按钮。

在输入被告域名，提取时间后，互联网法院可利用区块链版权平台进行时间对比，单击"对比"按钮。

系统快速给出时间对比结果，系统提示：原告文件时间戳早于被告文件时间戳，单击"确定"按钮。

此时系统给出要求申请人上传侵权网站/被告域名的目的。

单击"下一步"按钮后，实验进行至第七步，互联网法院利用区块链进行审查后，宣布审查及判决结果，此实验中原告胜诉，要求被告立刻停止损害，并赔偿原告损失。

8.3　基于共享账本的信用拆解实验

8.3.1　信用拆解实验介绍

供应链金融的目标是对中小企业融资的全面覆盖，但传统供应链金融业务中，由于核心企业的信用无法往下深入传递，大量的二级、三级及以上等级的供应商/经销商的融资需求仍然难以得到满足。

而区块链技术将核心企业的信用拆解后，通过共享账本传递给整个链条上的供应商及经销商。核心企业可在该区块链平台登记其与供应商之间的债权、债务关系，并将相关记账凭证逐级传递。该记账凭证的原始债务人就是核心企业，如此，在银行或保理公司的传统融资场景中审核贸易背景的过程在平台便可一目了然，信用传递的问题便迎刃而解。

8.3.2 信用拆解实验

1. 实验背景

在基于区块链的供应链金融业务中，常见的业务流程如下。

（1）核心企业从一级供应商进货，然后向一级供应商赊账，核心企业向一级供应商进行应收账款开票。

（2）一级供应商可以向下一级供应商转票，对应收账款票据拆分，即将核心企业信用进行拆解。

（3）一级供应商可以将票据拆解给二级供应商，二级供应商可以将票据拆解给三级供应商，直到 N 级供应商。

核心企业和供应商可以通过区块链实现企业的应付账款、应收账款的信用拆解的线上流转从而使应收账款的价值传递到整个供应链上，解决企业不被信任问题，提供安全、可靠的业务保障。

2. 实验介绍

本实验共涉及三个实验角色：①核心企业，负责对票据的管理，包括对一级供应商开票等。②一级供应商，获取区块链应收账款票据，并将该票据进行拆解，转给二级供应商。③二级供应商，获取区块链应收账款票据，并利用区块链应收账款票据进行融资。

3. 实验过程

"拆解实验"环节即基于共享账本的信用拆解实验。

第一步，按照实验要求，建立基于共享账本的信用拆解实验关系。

第二步，核心企业向一级供应商开立票据，单击"开票"按钮。

开票需要上传购销合同以及发票等贸易真实性验真数据，上传完成，单击"开票"按钮。

提示：核心企业从一级供应商处购买货物，应签署购销合同，并在收到货后，收取一级供应商开具的发票。

购销合同和发票是实际业务发生的证明，核心企业在开具区块链应收账款票据时，应将此证明上传至区块链。

实验中，核心企业中国首钢集团为一级供应商北京华贸钢铁有限公司开立票据，其中，签发方、保兑方以及接收方分别为中国首钢集团、中国首钢集团、北京华贸钢铁有限公司，而统一社会信用代码可通过"基本信息"查看，填写完成后单击"信息加密"按钮。此时注意，票据状态为"未确认"，票据类型为"不可流转"。

提示：此处信息加密的主要目的是保证数据安全，此时只有一级供应商能看到票据信息。

在此系统中，区块链应收账款票据传递需要使用对称密钥及非对称密钥进行加密，如基于加密数据的交易确权实验。对应密钥可从"基本信息"处找到。两次加密成功后，单击"确定"按钮即可。

经过加密后票据状态变为"已确认"，票据类型变为"可流转"，且票据上方增加了票据校验码，确认无误后，单击"关闭"按钮。

提示：票据校验码是发票防伪识别的一种特有密文，每张发票的密文都是独一无二的。

此时，实验进入第三步票据确认环节，在此过程中，一级供应商需要进行票据确认，单击"确认"按钮。

一级供应商——北京华贸钢铁有限公司在收到核心企业——中国首钢集团开立的应收账款票据时，票据是加密状态，此时，一级供应商——北京华贸钢铁有限公司需要对票据进行解密，单击"解密"按钮。

与加密过程对应，解密过程同样包括两个环节。从"基本信息"处寻得需要的密钥，输入完成后，系统提示解密成功时，单击"确定"按钮即可。

解密完成后，系统进行账本更新，实现票据信息更新至链上各成员账本，单击"确定"按钮。

此时，一级供应商北京华贸钢铁有限公司获得解密后的区块链应收账款票据，在确认"票据状态""票据类型"以及其他信息准确无误后，即可单击"关闭"按钮。

而后实验进入第四步票据拆分环节，即一级供应商对票据进行拆分，单击"拆分"按钮。

提示：一级供应商从二级供应商处购买货物，应签署购销合同，并在收到货后，收取二级供应商开具的发票。购销合同和发票是实际业务发生的证明，一级供应商在拆分区块链应收账款票据时，应将此证明上传至区块链。

票据拆分第一步，一级供应商需要上传贸易真实性验真数据，包括购销合同以及发票。之后单击"拆分票据"按钮。

此时，需要拆分的区块链应收票据签发方应为一级供应商——北京华贸钢铁有限公司，接收方应为二级供应商——大同能源有限公司，从"基本信息"中，可找到对应角色的"统一社会信用代码"，如图8-9所示，输入完成后单击"拆分"按钮。

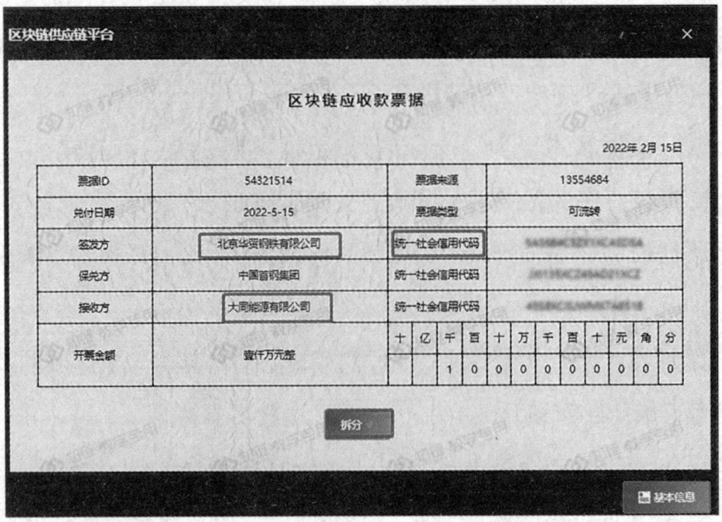

图8-9　一级供应商向二级供应商拆分票据的过程

提示：此处拆分的主要目的是保证数据安全。此时只有二级供应商能看到票据信息。

一级供应商需要将拆分后票据加密，之后进行票据流转。此时，如前述票据加密实验步骤，通过 AES 算法以及 RSA 算法对票据进行加密。

此时，对称密钥以及二级供应商公钥均可通过"基本信息"处找到。输入完成后，单击"确定"按钮。

确认加密后，系统会对加密后的票据进行确认，此时，票据会拥有唯一的校验码，单击"确定"按钮即可。

票据拆分后，实验进入第五步——二级供应商票据确认环节。

票据确认第一步，对加密后的应收账款票据进行解密，单击"解密"按钮。

解密过程同样包括两个环节，密钥可从"基本信息"处获得，在输入相关密钥后，单击"解密"按钮，获得"解密成功"提示后，单击"确定"按钮即可。

二级供应商将拆分后票据进行解密确认后，票据信息即可更新至链上各成员账本，单击"确定"按钮即可。

此时，系统会将解密后的拆分票据呈现出来，在确认签发方、接收方、票据类型以及开票金额等重要内容后，单击"关闭"按钮即可。注意，此时开票金额已变为"壹仟万元整"。

此时，实验进行至第六步——票据更新，由核心企业负责进行票据更新，单击"票据更新"按钮。

此时，系统给出原始区块链应收账款票据，核心企业单击"更新"按钮即可。

系统将给出更新后的票据，此时票据类型已变为"已拆解"，同时，核心企业在确认票据类型的同时，也要确认一级供应商及二级供应商应付金额是否正确，确认无误后，单击"完成实验"按钮即可。

8.4　基于智能合约的合约执行实验

8.4.1　合约执行实验介绍

智能合约为供应链金融业务执行提供自动化操作的工具，依托高效、准确、自动地执行合约，可缓解现实中合约执行难的问题。以物权融资为例，完成交货即可通过智能合约向银行发送支付指令，从而自动完成资金支付、清算和财务对账，提高业务运转效率，一定程度上降低人为操作带来的潜在风险与损失。目前智能合约开发平台主要有区块链智能合约系统（IBM）、Corda（R3 联盟）超级账本 Hyperledger（Linux）、以太坊等。

8.4.2　合约执行实验

1.实验背景

随着人们认知的不断提高，保险行业在我国越来越被大家认可。尤其对于广大车友来说，购买机动车辆保险是必须做的一件事情。然而，保险行业存在大量不足，一方面有些保险人员缺少专业的培训，一旦出险，不清楚具体如何理赔；另一方面，投保人骗取理赔，制造假的出险事故的情况也常有发生。然而，将智能合约运用到汽车保险中，便可以杜绝这类现象。

智能合约指一套以数字形式定义的承诺，可以被自动地、无须任何信任地、公正地执行。在智能合约中，只要参与方达成协定，智能合约就会建立起各方的权利与义务，然后通过计算机程序自动执行。

2. 实验介绍

本实验共涉及四个实验角色，分别为车主、保险公司、修理厂、配件厂。

车主购买车辆后，向保险公司购买机动车辆保险，确认双方的权利与义务，并签署智能合约。车主发生交通事故，拍照上传至区块链，各节点全部审核通过后，保险公司依据智能合约自动理赔。

3. 实验过程

"执行实验"环节即基于智能合约的合约执行实验。

第一步，按照要求建立实验关系，按照指示了解各角色。

在了解角色后，进入实验第二步平台注册，即利用大数据技术收集企业社会化数据。

首先，根据实验提示输入用户名及密码，即登录本平台的用户名及密码。

其次，上传车主的身份证正反面照片、姓名及身份证号码，操作完成后，单击"完成"按钮。

在完成个人注册后，签署机动车辆保险协议。此时双击"机动车辆保险协议"，仔细阅读相关协议，单击"确定"按钮，确认签署保险协议后"同意"，并单击"完成"按钮即可。

此时，系统会再次弹出机动车辆保险协议，确认无误，单击"确定"按钮即可。

将机动车辆保险协议进行 hash 运算，单击"签名"按钮，完成签名获得数字摘要（H），单击"发送"按钮。

将区块中的钱包地址、数字摘要复制粘贴至相应内容框中，单击"上链"按钮，完成协议上链。

注意：上传哈希值而不是文件原件，是为了节省区块链存储空间。

本步骤操作目的为，将双方签署完毕的车险协议 hash 值存入自己的区块链账本中。

完成协议上链后，将进入合约编制环节。此时保险公司负责进行合约编制。

合约编制过程中，保险公司需要命名合约名称，填写标的描述，确定合约主体，编制合约规则，选择合约执行条件，如图 8-10 所示。其中，任意一项合约编制细则均可以从此实验界面"保险协议"信息中找到答案。填写完成后，单击"提交"按钮即可。

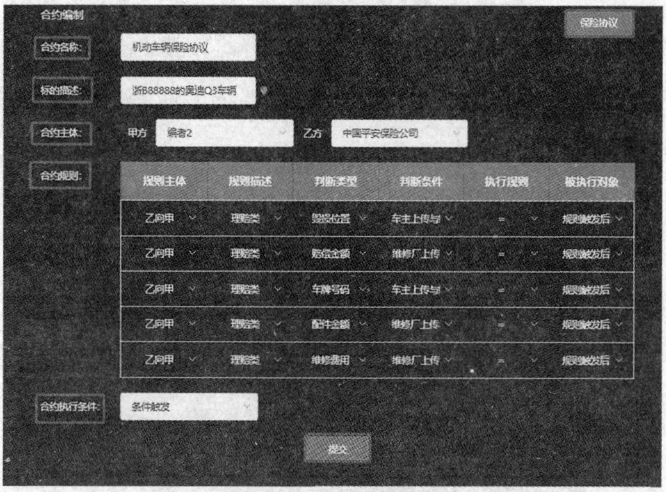

图 8-10　合约编制细节

提示：合约规则答案如表 8-1 所示。

表 8-1　合约规则答案

规则主体	规则描述	判断类型	判断条件	执行规则	被执行对象
乙向甲	理赔类	毁损位置	车主上传与维修厂上传	=	规则触发后
乙向甲	理赔类	赔偿金额	维修厂上传	=	规则触发后
乙向甲	理赔类	车牌号码	车主上传与维修厂上传	=	规则触发后
乙向甲	理赔类	配件金额	维修厂上传与配件厂上传	=	规则触发后
乙向甲	理赔类	维修费用	维修厂上传	=	规则触发后

按照规则分别将区块上的钱包地址及合约哈希填到"来自""去向"及"上链内容"内容框中，单击"上链"按钮，完成协议上链。

提示：本步骤操作目的是将保险公司编制完毕的车险合约 hash 值存入自己的区块链账本中。

保险公司完成合约编制后，车主可申请理赔，实验进入 2-3 申请理赔阶段，此阶段主要利用区块链技术使相关企业上链，确保数据真实有效。

此时，车主上传整车及受损部位照片，单击"提交"按钮，将材料上传系统。

在车主完成申请理赔环节后，实验进入 2-4 修理厂出具损失报告阶段，因此单击"出具损失报告"按钮。

出具损失报告环节需要对车辆定损，此时，由修理厂上传整车及受损部位照片，并单击"上传"按钮，此环节主要借助物联网技术收集企业内部经营数据。

在完成指定图片上传后，"定损"亮起，单击此按钮。

根据实际情况选择具体损失项，此实验要求选中所有选项，如图 8-11 所示，计算并填写预估损失金额，单击"确定"按钮。

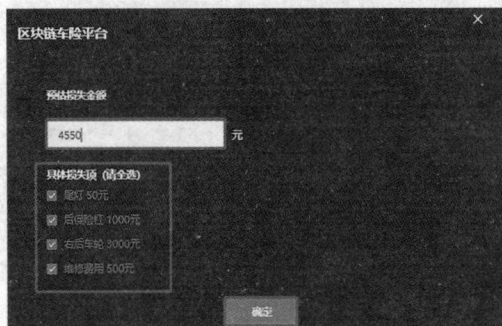

图 8-11　预估损失金额

实验进入"2-5 保险公司"核对信息环节，单击"核对信息"按钮。

核对信息环节将涉及车辆及价格对比，通过上传文件及价格的比对可设置企业准入规则。单击"对比"按钮，此环节利用区块链车险平台，对比车主及修理厂上传的整车与受损部位照片，以及修理厂及配件厂上传的配件价格，获得核对信息结果时，表示完成信息核对。单击"完成"按钮。

在核对信息成功后，实验进入最后阶段"2-6 放款环节"，实验步骤如下。

放款阶段可直接选择调用合约，在"合约"处选择机动车辆保险协议，且将区块上的区块 hash 及合约 hash 复制粘贴到相应内容框中，单击"调用"按钮。

当出现图 8-12 所示结果时，即表示打款成功，实验完成。

图 8-12　打款成功

8.5　区块链供应链金融的解决方案

中心系统的痛点在于系统安全性取决于中心节点的安全性，如果中心系统出现问题，那么所有的分节点都会瘫痪。相比传统中心化管理方式，区块链依赖的是链上每个节点，而所有节点一起出现问题的概率几乎为零。因此不会出现中心化管理情况下的窘境，即一旦中心数据出现问题，其他全线崩溃的现象。

同时，现有资产交易系统都需要第三方增信机构。由于金融企业、机构间在交易业务中互不信任，所以需要第三方信用机构通过增信的手段消除不信任。而借助第三方机构，不仅无法消除不透明、不可控等弊端，交易成本也会变得更加昂贵。针对这一难题，区块链也表现出了极大的优势。区块链技术通过多方共识机制及智能合约等技术，建立了去中心化的信任机制，实际上是将人与人、人与组织、组织与组织之间的"自愿主动型的双向信任"或"权威－服从被动型的单向信任"转变为一种不添加任何人为色彩的"机器信任"，这种"机器信任"将传统信任机制转为非第三方担保的代码程序规则，从而解决了不安全环境下的多方互信问题。

与传统应用大量采用的关系型数据库不同，区块链具有数据存储功能，但区块链的强项不是存储数据和对数据进行复杂关系运算，所以不推荐把大量的原始数据放到区块链上。

如图 8-13 所示的架构中，核心企业与上下游节点都作为平等的节点参与部署，

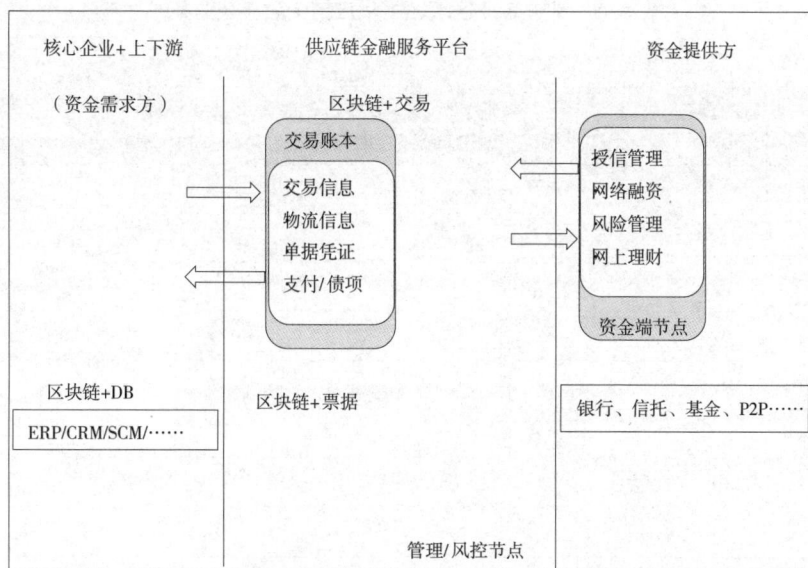

图 8-13　区块链架构结合供应链平台的应用模式示意图

用以证明资产交易、信用担保的数据则从现有的 ERP、CRM、SCM 等系统中进行抽取，即在"区块链 +DB"中抽取"区块链 + 证据"，以形成支持交易真实的"区块链 + 交易"，并形成交易账本。同时，供应链金融服务平台就融资合同、担保和质押操作、支付结算等形成金融账本，而资产端（包括银行、信托、基金、P2P）作为金融账本的节点接入区块链供应链金融系统。

可见，以供应链金融系统与核心企业为中心的信息平台，通过区块链抽取单据或证据来进行链接。未来，产业级的供应链金融平台，则是在票据交易的基础上，实现标准化的资产交易。

目前，我国一些企业已经着手将区块链应用于供应链金融领域。已有一批企业针对各类应用场景提出了相应的应用方案。其创新的步伐和内涵，不仅是对现有商业模式、交易流程的简单改造，更是结合行业痛点，大胆地在区块链技术的基础上，结合资产、交易和法律等要素，构建新流程、新型生产关系、创新交易模式和信用模式等，令人耳目一新。

依据对供应链金融的细分业务类别，总结可信区块链推进计划。部分企业目前基于区块链的典型解决方案与技术实现方案，探讨供应链金融行业中可将区块链落地的业务场景，这对于供应链金融行业的创新与应用将起到一定的参考作用（表 8-2）。

表 8-2　部分企业区块链 + 供应链金融典型业务

供应链金融	应收账款融资			基于贷款或放款融资				
企业	应收账款贴现	福费廷	保理	应付账款融资	基于应收账款的贷款	经销商融资	对存货的贷款或放款	装运前融资
微企链	√	√	√	√				
布比	√	√	√	√	√			
联动优势	√							
航天信息	√			√				
易见天树			√	√	√		√	
宜信	√		√	√	√	√	√	
泛融	√		√	√	√	√	√	√
点融	√	√	√	√	√	√	√	

资料来源：区块链供应链教学平台。

8.5.1 案例一：微企链供应链金融服务平台

1. 平台方案简介

微企链平台是联易融与腾讯共同合作，运用腾讯区块链技术打造的供应链金融服务平台。平台通过区块链连通供应链中的各方企业和金融机构，完整、真实地记录资产（基于核心企业应付账款）的上链流通、拆分和兑付。由于区块链上的数据经多方记录确认，不可篡改、不可抵赖、可以追溯，从而实现应收账款的拆分转让，并全部能够追溯至登记上链的初始资产。其中，在原始资产登记上链时，通过对供应商的应收账款进行审核校验与确权，确认贸易关系真实有效，以保证上链资产的真实可信，并实现核心企业对多级供应商的信用穿透。此外，平台还与多家金融机构进行合作，提升资金配置效率、支持小微企业基于供应链进行融资，降低融资成本，深度盘活金融资源。

在实际操作中，将一级供应商（轮胎企业）与核心企业（某车企）之间的应收账款，通过资产网关进行全线上化电子审核，确保贸易背景真实性。核心企业对该笔应收账款进行确权后，进行数字化上链，形成数字债权凭证，后续可以将该凭证在微企链平台中进行拆分及转让。每一级供应商均可以按业务需要选择持有到期、融资卖出或转让来满足自己的资金诉求。实际业务结构如图 8-14 所示。

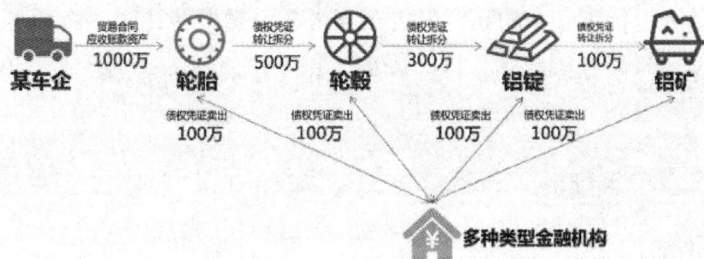

图 8-14 实际业务结构

平台方案价值体现在以下几方面。

1）小微企业

（1）融资成本显著降低，秒级放款。

（2）凭证上链便捷，可分拆转让。

（3）移动端手机操作，可快速接入。

2）核心企业

（1）优化账期，改善现金流与负债表。

（2）提升供应链效率，加强供应链管理。

（3）低门槛获得投资收益。

（4）在线确权，分享服务收益。

3）金融机构

（1）获取小微业务抓手，提升获客能力。

（2）自主定价，提升收益。

（3）线上操作，无须复杂流程。

2. 方案优势及亮点

1）设计资产网关角色，解决了链下资产与链上资产的对接问题

让资产网关这个第三方充分发挥对链下资产的审核和见证作用，同时，在资产发行前联合核心企业一起在链上做确权登记，确保供应商拿到的数字债权凭证是一笔真实的、可兑现的、经过数字签名确认的有效资产。

2）资产转让过程中链上签收环节，采用了多重签名的中间账户技术，让数字资产从 A 账户先流转到 A、B 均可花费的 Mid（AB）账户（Mid 为中间账户）

当 B 签收时实际上就是从 Mid（AB）转让到 B 的私有账户，同时在链上留下了 B 的私钥签名记录；而当 B 拒签时实际上就是从 Mid（AB）转让回 A 的私有账户，同时在链上也留下了 B 的私钥签名。当 A 需要撤销转让时，实际上就是从 Mid（AB）转回 A 自己的私有账户，此时在链上留下的是 A 的私钥签名（图 8-15）。

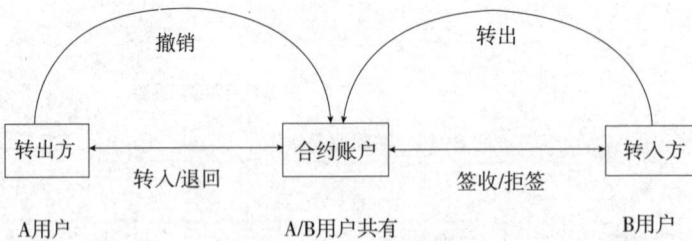

图 8-15　多重签名实验

这一过程实现了任何一个关键的操作在区块链账本中都对应一条签名记录。而区块链的不可篡改性，又保障了记录一旦生成就无法抹除和抵赖的法律效力，用数学的严谨性和逻辑性产生不容置疑的见证效果。

3）采用 UTXO 模型

应收账款实际上是一种非同质的资产，不同于数字货币，A 产生的数字债权凭证不能与 B 的数字债权凭证用数学的加法混在一起记账，因为这两个凭证可能来自不同的核心企业，兑付日期和风险等级不同。UTXO 模型天生具有一对多的映射能力，多笔输出可以对应同一个账户，各有各的输入和流水记录，但花费条件可以相同，因此在区块链记账模型上，放弃账户而采用了 UTXO 模型。

4）"上链 + 过桥基金"实现资金流及信息流快速对接

在兑付环节引入财付通的资金清算能力，设立独立的资金清算节点，在数字资产到期后直接在链上完成付款动作，任何一笔付款及其结果都在链上产生记录，实现了资金流和信息流的对接。同时，引入过桥基金进行秒级放款，可以令供应商在申请融资时省去等待金融机构审核资料的时间，迅速满足融资诉求，真正实现"区块链技术能够帮助小微企业实时放款到账"的愿景，提升数字债权凭证的便利性与可用性。

5）全线上化操作

平台采用全线上化操作，可在手机移动端微信小程序或 PC 端完成业务操作。由于区块链账本的不可篡改、可追溯性，微企链平台中的企业在向金融机构申请融资时，可依据金融机构的要求，选择性开放及上传支持融资所需要的贸易背景信息和文件等（例如发票），避免大量的纸质文件上传和操作审核时间。

8.5.2 案例二：联动优势跨境保理融资授信管理平台

1. 平台方案简介

基于区块链的跨境保理融资授信管理平台（以下简称"授信平台"）采用联动优势自主研发的区块链底层系统——优链，利用区块链数据量可信的特点，为供应商和保理公司提供融资全生命周期管理、融资额度管理等服务，并根据供应商交易和资信等信息，对供应商进行信用评级，为供应商定制合理的优惠利率，提供灵活的金融服务（图 8-16）。

1）授信平台的主要功能

（1）供应商融资状态管理，包括多次融资申请、放款、还款等。

（2）供应商订单状态管理，包括未结汇订单的信息采集、跨境结算等，已结汇订单的还款和支付等。

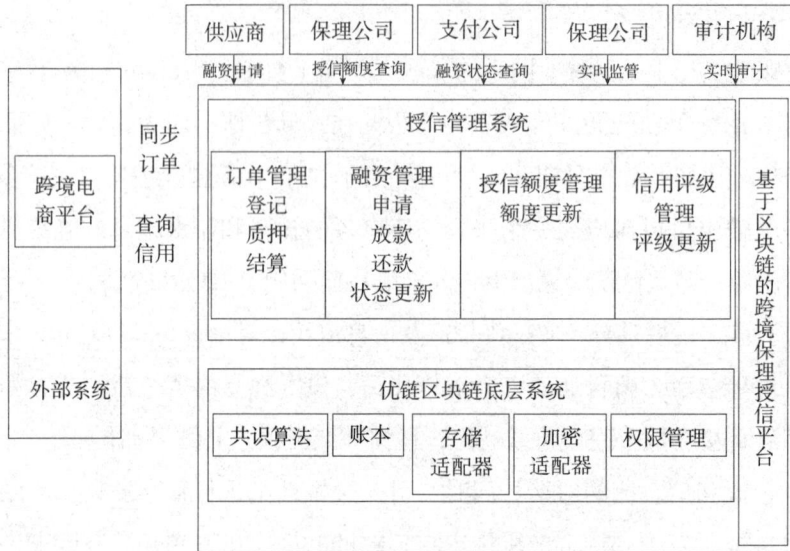

图8-16　授信平台架构

（3）供应商授信额度管理，根据现有订单状态和融资情况，计算供应商的融资授信额度。

（4）供应商信用评级管理，根据历史订单状态和融资情况，评估供应商的企业信用（图8-17）。

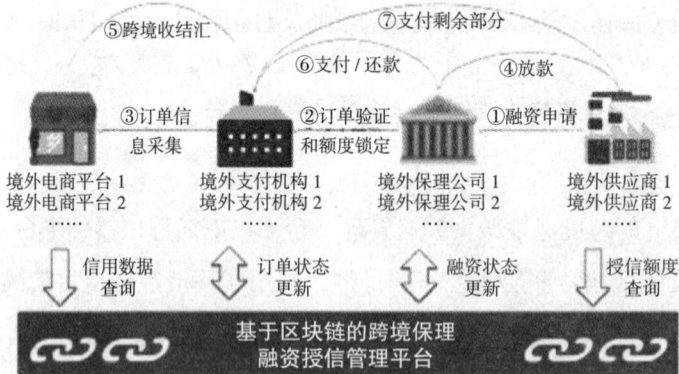

图8-17　基于区块链的跨境保理融资授信管理平台

2）总体业务流程

（1）供应商基于在境外电商平台的订单，向保理公司申请融资。

（2）保理公司向跨境支付机构申请订单验证和额度锁定。

（3）支付机构从电商平台采集订单信息，并将订单状态和额度锁定写入授信平台的区块链账本中。

（4）保理公司从授信平台查询授信额度，根据查询结果确定放款额度，同时，将放款情况写入授信平台的区块链账本，完成授信额度的更新。

（5）电商平台在账单到期后发起订单结算，由支付机构完成跨境收结汇。

（6）支付机构根据授信平台所记录的融资情况，优先支付给保理公司，完成还款。

（7）支付机构将剩余的款项支付给供应商，同时，更新授信平台中的订单状态。

3）区块链节点部署

基于区块链的跨境保理融资授信平台，采用严格的节点准入机制，参与记账的节点需要通过登记和身份核验后才能加入区块链网络，防范恶意节点通过构造虚假网络、频繁加入或退出造成网络稳定性风险；同时，确保数据来源可追溯，一定程度上增加数据的可信度。

当前，保理公司、支付公司以及授信平台建设方为区块链系统的记账节点，共同维护授信平台的运转。

未来，随着平台业务的扩展，支持多家支付公司和保理公司作为记账节点，共同维护账本。跨境电商平台作为备选节点，可申请参与记账。此外，相关监管和审计机构可成为记账节点，直接获取链上数据。

2. 方案优势及亮点

1）引入区块链技术将常规保理业务和跨境支付业务有机地结合起来，确保数据的真实、准确、可信和可靠

（1）系统基于联动优势自主可控的联盟链框架"Chains"进行设计开发，通过数字证书进行准入许可，对参与方进行身份认证和授权，确保数据上链前的真实性。

（2）系统采用基于 PKI 公开密钥体系、基于分布式账本的数据存储和基于拜占庭容错的共识机制，确保了数据上链后不被篡改。

（3）在数据准确性方面，采用"以链上数据为主，以链外数据为辅"的方式，减少链上链下数据不一致情况，降低了业务风险。

2）采用 UTXO 模型对授信额度进行精确而灵活的控制和调整

（1）授信系统严格控制供应商每次融资额度不超过其总体授信额度。

（2）授信系统及时根据其订单状态、融资情况、还款情况对授信额度进行精确的调整。

3）创新了保理业务模式和供应商还款模式

对保理公司而言，通过跨境支付公司，可以确保订单回款将优先还款给保理公司，有效降低贷后风险，从而为更多的供应商提供融资服务，扩大其放贷业务范围。对供应商而言，通过跨境支付公司，可以简化订单回款和融资还款等操作，提高业务效率；通过保理公司，可以及时地获得融资服务，提高资金效率。

4）提供开放服务，并通过标准接口对接多家保理公司、支付机构、供应商和跨境电商平台的 IT 系统

（1）在已有的数据基础上提供授信额度查询、信用数据查询等增值服务，帮助供应商能够更方便地使用其授信额度进行融资，帮助境外电商平台更容易地选择良好的供应商。

（2）基于开放标准接口，更容易对接订单和融资的所有相关方，能够更全面地跟踪订单和融资的全生命周期过程，打破了各家公司间的"数据孤岛"，有效防范供应商利用相同订单进行多头借贷和超额融资，提高了保理公司的风控能力，降低由于供应商还款能力造成的资金风险。

第 9 章　区块链供应链金融融资实验

学习目标

1. 了解区块链供应链金融融资实验的商业社会环境。

2. 熟悉加入联盟与数据上链实验的操作流程。

3. 结合第 3 章供应链金融交易形态中有关融资方式的理论，掌握钢铁供应链采购融资实验（区块链应收账款采购）和钢铁供应链销售融资实验（预收全款）的操作流程。

9.1　联盟企业上链实验

9.1.1　商业社会环境介绍

1. 实验介绍

首先进入区块链供应链金融教学平台，单击"进入课程"按钮。

系统显示区块链供应链金融教学平台实验选择界面，选择"五、联盟链商业环境搭建"，单击"开始学习"按钮，进入联盟链商业环境搭建的任务界面。

在联盟链商业环境搭建任务界面中，单击"一、商业社会环境介绍"展开 4 个任务，了解本次实验的实验介绍、企业间业务关系、认知商业企业和商业生态环境。

1）业务案例

北京首钢集团顺应时代发展潮流，对传统产业进行数字化变革，发起建立产业金融联盟链，推动打造"数字化建筑"，实现供应链的全面转型升级，建立更具竞争力的产业生态圈。"数字化建筑联盟链"实施以来，北京首钢集团建设了适合企业集团战略发展需要的一体化"区块链+信用流转平台"，所有相关企业均加入联盟链中，并将自己企业的工商信息、产品信息上链。中国银行股份有限公司单独为北京首钢集团提供1千万元的联盟链授信额度，通过在链上确认融资申请企业业务合同信息真实性以及与中国首钢集团的业务关联性后，对其上游供应商提供高效、便捷的保兑仓融资、信用贷款融资、抵押贷款融资、应收账款融资、订单融资、票据贴现等金融服务。

2）企业创建联盟链流程

（1）在创建联盟链窗口中，输入以下信息，填写完毕后单击提交。

①联盟名称。申请的联盟名。

②联盟描述。联盟简介。

（2）提交之后，联盟创建完毕，可以邀请机构加入联盟。

①联盟内包含三种不同的角色。

核心企业：联盟创建者。

联盟机构成员：已加入联盟的租户下所有的账户。

监管部门：默认。

②联盟链内核心企业与机构成员所对应的功能权限如图9-1所示（Y表示支持；N表示不支持）

2. 企业间业务关系

1）企业业务关系分析

本小节以制造企业为业务核心，介绍企业之间的业务关系。制造企业核心业务类型包括采购业务、销售业务、融资业务。具体业务关系如图9-2所示，其中，业务相关企业包括制造企业、原材料供应商、产成品经销商、建筑行业、银行。

在了解当前商业环境业务流转的基础上，本小节接着进行商业环境的区块链化分析。

2）区块链商业环境构建

针对本环境的区块链化将使用联盟链进行设计，联盟链体现了企业之间的互

功能/角色	核心企业	联盟机构成员
联盟内的链		
创建链	Y	N
上传证书	Y	Y
下载证书	Y	Y
重置证书	Y	Y
查看链详情	Y	Y
管理合约链账号	Y	Y
查看合约链配置	Y	Y
创建/保存/编辑合约	Y	Y
联盟配置		
创建/导入/修改业务数据模型	Y	N
查看业务数据模型	Y	Y
联盟管理		
邀请机构	Y	Y
审批加入联盟	Y	N

图 9-1　联盟链内核心企业与机构成员所对应的功能权限

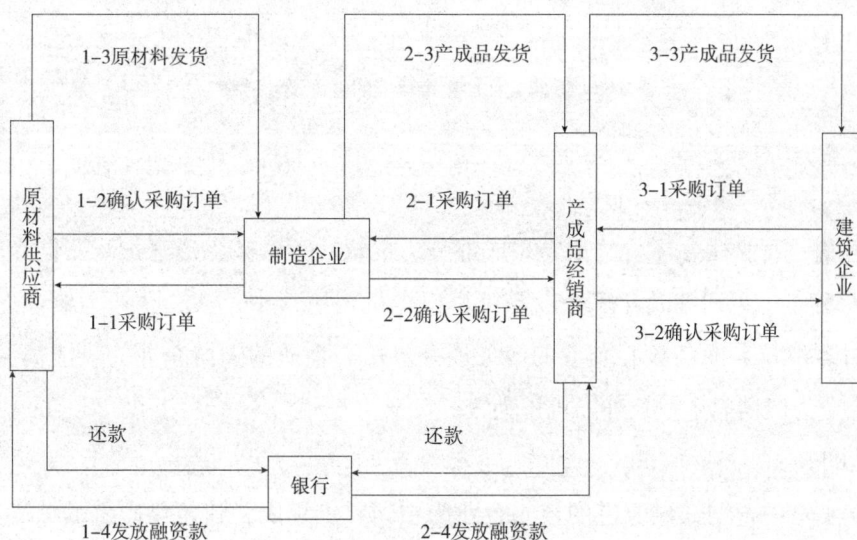

图 9-2　制造企业业务关系

相关系，参与到联盟链中的企业均有义务与责任进行区块链的维护。设计如下。

通过将当前商业环境中的各个企业加入同一个联盟链中，能够构建一个基于区块链的虚拟商业数字环境。

图 9-3 为联盟链商业数字环境的整体设计方案，基于本方案的设计思路，后面的章节将进入联盟链商业环境构建实训。

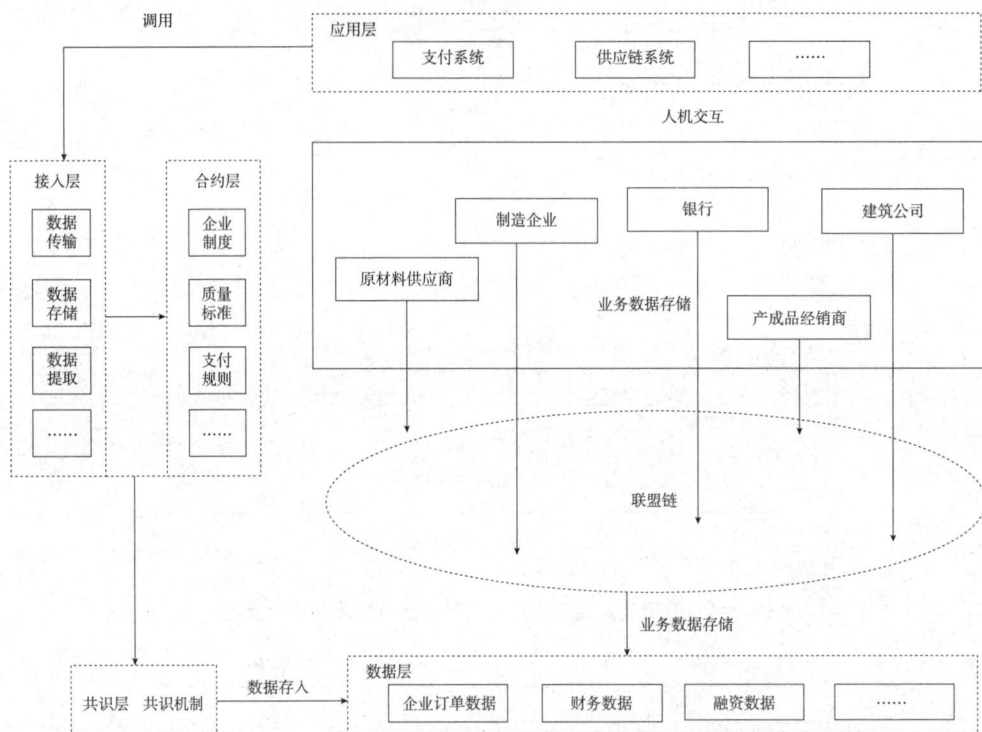

图 9-3 联盟链商业数字环境的整体设计方案

3. 认知商业企业

企业是商业社会环境的重要组成部分，本章后续章节将通过加入不同企业进行业务实训，实训涉及 4 家企业与 1 家银行机构。其中，核心企业为制造企业，实训内容将重点围绕核心企业的业务展开。核心企业的上游企业为供应商企业，下游企业为经销商企业，外围机构为银行。

1）核心企业

本实验中，钢铁供应链的核心企业为中国首钢集团，建筑供应链的核心企业为北京建筑股份有限公司（在钢铁供应链中北京建筑股份有限公司为建筑商）。中国首钢集团以钢铁业为主，兼营机械、电子、建筑、房地产、服务业、海外贸易等业务。北京建筑股份有限公司，是一家集建筑、开发、投资、酒店四大产业于一体的大型企业集团。核心企业的上游企业是供应商北京华贸钢铁有限公司，下游企业为经销商北京万联商贸有限公司。

2）供应商

北京华贸钢铁有限公司作为制造企业（核心企业）的上游企业，主要为制造企业提供原材料出售服务。出售原材料种类包括铁矿石和焦煤。

3）经销商

北京万联商贸有限公司作为核心企业的下游企业，经销商的主营业务是从制造企业处购买制造企业自产的螺纹钢应进行销售。

4）其他机构

为辅助制造企业的业务开展，本环境设置了银行机构、监管机构。中国银行股份有限公司是资金机构，自成立以来积极拓展业务范围，是中国首钢集团的开户行与基本户结算行，同时为省内多家国有企业、上市公司及部分中小型企业提供授信融资服务。中国人民银行、银保监会和证监会是监管机构。

以上是本环境中将涉及的所有企业类型，企业之间的业务关系在商业环境构建完成后可查看详情。

4. 商业生态环境

单击任务列表中的"商业生态环境"按钮，实验者可根据各板块学习相应的资料信息。

9.1.2　加入联盟与数据上链实验

1. 核心企业发起邀请

本实验中的企业包括：核心企业中国首钢集团、供应商北京华贸钢铁有限公司、经销商北京万联商贸有限公司、建筑商北京建筑股份有限公司、资金方中国银行股份有限公司。

本实验中需要 5 家企业协同合作完成实验，在完成 6.3 节中的联盟链实验 –Fabric 联盟链运行环境构建后，先添加核心企业，然后核心企业分别邀请供应商、经销商、建筑商、资金方 4 家企业加入联盟链中，确保在后面的实验操作中可以进入对应的企业中。

核心企业发起邀请的具体实验步骤如下。

1）核心企业登录平台并注册

在区块链供应链金融教学平台选取"六、区块链供应链金融融资实验"，单击"开始学习"按钮。

进入实验界面后，展开任务列表，"任务列表"菜单中单击"一、加入联盟与数据上链实验"按钮，系统弹出内容为"请先完成小组下任务步骤分配，分配成功以后，方可学习"的提示框，同上次实验一样分配好任务后进行实验。

在任务列表中单击"核心企业发起邀请–中国首钢"按钮，进入核心企业发起邀请的界面。核心企业首次登录区块链供应链金融平台，需要注册账号，本次实验的核心企业是中国首钢集团，所以注册账号的名称便是中国首钢集团，密码自由设置，完成后单击"注册"按钮，随后登录即可。

2）发起邀请

核心企业选择对应企业名称并选择该企业对应的类型，点击邀请即可，需进入邀请对应的企业任务中完成邀请，且企业名称与企业类型需要对应。下面以核心企业邀请供应商企业加入联盟为例进行介绍。

选择"核心企业发起邀请–中国首钢"→"邀请供应商加入联盟"，进入区块链供应链金融平台界面，选择"企业认证管理模块"，并单击"进入"按钮，进入平台中。

在区块链供应链金融平台中，企业名称选取"北京华贸钢铁有限公司"，企业类型选择"供应商"，单击"确认邀请"按钮，完成邀请供应商企业加入联盟。

2. 其他企业申请加入

核心企业对其他企业发起邀请后，其他企业需要接收邀请，否则在实验过程中无法选择对应企业及部分；不同的企业接收邀请需要在对应的任务中接收邀请，即北京华贸钢铁有限公司接收邀请时在"供应商申请加入–北京华贸"任务中接收，北京万联商贸有限公司接收邀请时在"经销商申请加入–北京万联"任务中接收，北京建筑股份有限公司在接收邀请时在"建筑商申请加入–北京建筑"任务中接收，中国银行股份有限公司在接收邀请时在"资金方申请加入–中国银行"任务中接收；不同企业接收邀请后需要按步骤完成企业认证、申请企业数字证书、数字证书的缴费及开票等操作。本节以供应商申请加入为例介绍具体的实验步骤。

1）接收企业邀请

在左侧的任务列表中单击"供应商申请加入–北京华贸"，进入供应商申请加入任务界面。在此界面中选择"接收企业邀请"，则供应商北京华贸钢铁有限公司接收到一条邀请加入"数字钢铁联盟链"的短信，根据短信中的链接和邀请码，可以进入"区块链供应链金融平台"并进行注册。

在"区块链供应链金融平台"的注册界面中，复制短信中的邀请码并输入，"邀请方"为中国首钢集团，"注册账号"为北京华贸钢铁有限公司，接着输入

"注册密码"和"确认密码"，单击"注册"按钮完成平台的注册。注册完成后，即可通过账号和密码进行登录。

2）企业认证申请

类似地，在"供应商申请加入－北京华贸"任务界面中，选择"企业认证申请"，进入区块链供应链金融平台界面，选择"企业认证管理模块"，并单击"进入"，进入平台中。在平台的完善信息界面中依次完成"实名认证""完善企业信息"和"确认密码"三个步骤，则企业认证申请完成。

3）申请企业数字证书及缴费开票

类似地，在"供应商申请加入－北京华贸"任务界面中，选择"申请企业数字证书"，进入区块链供应链金融平台中，在平台中的证书申请界面中，依次完成"基本信息""资料上传"和"缴费 & 开票"三个步骤，则完成供应商北京华贸钢铁有限公司的数字证书申请和缴费开票。

其中，在"资料上传"中，通过单击方框中第一个的"+"，可模拟上传 CFCA 机构证书申请表，单击"确定"按钮则完成上传。按此方法可接着完成 CFCA 机构申请授信书、企业营业执照扫描件和授权书所填经办人身份证扫描件的上传。

资料全部上传成功后，单击"下一步"按钮则进入"缴费 & 开票"界面。

在"缴费 & 开票"界面中，单击"支付"按钮则完成支付，同时弹出"数字证书将在 1 ~ 3 工作日内生效，请及时查收。可在支付页面开具电子发票，谢谢！"的提示框。

在支付完成界面中，单击"开票"按钮，则可开具北京增值税电子普通发票，开票信息如图 9-4 所示。

3. 管理员身份认证

1）身份认证的含义

身份认证也称为身份验证或身份鉴别，是指在区块链中确认操作者身份的过程，从而确定该用户是否具有对某种资源的访问和使用权限，进而使区块链平台的访问策略能够可靠、有效地执行，防止攻击者假冒合法用户获得资源的访问权限，保证系统和数据的安全，以及授权访问者的合法利益。

2）进行管理员身份认证

选择"管理员身份认证－中国首钢"→"组织管理员身份认证"，进行管理员身份认证任务，单击"CA 管理员"按钮。

图 9-4　开票信息

输入管理员的用户名及密码，此处的用户名为创建 CA server 的账户和密码。

单击"确定"按钮后，进入 CA 管理员信息界面，显示 CA 管理员的基本信息、身份信息、权限信息、信息管理、审核组织 org 管理员。

4. 企业创建组织节点

不同的企业创建组织节点需要在对应的任务中创建，即中国首钢集团创建组织节点时在"核心企业创建组织节点 – 中国首钢"任务中创建，北京华贸钢铁有限公司创建组织节点时在"供应商创建组织节点 – 北京华贸"任务中创建，以此类推。各个企业需要按步骤完成"创建组织节点""创建部门"和"创建数据传播协议"操作。具体的实验步骤与本书 6.3.6 节中构建基础环境实验之创建组织节点的步骤类似，此处不再赘述。

5. 企业信息上链

1）解析数据上链的现实意义

数据上链是指用户将自己的数据加密上传到基于 IPFS 的公网侧链，并在公信链形成数据索引的过程。数据一旦上链，除了本人的 Data-key 授权解密外，任何个人或组织都没有能力获取到数据，从而保证数据的绝对安全并保护隐私，降低社会信任成本，提高数据传输速度。

2）如何进行企业上链

不同的企业信息上链需要在对应的任务中进行，各个企业需要按步骤完成"组织节点加入通道""签署联盟企业协议""链上存证查询"和"企业信息上链"操作。本节以核心企业信息上链为例介绍具体的实验步骤。

（1）组织节点加入通道。

选择"核心企业信息上链 – 中国首钢"→"组织节点加入通道"，进行组织节点添加任务，核心企业信息上链的任务选择界面如图 9–5 所示。在图 9–6 所示的界面中，单击"关联组织节点 +"按钮，在弹出的对话框中勾选对应的节点，单击"添加 Peer"按钮完成添加。

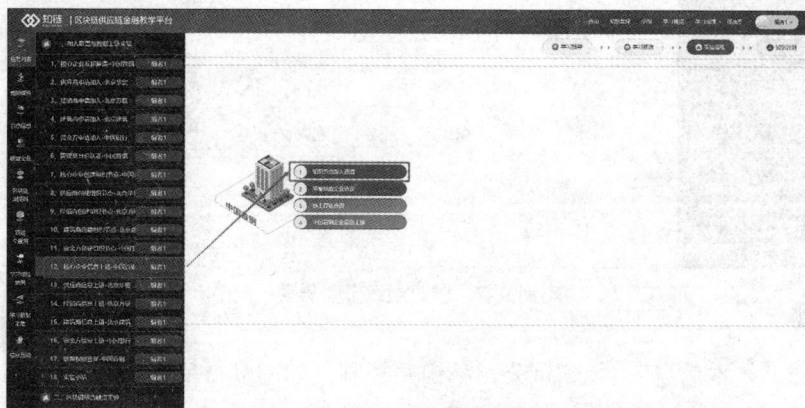

图 9–5　核心企业信息上链的任务选择界面

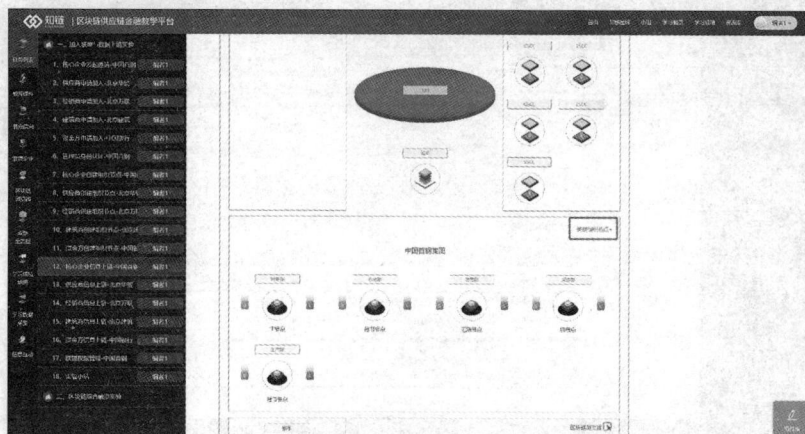

图 9–6　组织节点加入通道

（2）签署联盟企业协议。

进入"核心企业信息上链 – 中国首钢"→"签署联盟企业协议"任务操作中，单击"签订"按钮，进入协议页面，鼠标滑动到协议底部，输入乙方名称和数字签名，乙方名称即签署协议的联盟企业全称，数字签名为该企业的私钥，需要到前任务创建组织节点任务中查找，步骤如下。

进入"核心企业创建组织节点 – 中国首钢"→"创建组织节点"任务操作中，接着单击图 9-7 框中的按钮查看信息。

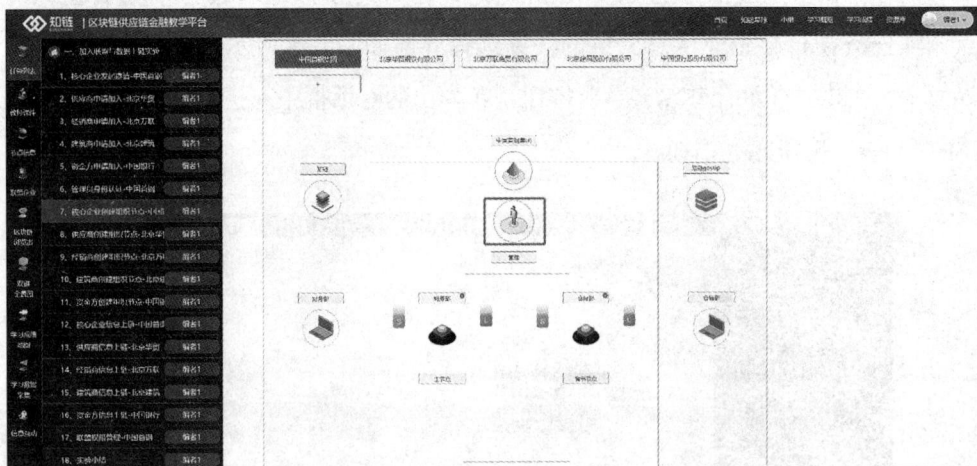

图 9-7　创建组织节点界面

选择"基本信息"，找到该公司私钥并复制，如图 9-8 所示。

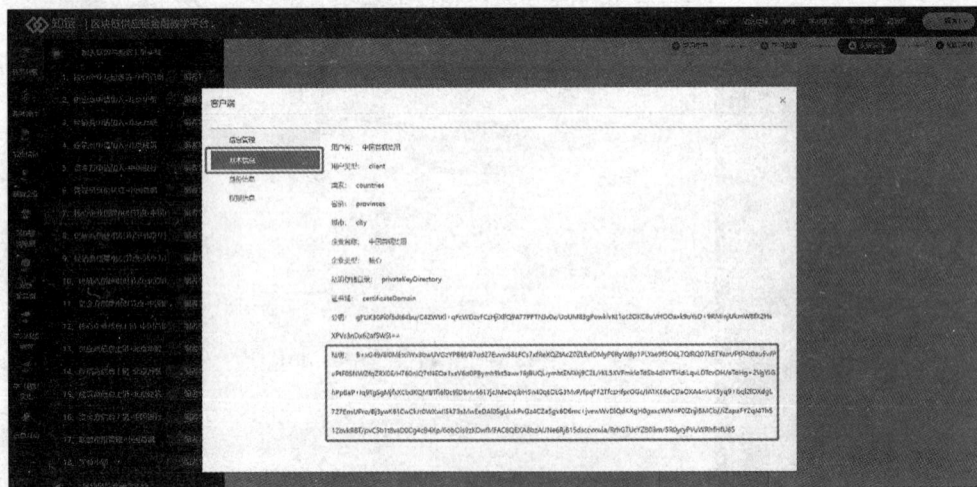

图 9-8　客户端信息界面

返回"签署联盟企业协议"任务中，粘贴到数字签名输入框，并输入乙方名称，单击"签订"按钮则完成签订。

注：乙方与数字签名必须为统一企业的，即中国首钢签署协议时乙方应输入中国首钢集团，数字签名需到"核心企业创建组织节点 – 中国首钢"任务中根据上面的步骤找到对应私钥复制并粘贴到数字签名处，其他企业签署协议同理。

（3）链上存证查询。

进入"核心企业信息上链 – 中国首钢"→"链上存证查询"任务操作中，单击"上传"按钮，将需要验证的文件内容上传，浏览器将通过一种算法对文件进行计算，生成一个"文件哈希"，如果原始原件没有修改，并且存证在区块链上，通过这个文件哈希可以在浏览器上查询到这个存证记录。

模拟上传成功后，单击"生成文件哈希"按钮，则生成对应的文件 hash，单击"重新验证"按钮，则提示"验证成功"，并可进一步查询存证对应的时间戳、区块链存证码、区块高度、文件 hash 和状态等信息。

（4）中国首钢企业信息上链。

进入"核心企业信息上链 – 中国首钢"→"中国首钢企业信息上链"任务操作中，找到需要上链的单据，单击"合同上链"按钮。

接着，先根据背书策略收集背书签名，即满足 1/3 策略，即选择的部门数量最少占整个的 1/3，勾选好后单击"签名校验"按钮，则背书签名选择成功。

然后选择该单据的来自和去向地址，此处需要自己判断，若选择不正确，单击"上链"按钮会提示正确的来自和去向地址，再修改正确即可，如图 9-9 所示。

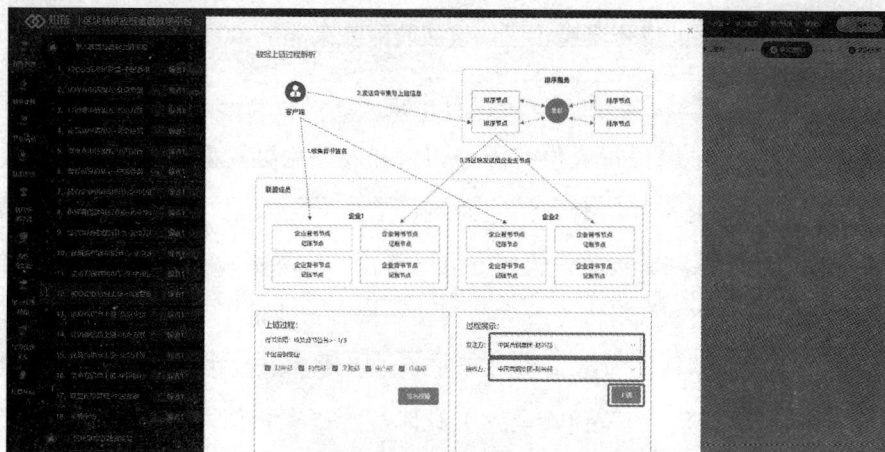

图 9-9　数据上链

6. 联盟权限管理

在创建完企业联盟链后，还需对不同企业设置对应权限，设置不同企业的权限需要单击"联盟链权限管理 – 中国首钢"按钮进入对应的任务中完成操作。

9.2 区块链综合融资实验

本实验基于 Fabric 搭建联盟链及创建通道，同时，为了模拟企业真实业务场景，分别引入中国首钢集团、北京华贸钢铁股份有限公司、北京万联商贸股份有限公司、北京建筑股份有限公司、中国银行股份有限公司 5 家企业，其之间会产生现金采购订单、区块链应收账款订单、直接销售订单、预收全款订单、预收订金订单，及各类融资订单。其中，中国首钢集团作为核心企业，具备较强生产能力，向上游供应商北京华贸钢铁股份有限公司采购原材料用于生产螺纹钢，再向下游经销商北京万联商贸股份有限公司销售，北京华贸与北京万联分别与核心企业产生的采购业务和销售业务中，会发生采购、生产、入库、销售、融资等业务流程，北京建筑股份有限公司作为房地产商，需要采购螺纹钢用于建设房子，中国银行股份有限公司作为本实验的资金方，主要处理各个企业发来的融资申请、审核及放款业务。另外，本实验也引入区块链、非对称加密、智能合约等技术。

本节以钢铁供应链采购融资实验（区块链应收账款采购）和钢铁供应链销售融资实验（预收全款）为例开展介绍。

9.2.1 钢铁供应链采购融资实验（区块链应收账款采购）

本节围绕联盟链核心企业——中国首钢集团、供应商——北京华贸钢铁有限公司和资金方——中国银行股份有限公司，开展采购融资实验。本节实验主要包括联盟链核心企业采购实验、供应商签订购销合同实验、供应商订单融资实验、供应商应收账款融资实验、资金方融资审核及放款实验、供应商采购及原材料出库实验、核心企业材料入库及生产实验、核心企业信用贷款融资及支付货款实验、由于供应商钢铁供应链采购融资实验（区块链应收账款采购）与 9.2.2 节钢铁供应链销售融资实验（预收全款）具体实验步骤相似，便不再展开本节的实验介绍。

9.2.2　钢铁供应链销售融资实验（预收全款）

展开"二、区块链综合融资实验"菜单，单击"钢铁供应链销售融资实验（预收全款）"按钮，进入本次钢铁供应链销售融资实验（预收全款）的实训界面。围绕联盟链核心企业——中国首钢集团、经销商——北京万联商贸有限公司和资金方——中国银行股份有限公司，开展销售融资实验。本节实验主要包括联盟链核心企业销售实验、经销商签订购销合同实验、经销商保兑仓融资实验、经销商库存融资实验、资金方融资审核及放款实验、经销商方支付货款实验、核心企业收款及产品出库实验、经销商材料入库及还款实验和资金方融资收款实验。

1. 联盟链核心企业销售实验

1）销售方式导入

单击"钢铁供应链销售融资实验（预收全款）"任务列表中的第一个任务"销售方式导入"按钮，系统提示"请先完成小组下任务步骤分配，分配成功以后，方可学习"，任务分配完后，选择对应的业务通道，单击"进入"按钮，进行中国首钢集团 – 销售部的销售实验。

本任务主要介绍直接收款、预收全款、预收订金这三种区块链供应链销售方式的相关知识点，通过单击"下一步"按钮逐步学习并回答问题，学习完成后单击"完成"按钮可解锁下一个任务。

（1）直接收款。实验的规则：直接收款，发货日期为1个月后，收款日期为发货日期。

（2）预收全款。实验的规则：预收全款，发货日期为1个月后，收款日期为签订日期的后三天内。

（3）预收订金。预收订金方式销售货物，采取先收订金、后发货、再收尾款模式。实验的规则：预收订金，发货日期为1个月后，付订金日期为合同签订日后三天内，付尾款日期为发货日期。

2）制订销售计划并选择销售方式

（1）单击"钢铁供应链销售融资实验（预收全款）"→"制定销售计划并选择销售方式"，选择对应的业务通道，单击"进入"按钮，开展中国首钢集团——销售部的销售实验。

（2）选择"销售方式"为预收全款，"收款日期"为签订日期的后 3 天内，然后单击"下单"按钮进行下单。

（3）根据螺纹钢在本仓库的总库存数量和可销售数量，确定销售螺纹钢数量，单击"销售"按钮进行销售。

3）起草购销合同

（1）单击"钢铁供应链销售融资实验（预收全款）"→"起草购销合同"，选择对应的业务通道，单击"进入"按钮，开展中国首钢集团－销售部的起草购销合同实验。

（2）选择对应的订单，单击"起草"按钮，开展购销合同的起草。

（3）在购销合同中，选择"乙方"为中国首钢集团，"付款日期、方式及交货日期、方式"为2.2，合同最下方"销货单位（乙方）"输入中国首钢集团，单击"起草合同"按钮，完成起草。

4）数字摘要与合同加密传输

（1）单击"钢铁供应链销售融资实验（预收全款）"→"数字摘要与合同加密传输"，选择对应的业务通道，单击"进入"按钮，开展"中国首钢集团－销售部"的数字摘要与合同加密传输实验。

（2）选择对应的订单，单击"合同加密"按钮，系统显示需要加密的购销合同，在合同最下方"销货（单位）"处输入中国首钢集团，单击"文件加密"按钮进行加密流程。

（3）在数字摘要与合同加密传输界面中，选择哈希智能算法后，单击"存储数字摘要"按钮，接着右侧"过程展示"一栏实时显示数字摘要存储位置。

（4）在界面最上方选择"中国首钢集团－销售部"，单击"查看私钥公钥"按钮，查看并复制发送方的私钥，然后粘贴到"生成数字签名"输入框中，单击"生成数字签名"按钮，则成功生成数字签名。

（5）将界面右侧"过程展示"一栏中的对称密钥复制到"使用对称密钥传输合同信息数据包"下方的输入框中，单击"生成密文"按钮，则成功生成密文。

（6）选择密文接收人为"北京万联商贸有限公司－采购部"，查看并复制对应的公钥，粘贴到"对称密钥收入数字信封中"输入框中，单击"生成数字信封"按钮，则成功生成数字信封。

（7）单击界面右侧的"发送"按钮，则合同加密传输成功，并将数字信封发送给"北京万联商贸有限公司－采购部"。

2.联盟链经销商签订购销合同实验

1）解密购销合同

（1）选择"钢铁供应链销售融资实验（预收全款）"→"解密购销合同"，选择对应的业务通道，单击"进入"按钮，进行"北京万联商贸有限公司 – 采购部"的解密购销合同实验。

（2）选择需要解密的订单，单击"解密购销合同"按钮，进入解密购销合同界面。

（3）查询并复制"北京万联商贸有限公司 – 采购部"的私钥，并在"输入解密数字信封的密钥（接收人私钥）"下方输入框中粘贴。单击"解密"按钮，则在界面右侧的"过程展示"一栏显示解密数字密封成功，并获得对称密钥如图 9-10 所示。

（4）复制界面右侧的"过程展示"一栏的对称密钥，并输入左侧"请输入解密密文的密钥（对称密钥）"下方输入框中，单击"解密"按钮进行解密。解密成功后即可查看解密密文，包括购销合同、接收人公钥和数字签名，如图 9-11 所示。

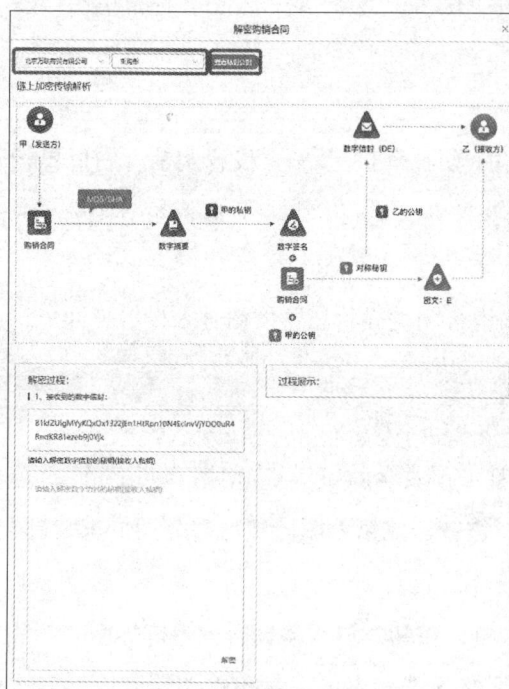

图 9-10 解密数字信封

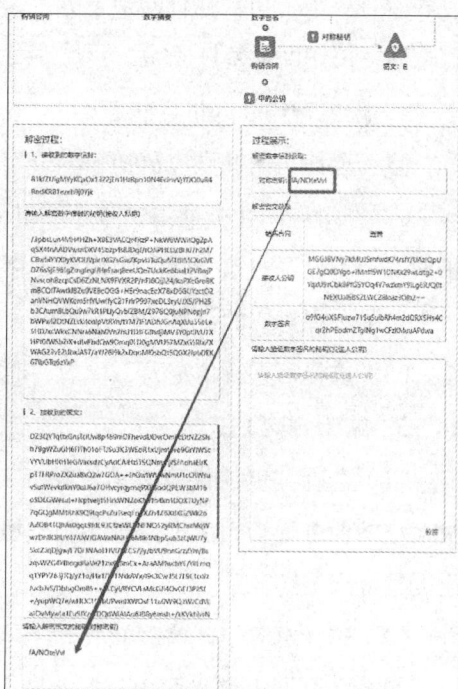

图 9-11 解密密文

（5）查询并输入验证数字签名的密钥（发送人公钥），单击"验签"按钮，即可成功解密密文，单击"确定"按钮，完成解密购销合同。

2）购销合同验伪

（1）选择"钢铁供应链销售融资实验（预收全款）"→"购销合同验伪"，选择对应的业务通道，单击"进入"按钮，进行"北京万联商贸有限公司–采购部"的购销合同验伪实验。

（2）选择对应的订单，单击"合同验伪"按钮，进入购销合同验伪界面。

（3）选择哈希智能算法后，单击"查看"按钮，则获取解密数字信封。

（4）先单击"确定"按钮，再单击"对比"按钮，即可获取数字摘要，并显示对比结果为：数字摘要对比成功，信息在传输过程中没有被篡改。

3）签订购销合同

（1）选择"钢铁供应链销售融资实验（预收全款）"→"签订购销合同"，选择对应的业务通道，单击"进入"按钮，进行"北京万联商贸有限公司–采购部"的签订购销合同实验。

（2）单击"合同签订"按钮，进而在签订合同界面中，选择"甲方"为北京万联商贸有限公司，在合同最下方"购货单位（甲方）"输入公司名称，单击"签订合同"按钮即可签订成功。

4）设置购销合同世界状态

（1）选择"钢铁供应链销售融资实验（预收全款）"→"设置购销合同世界状态"，选择对应的业务通道，单击"进入"按钮，进行"北京万联商贸有限公司–采购部"的设置购销合同世界状态实验。

（2）选择对应的订单，单击"设置购销合同世界状态"按钮进入设置界面。

（3）选择可查看指定人，单击"确定"按钮即可设置完成。

5）购销合同上链

（1）选择"钢铁供应链销售融资实验（预收全款）"→"购销合同上链"，选择对应的业务通道，单击"进入"按钮，进行"北京万联商贸有限公司–采购部"的购销合同上链实验。

（2）选择对应的订单，单击"合同上链"按钮，进入购销合同上链界面。

（3）在合同上链界面中，按照背书策略勾选背书签名，单击"签名校验"按钮。收集背书签名后，选取接收方为"中国首钢集团–销售部"，然后单击"上链"按钮，则数据上链成功。

3. 联盟链经销商保兑仓融资实验

当经销商采购核心企业的产品遇到资金不足以支付货款的情况时，可以向银行申请保兑仓融资、库存融资或两种皆选，本节展示经销商北京万联商贸有限公司保兑仓融资的实验。

1）融资申请（保兑仓）

（1）选择"钢铁供应链销售融资实验（预收全款）"→"融资申请（保兑仓）"，选择对应的业务通道，单击"进入"按钮，进行"北京万联商贸有限公司 – 财务部"的融资申请（保兑仓）实验。

（2）选择对应的订单，单击"融资"按钮进入融资界面。选取融资方式，此处为"保兑仓融资"，然后选择贷款期限，并计算贷款利息。完成后，下拉到页面底部，单击"确定"按钮，则系统提示"是否选用保兑仓融资融资方式"，单击"确定"按钮，如图 9-12 所示。

图 9-12 选择融资方式

（3）选择对应的订单，单击"查看"按钮，则系统显示融资记录和保兑仓融资申请书，单击"保兑仓融资申请书上链"按钮，进入数据上链界面，如图 9-13 所示。

订单1			订单2		订单3		订单4
订单编号	订单签订时间	订单金额	采购方式	到货日期	付款日期	采购货物清单	贵付
XS202201060121	2022年06月29日	13,590,000.00元	预收款	2022年07月30日	2022年06月30日	螺纹钢(3000t)	已融资/应签

图 9-13 保兑仓融资申请书上链

（4）在数据上链界面中，按照背书策略勾选背书签名，单击"签名校验"。收集背书签名后，选取接收方为"中国银行股份有限公司 – 对公业务部"，单击"上链"按钮，则数据上链成功。

2）设置融资申请书世界状态

（1）选择"钢铁供应链销售融资实验（预收全款）"→"设置融资申请书世界状态"，选择对应的业务通道，单击"进入"按钮，进行"北京万联商贸有限公司 – 财务部"的设置融资申请书世界状态实验。

（2）选择对应的订单，单击"查看"→"保兑仓融资申请书世界状态"按钮，进入设置界面。

（3）选择可查看指定人，选择完成后，单击"确定"按钮即可设置完成。

3）融资还款合约编写

（1）选择"钢铁供应链销售融资实验（预收全款）"→"融资还款合约编写"，选择对应的业务通道，单击"进入"按钮，进行"北京万联商贸有限公司 – 财务部"的融资还款合约编写实验。

（2）进入合约编写界面后，单击合约编写右侧的"+"，添加融资还款合约。

（3）"合约类型"选择融资类，"合约名称"可自拟为保兑仓融资还款，"执行对象"为融资还款，"生成单据"选择付款回单，"原始单据"选择银行放款电子回单和保兑仓融资申请书，然后根据生成单据与不同的原始单据的关系，分别添加合约执行条件。完成后，单击"保存合约"按钮，如图 9-14、图 9-15 所示。

（4）合约保存后，单击"验证合约"按钮，进入合约验证界面。在此界面勾选对应的企业部门，单击"验证合约"按钮，系统显示"过程展示"一栏。选择"发送方"为"北京万联商贸有限公司 – 财务部"，单击"上链"按钮进行合约部署上链。如图 9-16 所示。

（5）在部署合约界面中，单击上方的播放图标，系统显示出合约部署的进程，最后弹出部署合约成功的提示框，单击"确定"按钮，则完成保兑仓融资还款合约的验证与上链。

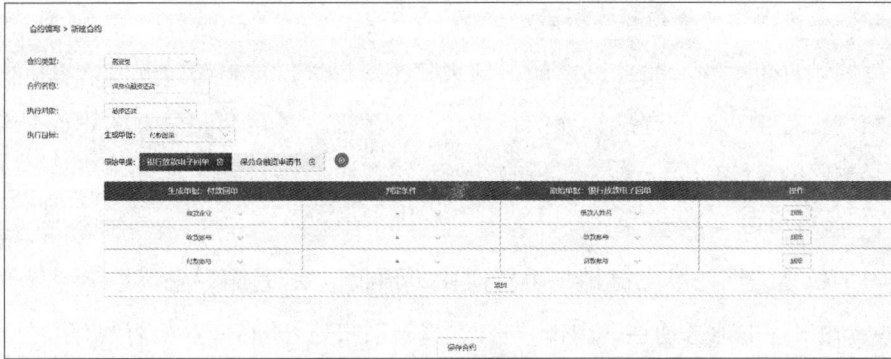

图 9-14　融资还款合约 -1

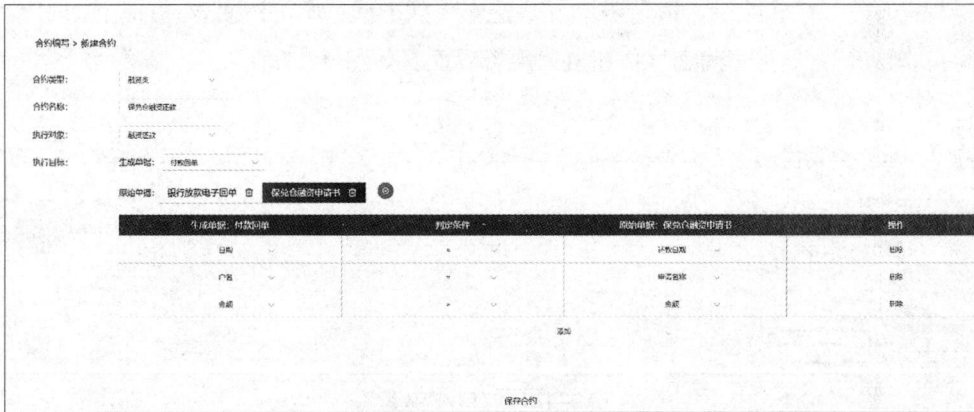

图 9-15　融资还款合约 -2

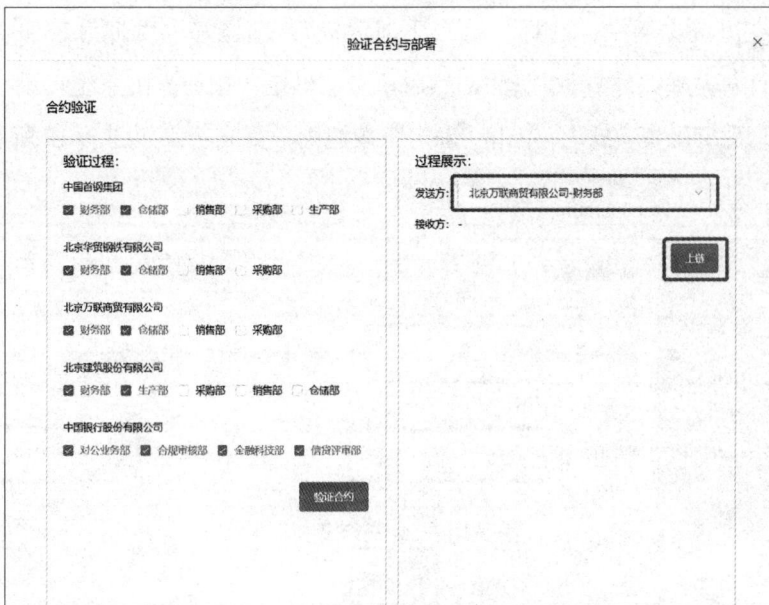

图 9-16　融资还款合约验证

4. 联盟链经销商库存融资实验

当经销商采购核心企业的产品遇到资金不足以支付货款的情况时，可以向银行申请保兑仓融资、库存融资或两种皆选，本节展示经销商北京万联商贸有限公司库存融资的实验。

1）融资申请——库存融资

（1）单击"钢铁供应链销售融资实验（预收全款）"→"融资申请 - 库存融资"，选择对应的业务通道，单击"进入"按钮，进行"北京万联商贸有限公司 - 财务部"的"融资申请 - 库存融资"实验。

（2）结合资金缺口，根据第三方仓库中螺纹钢的可融资数量及商品出售价格，输入"数量"，单击"确定"按钮进入融资界面，如图9-17所示。

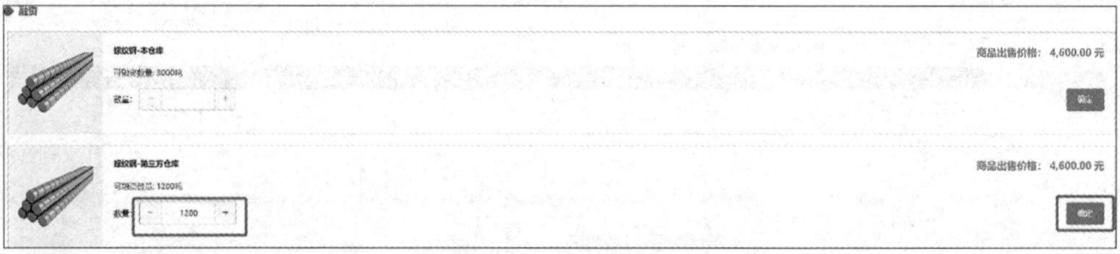

图 9-17　选择融资数量

（3）在融资界面中，选择"动产质押融资"，选择好"质押率"和"贷款期限"后，计算并输入"贷款利息"，然后单击"确定"按钮，则系统提示"是否选用动产质押融资融资方式"，单击"确定"按钮则融资成功，如图9-18所示。

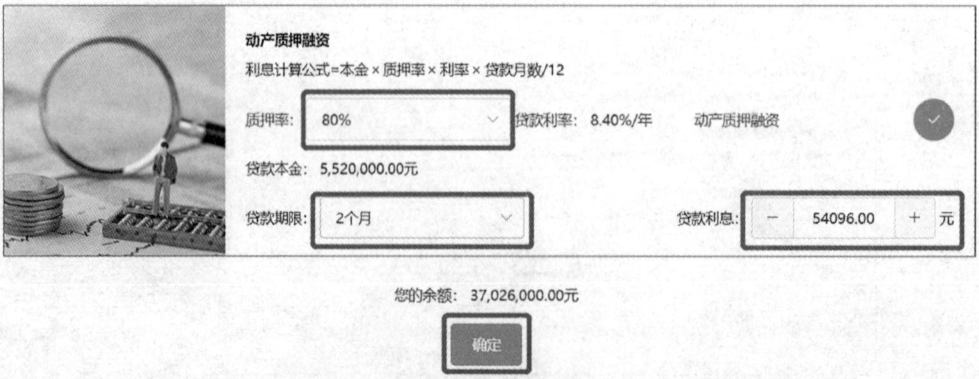

图 9-18　选择融资方式

（4）融资成功时，系统提示"请在融资列表里面，查看单据，进行单据上链"，单击"确定"按钮，然后再融资订单列表中，找到对应的订单，单击"查看单据"按钮，则可查看动产质押融资申请书和动产质押融资提货单，单击下方的"动产质押融资申请书上链"按钮，进入上链界面，如图 9-19 所示。

序号	融资合同号码	申请日期	企业名称	融资类型	融资周期	融资金额	融资利率	回款率	利息收益	所购单据	状态
1	RZ202203076804	2022年03月07日	北京万联商贸有限公司	动产质押融资	2个月	9,016,000.00元	7.20%/年	70.00%	108,192.00元	已查看据	已放款，待还款
2	RZ202203070565	2022年06月29日	北京万联商贸有限公司	保兑仓融资	2个月	13,590,000.00元	8.40%/年	100.00%	190,260.00元	查看单据	已完成放款
3	RZ202203084502	2022年03月18日	北京万联商贸有限公司	动产质押融资	2个月	4,416,000.00元	8.40%/年	80.00%	54,096.00元	已查看据	已接收放款

图 9-19　选择融资订单

（5）在数据上链界面中，数据上链步骤与保兑仓融资申请书上链相同，上链完成则"中国银行股份有限公司 – 对公业务部"成功接收到密文。

（6）采用与动产质押融资申请书上链同样的方式，可完成动产质押融资提货单的上链。

2）设置融资申请书世界状态

选择"钢铁供应链销售融资实验（预收全款）"→"设置融资申请书世界状态"，选择对应的业务通道，单击"进入"→"查看单据"按钮，进行"北京万联商贸有限公司 – 财务部"的设置融资申请书世界状态实验，如图 9-20 所示。

序号	融资合同号码	申请日期	企业名称	融资类型	融资周期	融资金额	融资利率	回款率	利息收益	所购单据	状态
1	RZ202203076804	2022年03月07日	北京万联商贸有限公司	动产质押融资	2个月	9,016,000.00元	7.20%/年	70.00%	108,192.00元	已查看据	已放款，待还款
2	RZ202203070565	2022年06月29日	北京万联商贸有限公司	保兑仓融资	2个月	13,590,000.00元	8.40%/年	100.00%	190,260.00元	查看单据	已完成放款
3	RZ202203084502	2022年03月18日	北京万联商贸有限公司	动产质押融资	2个月	4,416,000.00元	8.40%/年	80.00%	54,096.00元	已查看据	已接收放款

图 9-20　选择融资订单

3）融资还款合约编写

（1）选择"钢铁供应链销售融资实验（预收全款）"→"融资还款合约编写"，选择对应的业务通道，单击"进入"按钮，进行"北京万联商贸有限公司 – 财务部"的融资还款合约编写实验。

（2）进入合约编写界面后，单击合约编写右侧的"+"，添加融资还款合约。

（3）"合约类型"选择融资类，"合约名称"可自拟为动产质押融资还款，"执行对象"为融资还款，"生成单据"选择付款回单，"原始单据"选择银行放款电子回单，然后根据生成单据与原始单据的关系，添加合约执行条件。完成后，单击"保存合约"按钮。

（4）合约保存后，按照与保兑仓融资还款合约的验证与上链相同的方式，可完成融资还款合约的验证与上链。

5. 联盟链资金方融资审核及放款实验

1）接收融资申请书

（1）选择"钢铁供应链销售融资实验（预收全款）"→"接收融资申请书"，选择对应的业务通道，单击"进入"按钮，进行"中国银行股份有限公司－对公业务部"的接收融资申请书实验。

（2）找到对应的保兑仓融资合同一栏，单击"查看"或"接收"按钮，则系统显示保兑仓融资申请书，查看完后，单击界面下方的"接收"按钮，则系统提示"是否接收该融资订单"，单击"确定"按钮，则接收成功，融资合同状态变为待审核，如图 9-21 所示。

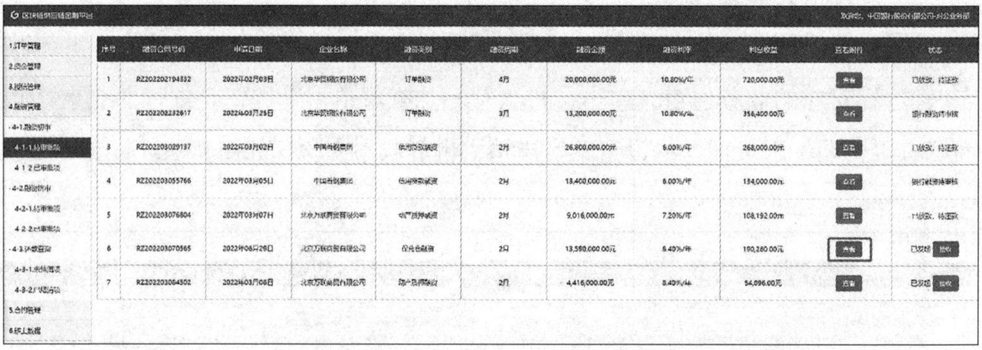

图 9-21　选择对应的保兑仓融资合同

（3）采用同样的方式，可完成对应的动产质押融资申请书的接收。

2）融资初审－链上业务数据溯源

（1）选择"钢铁供应链销售融资实验（预收全款）"→"融资初审－链上业务数据溯源"，选择对应的业务通道，单击"进入"按钮，进行中国银行股份有限公司——合规审核部的融资初审——链上业务数据溯源实验。

（2）找到对应的保兑仓融资合同一栏，单击"融资初审"按钮，进入哈希验证界面，如图 9-22 所示。

（3）在哈希验证界面，在联盟链上查找企业信息、购销合同和融资申请书所在的区块哈希，仔细查看区块详情，并将区块哈希输入下方对应的输入框中，完成链上数据溯源。

图 9-22　选择对应的保兑仓融资合同

选择"经销商信息上链 – 北京万联"→"北京万联商贸有限公司信息上链"，在查看信息界面中可查看"企业信息"对应的"区块 hash"，如图 9-23、图 9-24 所示。

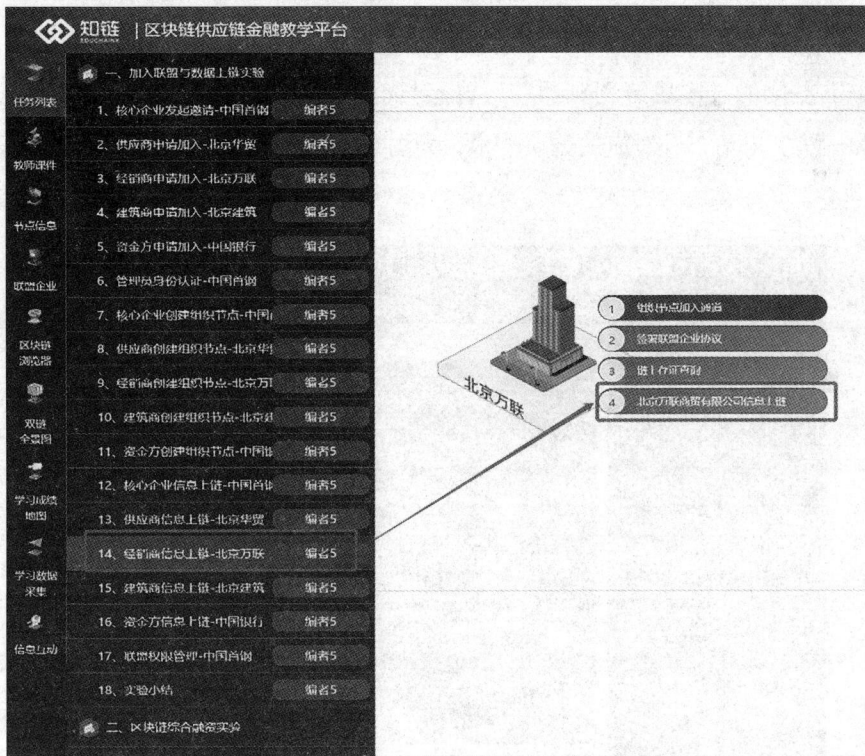

图 9-23　北京万联商贸有限公司信息上链进入界面

摘要	日期	入库	出库	单价	结存	金额
期初库存				6532元	8	52256元
销售出库	2日		5	6532元	3	19596元
产成品入库	6日	15		6532元	18	117576元
产成品入库	8日	5		6532元	23	150236元
销售出库	12日		12	6532元	11	71852元
产成品入库	15日	10		6532元	21	137172元
产成品入库	18日	7		6532元	28	182896元
销售出库	24日		13	6532元	15	97980元
销售出库	30日		9	6532元	6	39192元

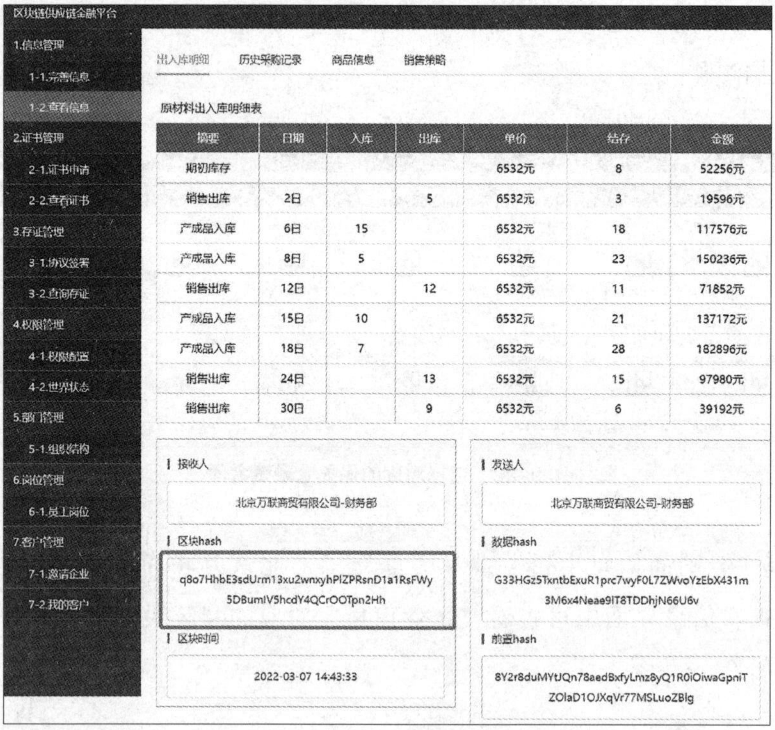

图 9-24 企业信息对应的区块哈希

单击左侧的“区块链浏览器”，选择对应的公司和区块则可以查看“购销合同”和“融资申请书”对应的区块哈希，如图 9-25 所示。

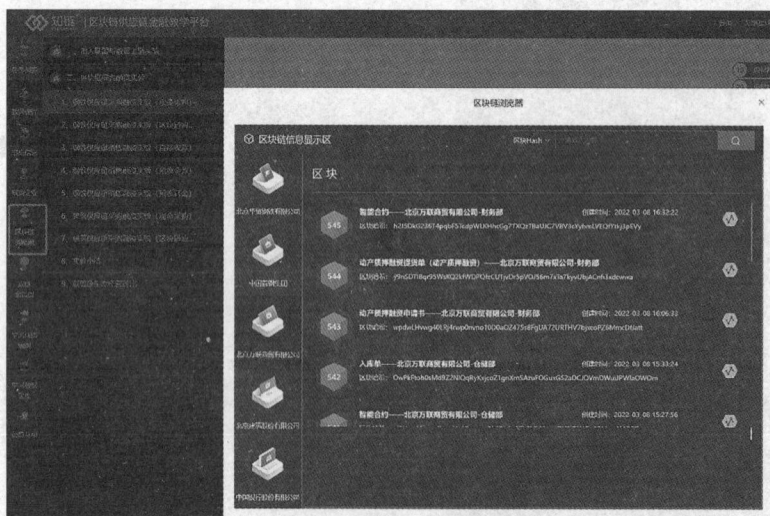

图 9-25 区块链信息显示区

查看并输入完区块哈希后，单击"验证 hash"按钮，则在三个输入框右侧显示"√"或"×"，提示对应的区块哈希是否输入正确，如图 9-26 所示。

图 9-26　链上数据溯源

单击"通过"按钮，则系统提示"是否通过该融资订单"，单击"确定"按钮则银行初审通过。相反，单击"驳回"按钮则银行拒绝该笔融资申请。

（4）采取同样的方式，可完成对动产质押融资的银行初审。

3）设置风控审核要素

本任务涉及核心企业、预付类融资业务、存货类融资业务、应收类融资业务、贷款类业务，通过多种业务类型的方式展现设置风控要素的全部过程。

具体实验步骤如下。

（1）选择"钢铁供应链销售融资实验（预收全款）"→"设置风控审核要素"，选择对应的业务通道，单击"进入"按钮，进行"中国银行股份有限公司 – 信贷评审部"的设置风控审核要素实验。

（2）选择对应的业务设置风控审核要点，保兑仓融资申请在"预付类融资业务"中设置，动产质押融资申请在"存货类融资业务"中设置，此外，两种融资均需设置"核心企业"风控审核要点。

此处以预付类融资业务为例进行展示，单击"添加条件"按钮依次添加条件（平台中有参考条件），完成后单击"确定"按钮即可设置成功。

4）融资终审

（1）选择"钢铁供应链销售融资实验（预收全款）"→"融资终审"，选择对应的业务通道，单击"进入"按钮，进行"中国银行股份有限公司 – 信贷评审部"

的融资终审实验。

（2）选择对应的保兑仓融资合同，单击"终审"按钮，进入中国人民银行征信中心动产融资统一登记公示系统，如图9-27所示。

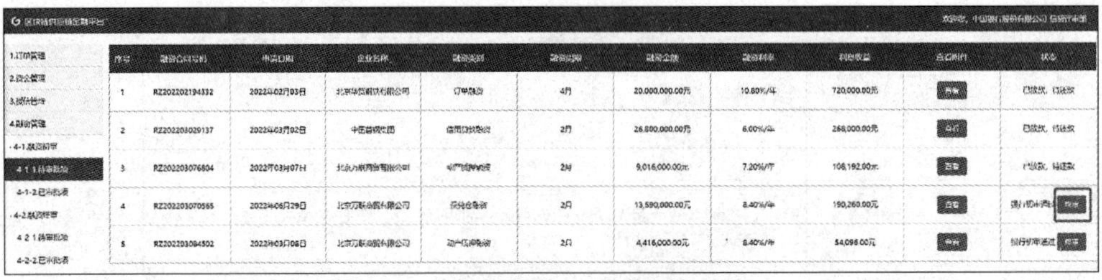

图9-27　选择对应的保兑仓融资合同终审

（3）在公示系统中，根据保兑仓融资对应的抵押人为中国首钢集团，选择查询企业为中国首钢集团，单击"查询"按钮查询出抵押人名下的全部登记信息。

（4）在查询结果列表中，显示对应的业务，单击"查看"或"终审"按钮，银行信贷评审部依次审核企业基本信息和风控结果后，选择审核意见为"通过"或"拒绝"。

若选择"通过"，再单击"确定"按钮，则系统提示"是否选择通过审核"，单击"确定"按钮，则该笔融资银行终审通过。

（5）采取同样的方式，可完成对动产质押融资合同的终审。

5）融资合同上链

（1）选择"钢铁供应链销售融资实验（预收全款）"→"融资合同上链"，选择对应的业务通道，单击"进入"按钮，进行"中国银行股份有限公司－对公业务部"的融资合同上链实验。

（2）选择保兑仓融资合同，单击"查看"或"上链"按钮，系统提示"生成单据成功，请上链"，单击"确定"按钮，进入查看合同界面，如图9-28所示。

图9-28　选择对应的保兑仓融资合同上链

（3）单击"融资合同上链"按钮，进入融资合同上链界面。在合同上链界面中，按照背书策略勾选背书签名，单击"签名校验"按钮。收集背书签名后，选取接收方为"北京万联商贸有限公司 – 财务部"，单击"上链"按钮，则融资合同上链成功，此外，保兑仓融资申请书同步上链成功。

（4）采取同样的方式，可完成对动产质押融资合同的上链。

6）设置融资合同世界状态

（1）选择"钢铁供应链销售融资实验（预收全款）"→"设置融资合同世界状态"，选择对应的业务通道，单击"进入"按钮，进行"中国银行股份有限公司 – 对公业务部"的设置融资合同世界状态实验。

（2）采用与设置融资申请书世界状态相同的方式，可完成对融资合同世界状态的设置。

7）融资放款合约编写

（1）选择"钢铁供应链销售融资实验（预收全款）"→"融资放款合约编写"，选择对应的业务通道，单击"进入"按钮，进行"中国银行股份有限公司 – 金融科技部"的融资放款合约编写实验。

（2）进入合约编写界面后，单击合约编写右侧的"+"，添加融资放款合约。

（3）"合约类型"选择融资类，"合约名称"可自拟为保兑仓融资放款，"执行对象"为发放融资款，"生成单据"选择银行放款电子回单，"原始单据"选择保兑仓融资申请书和共管账户开立信息，然后根据生成单据与不同的原始单据的关系，分别添加合约执行条件，完成后，单击"保存合约"按钮，如图 9-29、图 9-30 所示。

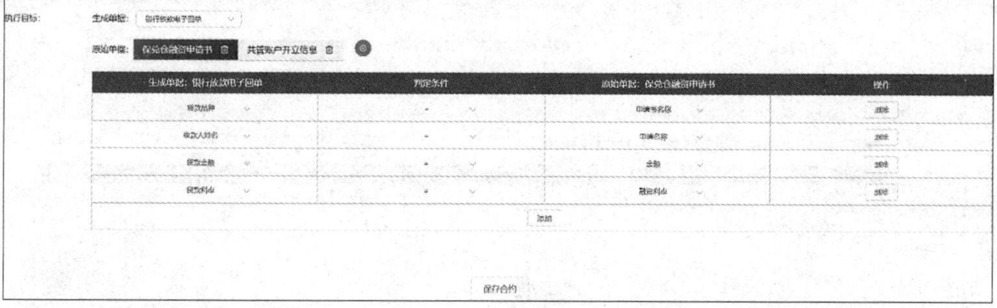

图 9-29　融资放款合约 -1

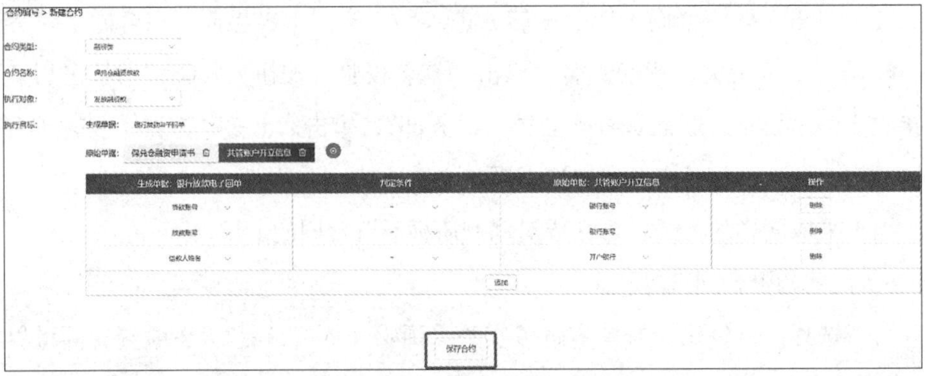

图 9-30　融资放款合约 -2

（4）合约保存后，单击"验证合约"按钮，进入合约验证界面。在此界面勾选对应的企业部门，单击"验证合约"按钮，系统显示出"过程展示"一栏。选择"发送方"为"中国银行股份有限公司 - 金融科技部"，单击"上链"按钮进行合约部署上链。

（5）采取同样的方式，可完成对动产质押融资放款合约的验证与上链，动产质押融资放款合约如图 9-31 ~ 图 9-33 所示。

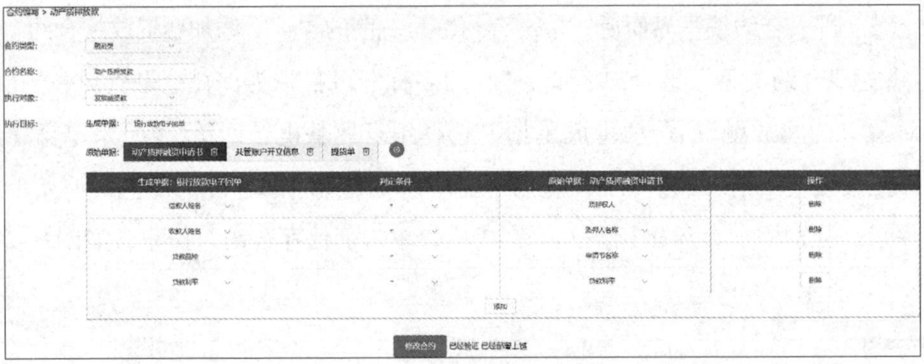

图 9-31　动产质押融资放款合约 -1

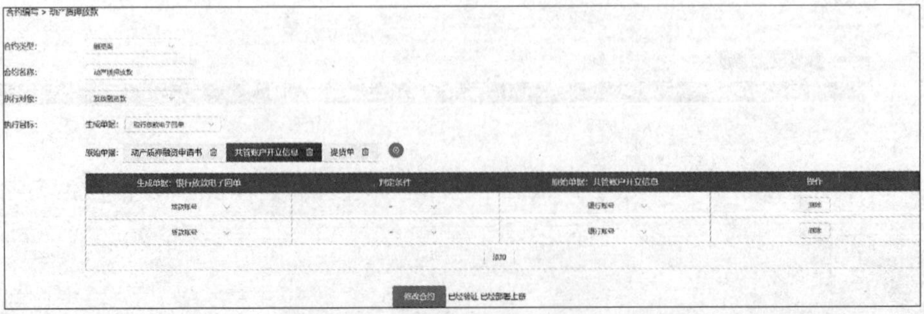

图 9-32　动产质押融资放款合约 -2

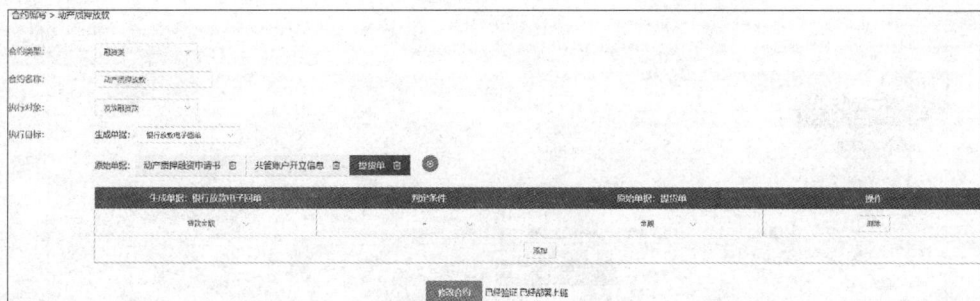

图 9-33 动产质押融资放款合约 -3

8）融资放款管理

（1）选择"钢铁供应链销售融资实验（预收全款）"→"融资放款管理"，选择对应的业务通道，单击"进入"按钮，进行"中国银行股份有限公司 - 对公业务部"的融资放款管理实验。

（2）选择对应的保兑仓融资合同，单击"开立"按钮进入开立对公银行共管账户界面，在此界面单击"确定"按钮，则系统提示"是否开立共管账户"，单击"确定"按钮则开立成功，如图 9-34 所示。

图 9-34 选择对应的保兑仓融资合同开立

（3）银行账户已开立后，单击"调用合约"按钮进入合约调用界面，单击"调用合约"按钮，则保兑仓融资放款合约调用成功，如图 9-35 所示。

（4）合约调用成功后，系统提示"是否放款"，单击"确定"按钮，完成支付后，系统提示"放款成功"，单击"确定"按钮，则系统显示银行放款电子回单。

（5）选择对应的保兑仓融资合同，单击"查看"按钮，进入查看界面，对公业务部在确定无误后，单击"银行放款电子回单上链"按钮，进入银行放款电子回单上链界面。

（6）在上链界面中，按照背书策略勾选背书签名，单击"签名校验"按钮。收集背书签名后，选取接收方为"北京万联商贸有限公司 - 财务部"，单击"上链"

图 9-35   保兑仓融资放款合约调用

按钮，则数据上链成功。

（7）采用同样的方式，可完成对动产质押融资的放款。

6. 联盟链经销商支付货款实验

在收到中国银行股份有限公司的放款后，联盟链经销商北京万联商贸有限公司在购销合同签订日后三天内，向中国首钢集团支付货款。

1）支付货款合约编写

（1）选择"钢铁供应链销售融资实验（预收全款）"→"支付货款合约编写"，选择对应的业务通道，单击"进入"按钮，进行"北京万联商贸有限公司－财务部"的支付货款合约编写实验。

（2）单击合约编写右侧的"+"，添加支付货款合约。"合约类型"选择支付类，"合约名称"可自拟为预付全款，"执行对象"为付全款，"生成单据"选择付款回单，"原始单据"选择购销合同和销售订单，然后根据生成单据与不同的原始单据的关系，分别添加合约执行条件。完成后，单击"保存合约"按钮，如图 9-36、图 9-37 所示。

（3）合约保存后，单击"验证合约"按钮，进入合约验证界面。在此界面勾选对应的企业部门，单击"验证合约"按钮，系统显示出"过程展示"一栏。选择"发送方"为"北京万联商贸有限公司－财务部"，单击"上链"按钮进行合约部署上链。

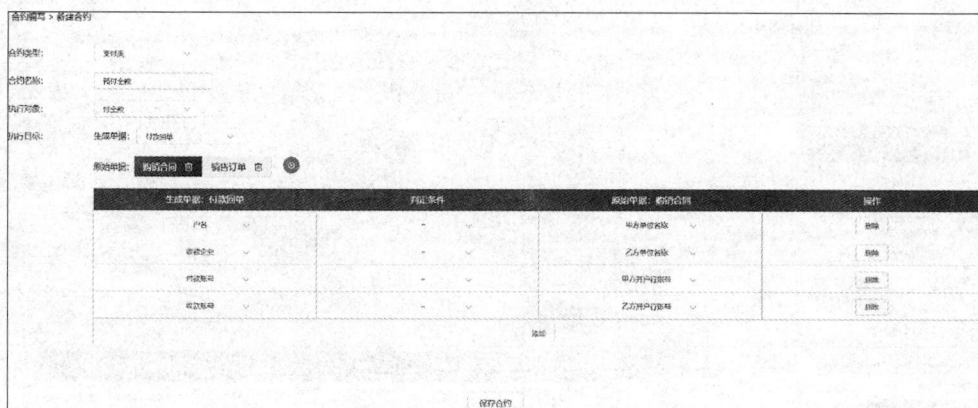

图 9-36　支付货款合约 -1

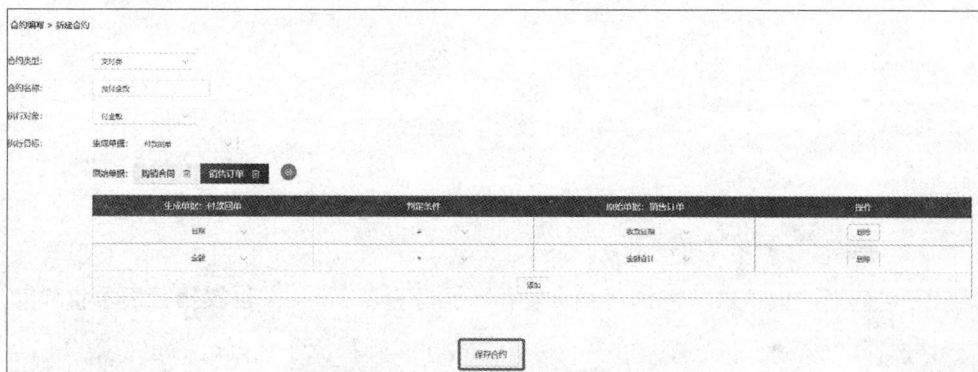

图 9-37　支付货款合约 -2

2）支付货款

（1）选择"钢铁供应链销售融资实验（预收全款）"→"支付货款"，选择对应的业务通道，单击"进入"按钮，进行"北京万联商贸有限公司 - 财务部"的支付货款实验。

（2）选择对应的订单，选择"调用合约支付货款"→"合约调用"，则系统提示"合约调用成功"，单击"确定"按钮，系统进一步提示"是否支付货款"，单击"确定"按钮完成支付，如图 9-38 所示。

（3）支付完货款后，单击"银行回单上链"按钮，进入银行回单上链界面。

（4）在上链界面中，勾选对应的企业部门，单击"验证合约"按钮，系统显示出"过程展示"一栏。选择"接收方"为"中国首钢集团 - 财务部"，单击"上链"按钮，则银行回单上链成功。

图 9-38　预付全款合约调用

3）设置银行回单世界状态

（1）选择"钢铁供应链销售融资实验（预收全款）"→"设置银行回单世界状态"，选择对应的业务通道，单击"进入"按钮，进行"北京万联商贸有限公司－财务部"的设置银行回单世界状态实验。

（2）单击"设置付款回单世界状态"按钮进入设置界面，进而选择可查看指定人，选择完成后，单击"确定"按钮即可设置完成。

7. 联盟链核心企业收款及产品出库实验

在经销商北京万联商贸有限公司支付货款后，核心企业中国首钢集团先进行收款，并在一个月后将螺纹钢发送给经销商。

1）收款

（1）选择"钢铁供应链销售融资实验（预收全款）"→"收款"，选择对应的业务通道，单击"进入"按钮，进行"中国首钢集团－财务部"的收款实验。

（2）选择对应的订单，单击"收款"按钮，则系统提示"是否收款"，单击"确定"按钮，则进入收款界面。

（3）根据收款金额＝合同金额×100%，输入收款金额，单击"确定"按钮则收款成功。

2）开具区块链电子发票

（1）选择"钢铁供应链销售融资实验（预收全款）"→"开具区块链电子发票"，选择对应的业务通道，单击"进入"按钮，进行"中国首钢集团 – 财务部"的开具区块链电子发票实验。

（2）选择对应的订单，单击"开具区块链电子发票"，进入开具发票界面。

（3）单击左侧的"区块链浏览器"，在链上找到开具本发票的业务凭据，将"购销合同 Hash"和"银行回单 Hash"复制到对应的输入框中，单击"确定"按钮，则系统提示"开具成功"，单击"确定"按钮。

（4）选择对应的订单，单击"查看区块链电子发票"，则系统显示电子发票界面，单击下方的"电子发票上链"，进入上链界面。

（5）在上链界面中，勾选对应的企业部门，单击"验证合约"按钮，系统显示出"过程展示"一栏。选择"接收方"为"北京万联商贸有限公司 – 财务部"，单击"上链"按钮，则电子发票上链成功。

3）设置区块链发票世界状态

（1）选择"钢铁供应链销售融资实验（预收全款）"→"设置区块链发票世界状态"，选择对应的业务通道，单击"进入"按钮，进行中国首钢集团 – 财务部的设置区块链发票世界状态实验。

（2）选择对应的订单，单击"设置区块链电子发票世界状态"按钮进行设置。

4）出库合约编写

（1）选择"钢铁供应链销售融资实验（预收全款）"→"出库合约编写"，选择对应的业务通道，单击"进入"按钮，进行"中国首钢集团 – 仓储部"的出库合约编写实验。

（2）进入合约编写界面后，单击合约编写右侧的"+"，添加出库合约，"合约类型"选择动产类，"合约名称"可自拟为出库，"执行对象"为出库，"生成单据"选择出库单，"原始单据"选择购销合同，然后根据生成单据与原始单据的关系，添加合约执行条件。完成后，单击"保存合约"按钮。

（3）合约保存后，单击"验证合约"按钮，进入合约验证界面。在此界面勾选对应的企业部门，单击"验证合约"按钮。选择"发送方"为"中国首钢集团 – 仓储部"，单击"上链"按钮完成合约的部署上链。

5）商品发货物流运输

（1）选择"钢铁供应链销售融资实验（预收全款）"→"商品发货物流运输"，选择对应的业务通道，单击"进入"按钮，进行"中国首钢集团－仓储部"的商品发货物流运输实验。

（2）选择对应的订单，单击"调用合约出库（发货）"→"合约调用"，则系统提示"是否出库"，单击"确定"按钮完成出库。

（3）在出库单界面中，单击"出库单上链"按钮，进入上链界面。在上链界面中，勾选对应的企业部门，单击"验证合约"按钮。选择"接收方"为北京万联商贸有限公司－仓储部，单击"上链"按钮，则出库单上链成功。

6）设置出库单世界状态

（1）选择"钢铁供应链销售融资实验（预收全款）"→"设置出库单世界状态"，选择对应的业务通道，单击"进入"按钮，进行"中国首钢集团－仓储部"的设置出库单世界状态实验。

（2）选择对应的订单，单击"设置出库单世界状态"按钮进行设置。

8. 联盟链经销商材料入库及还款实验

在联盟链核心企业中国首钢集团发出货物后，经销商北京万联商贸有限公司进行材料入库，并在适当的时间向中国银行股份有限公司归还借款。

1）原材料入库合约编写

（1）选择"钢铁供应链销售融资实验（预收全款）"→"原材料入库合约编写"，选择对应的业务通道，单击"进入"按钮，进行"北京万联商贸有限公司－仓储部"的原材料入库合约编写实验。

（2）进入合约编写界面后，单击合约编写右侧的"+"，添加原材料入库合约。"合约类型"选择动产类，"合约名称"可自拟为入库，"执行对象"为入库，"生成单据"选择入库单，"原始单据"选择购销合同，然后根据生成单据与原始单据的关系，添加合约执行条件。完成后，单击"保存合约"按钮。

（3）合约保存后，单击"验证合约"按钮，进入合约验证界面。在此界面勾选对应的企业部门，单击"验证合约"按钮。选择"发送方"为北京万联商贸有限公司——仓储部，单击"上链"按钮进行合约部署上链。

（4）在部署合约界面中，单击上方的播放图标，系统显示出合约部署的进程，最后弹出部署合约成功的提示框，单击"确定"按钮，则完成入库合约的验证与上链。

2）仓储入库（收货）

（1）选择"钢铁供应链销售融资实验（预收全款）"→"仓储入库（收货）"，选择对应的业务通道，单击"进入"按钮，进行"北京万联商贸有限公司 - 仓储部"的仓储入库（收货）实验。

（2）选择对应的订单，选择"调用合约产品入库"→"合约调用"，则系统提示"调用合约成功"，单击"确定"按钮，进入库存记录界面。

（3）在库存记录界面中，单击"入此库"按钮，系统提示"是否入库到本地仓库"，单击"确定"按钮则螺纹钢从第三方仓库转入。

（4）在系统显示的入库单界面中，单击"入库单上链"按钮，进入入库单上链界面。

（5）在上链界面中，勾选对应的企业部门，单击"签名校验"按钮。选择"接收方"为"中国首钢集团 - 仓储部"，单击"上链"按钮，则入库单上链成功。

3）设置入库单世界状态

（1）选择"钢铁供应链销售融资实验（预收全款）"→"设置入库单世界状态"，选择对应的业务通道，单击"进入"按钮，进行北京万联商贸有限公司 - 仓储部的设置入库单世界状态实验。

（2）选择对应的订单，单击"设置入库单世界状态"按钮进行设置。

4）还款

（1）选择"钢铁供应链销售融资实验（预收全款）"→"融资申请（保兑仓）"，选择对应的业务通道，单击"进入"按钮，进行北京万联商贸有限公司 - 财务部的融资申请（保兑仓）实验。

（2）选择对应的订单，单击"查看"→"调用合约还款"，进入合约调用界面。

（3）在合约调用界面的左侧，选择"保兑仓融资还款"，接着单击"合约调用"按钮，系统提示"调用合约成功"，单击"确定"按钮。

（4）调用合约成功后，系统提示"是否还款"，单击"确定"按钮则还款成功，"贷款状态"变为银行待收款。

（5）单击"钢铁供应链销售融资实验（预收全款）"→"融资申请 - 库存融

资"，选择对应的业务通道，单击"进入"按钮，进行"北京万联商贸有限公司 – 财务部"的融资申请 – 库存融资实验。按照与调用保兑仓融资还款合约还款相同的方式，可以完成调用动产质押融资还款合约还款实验。

9. 联盟链资金方融资收款实验

在经销商北京万联商贸有限公司按时还款后，联盟链资金方在系统中进行融资收款。

（1）选择"钢铁供应链销售融资实验（预收全款）"→"融资收款管理"，选择对应的业务通道，单击"进入"按钮，进行"中国银行股份有限公司 – 对公业务部"的融资收款管理实验。

（2）选择对应的保兑仓融资合同，单击"收款"按钮，则系统提示"是否收款"，单击"确定"按钮则收款成功。

采用同样的方式，中国银行股份有限公司可以完成对动产质押融资合同的收款。

教师服务

感谢您选用清华大学出版社的教材！为了更好地服务教学，我们为授课教师提供本书的教学辅助资源，以及本学科重点教材信息。请您扫码获取。

≫ 教辅获取

本书教辅资源，授课教师扫码获取

≫ 样书赠送

财政与金融类重点教材，教师扫码获取样书

清华大学出版社

E-mail: tupfuwu@163.com
电话：010-83470332 / 83470142
地址：北京市海淀区双清路学研大厦 B 座 509

网址：http://www.tup.com.cn/
传真：8610-83470107
邮编：100084